经贸名家经典规划教材

国际结算

（第二版）

乔飞鸽 编著

对外经济贸易大学出版社
中国·北京

图书在版编目（CIP）数据

国际结算/乔飞鸽编著．—2版．—北京：对外经济贸易大学出版社，2011

经贸名家经典规划教材

ISBN 978-7-5663-0180-2

Ⅰ．①国…　Ⅱ．①乔…　Ⅲ．①国际结算-教材　Ⅳ．①F830.73

中国版本图书馆CIP数据核字（2011）第205860号

国际结算（第二版）

乔飞鸽　**编著**

责任编辑：王文君

对外经济贸易大学出版社

北京市朝阳区惠新东街10号　邮政编码：100029

邮购电话：010-64492338　发行部电话：010-64492342

网址：http://www.uibep.com　E-mail：uibep@126.com

北京市山华苑印刷有限责任公司印装　新华书店北京发行所发行

成品尺寸：185mm×230mm　15.75印张　313千字

2011年10月北京第2版　2011年10月第1次印刷

ISBN 978-7-5663-0180-2

印数：0 001-5 000册　定价：28.00元

第二版前言

2005 年，作者撰写了《国际结算》一书，作为成人高等教育使用的教材，力求突出其实用性、系统性和成人使用的特点。2007 年 7 月，使用了十三年的 UCP500 开始被 UCP600 所代替。UCP600 的实行，对于国际结算和贸易实务都生产了很大的影响。国际结算的许多配套规则也都作出了相应的改变。SWIFT（环球同业银行金融电讯协会）系统在 2006 年改版后，扩大了在国际结算中使用的范围。

针对这些变化，作者在保留第一版精华部分的基础上，编写了第二版《国际结算》教材。结合 UCP600 惯例，力求做到以案例讲解；并且增加了国际银行清算这一章节，详细介绍了 SWIFT 系统等内容，力求做到与时俱进。

在第二版的书写过程中，得到了恩师苏宗祥先生的大力帮助，他在年事已高的情况下，仍然亲自送给本人大量他自己的书籍和参考资料。对此，学生终生铭记！唯有继续不懈的努力，才得以回报先生的教诲，不辜负先生的期望！

在再版的书写过程中，承蒙对外经济贸易大学出版社给予的诸多热情帮助，在此深表谢意！

由于作者的水平有限，匆忙编写此书，一定会有不完善之处，敬请专家学者和广大读者惠予指正。

作　者

2011 年 9 月

目　录

第一章　国际结算概述

本章关键词

国际结算概念　国际结算方式的三大类别　国际结算业务依据的法律和惯例

一、国际结算概念

两个不同国家的当事人，通过银行办理彼此间债权债务关系所引起的货币收付业务称为国际结算。国际间债权债务关系的产生是由世界各国之间的经济、政治、文化活动引起的，具体原因包括：国际货物贸易、劳务的提供、资本流动、利润的汇回、国际旅游、侨民汇款、政府间外事往来以及国际间文化、体育交流等。银行作为经营货币业务的特殊部门，当一国的债权债务关系超出国界时，银行必须参与其中来完成国际间债权债务的清算。

国际货物贸易会经常发生大量的货款结算，以结清进出口双方间债权债务关系的结算，就是国际贸易结算。在当今社会化生产、社会化分工高度发达的情况下，国际间商品进出口贸易活动越来越频繁。在一定时期内，当一国出口的商品货值大于进口的商品货值时，该国的贸易收支表现为顺差；反之，则为逆差。

国际贸易结算在国际结算中具有特殊地位，比其他结算业务复杂得多，内容几乎包括了目前使用的所有结算手段和结算方式。可以这么说，通晓了贸易结算再去从事其他结算就不难了。

国际贸易以外的其他经济活动，如交通、电讯、运输服务，金融保险服务，国际银行之间的借贷款，对外提供或接受援助，对外工程承包等等所引起的货币收付，称为非贸易结算。

银行作为服务部门来完成跨国之间的货币收付时，需要使用支付凭据或者支付手段，国际结算业务中涉及的支付凭据，就是本教材中讲到的票据和单据；涉及的货币收付方式就是教材中的结算方式。支付凭据贯穿于汇兑、托收和信用证三大结算方式中，所以支付凭据和三大结算方式是本教材国际结算业务的核心内容。

二、国际结算业务的基础

国际间的跨国交易所引起的货币收付活动，不可能由一家银行单独完成，而必须由不同国家或地区的两个或两个以上的银行在国际金融市场上共同来完成。当一家银行进行国际间的货币收付活动需要借助其他国家银行的服务来完成时，说明从事国际结算业务需要具备一定的基础。

银行海外分支机构或者代理机构的设置及建立，可以看作是银行经办国际结算业务的基础。在现代社会中，一国银行所从事的国际间的货币收付活动离不开他国银行的业务协作。如果银行间没有建立相应的上下级关系、联行关系或者代理关系，则该国与他国之间所发生的债权债务就很难被清算。

银行间的上下级或者联行关系可以通过设立分支机构来完成，但国际结算业务的发展本身并不是要求银行在国外的所有地区都设立分支机构。银行没有必要也没有可能去这样做，因为这不仅会占压银行大量的资金，同时还需要银行派出许多业务人员，大大增加了运营成本。银行国外分支机构的设立必须考虑国与国之间的关系、客户业务的分布、银行自身业务的发展以及业务的结算币种等因素。银行通常在主要结算货币的清算中心设有分支机构。

银行之间的代理关系主要是通过两国银行相互传递有关信息并达成协议后建立的。国外代理行的建立以及分布状况往往是影响银行国际业务发展的主要动因。

银行彼此之间建立代理关系，一般应包括以下内容：

（一）密押与印鉴

密押与印鉴是银行间代理关系的主要内容，是核对与验证银行间信息传递文件真伪的依据。密押（Test）是由银行事先设定并用来核验银行间传递的电讯信息的一组数字组成的密码。印鉴则是银行保留的对方银行相关人员的预先签字式样，它主要被用于核验银行间信函方式传递信息的真伪。

（二）费率表

银行通过代理关系协作国外银行办理收付款或者其他业务都是要收取费用的。费用的收取标准事先通过费率表加以规定。

（三）账户的设置

银行办理国际结算、代客户从事收付款业务时，都需要通过银行间设立的账户来划拨款项。

在现代银行体系中，银行之间建立一定的代理关系是必要的。但如果一家银行同国外银行保有大量的双边关系并保持大量的银行往账，则对这个银行而言必将产生低效率，因为大量的往账往往会造成银行资金过多占用以及费用支出的上升。因此银行建立代理关系时必须充分考虑自身业务发展的需要，以便更好地为客户提供服务。

三、货物单据化、履约证书化，便利了银行办理国际结算业务

商品买卖合同中，卖方履行合同的义务是按期、按质、按量地发运货物，买方履行

合同的义务是按期如数地支付货款，接收货物。卖方履约的表示方法是提供各种单证，如交来提单，以其签发的日期证明按期发货；提交商检局签发的品质证明书来证明按质发货；提供商检局签发的数量证明书来证明按量发货。

货物单据化、履约证书化为银行办理国际结算业务创造了一个良好的条件。对于不熟悉商品专门知识的银行，只需凭审核相符的单据付款给卖方，再凭单据向买方索取货款归垫。

四、国际结算方式的具体内容

（一）国际结算方式的内容

国际结算方式又称支付方式，在购销合同中叫做支付条件。通常是指全套单据与货款的对流形式。国际结算方式包括以下内容：

（1）按照买卖双方协定的具体的交单和付款方式办理单据和货款的对流。

（2）结算过程中，银行充当中介人和保证人，正确结清买卖双方债权和债务。

（3）买卖双方可以向银行提出给予资金融通的申请。

（4）结算方式必须订明具体类别、付款时间、使用货币、所需单据和凭证。

（二）国际结算方式和类别

国际结算方式大体上可以分为汇款、托收和信用证三大类别，每一大类还可再分为若干小的类别。通常是结合交易情况、市场销售情况和对方资信情况由买卖双方协商订立。

（三）国际结算方式的付款时间

国际结算方式的付款时间可分为：（1）预先付款（Payment in Advance）；（2）装运时付款（Payment at Time of Shipment）；（3）装运后付款（Payment after Shipment）。

银行依据的装运时间是以海运提单日期为准，所以银行的付款时间是：（1）交单前预付；（2）交单时付款，又称即期付款；（3）交单后付款，又称远期付款。

（四）国际结算使用的货币

国际结算所使用的货币应是可兑换的货币，它可以是（1）出口国货币；（2）进口国货币；（3）第三国货币。美元是世界通用货币，对于买方和卖方来说，使用美元易被买卖双方所接受，因此，世界上大多数的国际贸易都是使用美元作为结算货币。至于是使用出口国货币或是进口国货币，须由买卖双方协商决定。

五、国际结算业务依据的法律和惯例

（一）英国的《票据法》

英国的《票据法》（The Bill of Exchange Act）于1882年颁布实施，它规定了汇票和本票的票据法规，并将支票包括在汇票之内。到 1957 年，另定了 8 条支票法则。英国的《票据法》在票据领域占有重要地位。它的独特之处在于：这项法律是由汇票历来的习惯法、特别法以及各种判例而编成；注重票据的流通作用和信用工具作用。

（二）《日内瓦统一票据法》

1930 年法国、德国、瑞士、意大利、日本、拉美国家等二十多个国家在日内瓦召开国际票据统一会议，签订了《日内瓦统一汇票、本票法》（Uniform Law of Bill Exchange and Promissory Notes，1930），1931 年又签订了《日内瓦统一支票法》（Uniform Law on Cheque，1931）。这两项法律（一般合并称为《日内瓦统一票据法》）是比较完善的票据法规，签字并遵守统一票据法的国家基本上是属于大陆法系的。

（三）国际商会的《跟单信用证统一惯例》

国际商会的《跟单信用证统一惯例》（Uniform Rules and Practice for Documentary Credits）是国际商会拟定的有关信用证的习惯做法。它概括了国际商业银行间处理跟单信用证的基本概念，对当事人的权责和若干常用条款及名词术语作了统一解释，供各国同意采用这统一惯例的银行共同遵守执行。

《跟单信用证统一惯例》1993 年被修订，1994 年 1 月 1 日实施。由于该惯例以国际商会第 500 号出版物出版，所以一般称之为 UCP500。之后不断修订完善，2007 年开始到目前，采用的是 UCP600。2007 年 7 月 1 日，使用了十三年的 UCP500 退出了历史舞台，取而代之的是顺应时代变迁和科技发展的 UCP600。这是 UCP 自 1933 年问世后的第六个修订版，对国际结算和贸易实务产生了很大的影响。

在国际贸易结算领域，以 UCP 为核心，还有许多配套的规则。由于 UCP 的改进，这些规则也必然会随之作相应的改变。其中最主要的几项规则如下：

一是 eUCP。根据国际商会（ICC）国家委员会的建议，eUCP1.1 版是专门针对 UCP600 的升级版的，共有 12 个条款，作为 UCP600 的补充。需要注意 UCP600 很多条款并不对电子交单产生影响，所以要与 eUCP 一起使用。在电子交单或以电子和纸质单据混合方式提交单据时，要同时使用 eUCP 和 UCP 两个规则。

二是审核跟单信用证项下单据的国际标准银行实务（International Standard Banking Practice，ISBP）及其修改。ISBP 是一个供单据审核员在审核跟单信用证项下提交的单据时使用的审查项目（细节）清单。ISBP 于 2002 年首次通过，是 UCP 必不可少的补充，它详细规定了跟单信用证操作中的细节，比如如何签发海运提单，保险单据的关键特征，如何处理拼写和打印错误等等。显然，ISBP 填补了概括性的 UCP 规则与信用证具体操作之间的距离。2007 年 7 月 1 日，通过了与 UCP600 精神一致的 ISBP。

三是 SWIFT 的升级。SWIFT 是为国际结算提供电讯服务的，所以它的修改一直是同步跟进，并且得到了 UCP 修改小组的具体指导。SWIFT 升级所涉及的电文格式有

MT700、MT710、MT720、MT750 等，随着 UCP600 转运条款而改变。

(四) 国际商会的《托收统一规则》

早在 1958 年，国际商会为调节托收业务中各当事人之间的矛盾，促进贸易和金融活动的展开，就草拟了《商业单据托收统一规则》(Uniform Rule for Collection of Commercial Paper)(即第 192 号出版物)，建议各国使用。1967 年，国际商会重新订立和公布了这一规则，使银行在托收业务时，有了一套通用的术语、定义、程序和规则，也为出口商提供了一套在委托代收款时得以遵循的统一规则。1978 年，国际上还根据托收时间的变化和发展，对该规则进行了修改和补充，并更名为《托收统一规则》(Uniform Rule for Collection，Publication No. 322)，即第 322 号出版物。国际商会于 1995 年重新颁布《托收统一规则》(第 522 号出版物，简称 URC522)，自 1996 年 1 月 1 日开始实行。各国的贸易商与国际商业银行均以此出版物为托收业务的指导性文件。

(五) 国际商会《见索即付保函统一规则》

国际商会制定的《见索即付保函统一规则》(Uniform Rule for Demand Guarantees, Publication No. 458) 即国际商会第 458 号出版物，简称 URDG，于 1992 年开始实施。自颁布以来，已越来越被认可，成为一个日益普及的国际规则。

(六) 国际商会的《国际备用证惯例》

《国际备用证惯例》(ISP98) 订立了有关备用信用证的惯例、习惯和做法。从 1999 年开始实施。如同《跟单信用证统一惯例》和《见索即付保函统一规则》对商业信用证和独立银行保函所起的作用一样，它是备用信用证单独统一的规则。过去，许多备用信用证按照原为商业信用证而订立的 UCP 开立，但 UCP 对备用证不完全适用，有些问题 UCP 没有涉及到。因此，ISP98 的出现解决了备用证所需要的专门规则。

六、国际结算方式的发展

最早的国际结算因商品买卖而发生。国际贸易的发展推动了国际结算的发展。早期的国际结算业务都是现金交易，然而用现金支付不仅运送时风险大，并且清点也不方便，计数之外还要辨别真伪，因此，只有在交易量小时才能应付。公元 11 世纪，地中海沿岸的商品贸易已有相当规模，商人们开始使用字据来代替现金。到 16—17 世纪，欧洲大陆上由这种字据发展起来的票据已被广泛使用。随着结算业务量的增加，使用单据的非现金结算方法日益显示出它的优越性。票据替代现金，到 18 世纪，单据化的概念被普遍接受。在票据发展的同时，随着贸易量的增加，商人们不再自己驾船出海，而是委托船东运送货物，船东们为减少风险又向保险商投保。这样，商业、航运业和保险业分化为三个独立的行业。随着票据的单据化，提单、保险单也相继问世。到 20 世纪初，凭单付款的结算方式已经相当成熟。买方凭单付款是因为单据代表着货物。以单据为抵押向银行融资，对于银行来说也是相当安全的业务，这样银行信用就加入到国际结算业务中来了。银行的融资使国际贸易量增加，同时银行本身也得以扩展业务。两者相辅相成，形成了目前以贸易结算和以银行为中枢的国际结算体系。

在长期实践中，银行之间、总行与分行之间、分行与分行之间、代理行与代理行之间为了使业务委托安全可靠，形成了一套完善的用以识别真伪的印鉴密押系统。为了资金划拨的方便，银行之间往往互开账户，从而在世界范围内形成一个高效率的资金转移网络。在国际贸易结算中，单据占有重要地位。由于贸易条件的多样化，单据的群体越来越大，从而在单证的制作、审核和传递等一系列工作上消耗了大量的人力、物力和时间。随着科学技术的发展，国际上越来越多地使用电脑制单，同时运用电脑进行管理、运输数据的储存等。

20 世纪 80 年代以来，EDI 技术在国际贸易上的使用使单据制作和处理出现了“革命性”的转变。EDI（Electronic Data Interchange）称为电子数据交换，它是指在商贸过程中使用电子文件代替传统的纸面单证并实现各有关部门之间的数据交换处理。目前世界各国都在积极开展和推广这种电子数据技术。我国的 EDI 技术在 20 世纪 90 年代刚起步，起点比较低。但随着我国加入 WTO，这种情况将大为改观。可以预见，随着 EDI 在我国推广和使用，我国融入世界一体化的进程将进一步加快。

问题与思考

一、填空题

1. 国际结算方式的类别大体上可以分为三大类，即________、________和______。

2. 国际结算方式的付款时间可以分为_______、________和________。

3. 银行依据的装运时间以海运提单日期为准，所以银行的付款时间是________；_______，又称为________；________，又称为________。

4. 说明国际结算适用的国际规则：

托收业务适用的规则及其出版物号码为________。

跟单信用证业务适用的规则及其出版物号码为________。

二、单项选择题

1. 银行办理国际结算业务的基础是________。

A. 票据　　B. 买卖双方

C. 买方　　D. 银行建立的分支机构或代理机构

2. 银行依据的装运时间是以________为准。

A. 以海运提单日期　　　　B. 交单给银行日期

C. 货物开始装运日期

三、多项选择题

1. 银行彼此之间建立代理关系，一般应包括________等内容。

A. 密押与印鉴　　　　B. 费率表

C. 账户的设置　　　　D. 分支机构

2. ________为银行办理国际结算业务创造了一个良好的条件。对于不熟悉商品专门知识的银行，只需凭审核相符的单据付款给卖方，再凭单据向买方索取货款归垫。

A. 货物单据化　　B. 履约证书化　　C. 联行　　D. 代理行

3. 结算方式必须订明________。

A. 具体类别　　B. 付款时间　　C. 单据和凭证　　D. 使用货币

四、问答题

1. 什么是国际结算？

2. 试述“货物单据化”和“履约证书化”的概况。

3. 贸易结算方式中，银行和外贸之间怎样做到既有分工，又有协作？

4. 国际结算的三大类别是什么？

5. 在从事国际结算业务时，主要有哪些法则和惯例可供依据？

第二章　国际结算中的票据

学习目标

熟悉票据的特性；掌握票据八大项目的构成和票据行为；学会开汇票，特别是即期汇票和远期汇票。本票和支票是汇票的特种形式，了解它们之间的相同点和不同点。

本章关键词

票据特性　汇票　票据项目　票据行为　本票　支票

第一节　票据概述

作为服务中介，银行在办理国际结算业务中，通常需要借助于各种各样的支付凭据或者说是支付工具来为客户服务，从而达到清算客户间债权债务的目的。支付凭据在实际业务中大多来源于出口商或其他债权人。按其表现形态不同，通常被划分为金融单据和商业单据两部分。金融单据主要是指流通票据，在此主要指汇票、本票、支票，通常称为票据。所以票据是以支付金钱为目的的证券，由出票人签名于票据上，无条件地约定由自己或另一人支付一定金额，可以流通转让。若约定由出票人自己付款，则为本票；若由另一人付款，则是汇票或支票。商业单据主要包括商业发票、运输单据、保险单据以及其他一些单据，通常称为单据，第九章里会有详细讲述。

一、票据的特性

票据是非现金结算工具，具有如下特性：

（一）流通转让性（Negotiability）

票据上的债权可以通过背书转让或交付转让的方式予以流通转让。票据的流通转让不同于一般意义上的权利过户转让（Assignment），如股票、债券的转让等；也不同于物权凭证的交付转让（Transfer），如海运提单等。票据在流通转让中可以是：

(1) 转让人经过单纯交付或背书交付票据给受让人，受让人善意地支付对价取得票据，不必通知原债务人。

(2) 受让人取得票据，即取得它的全部权利，他可以用自己的名义对票据上的所有当事人起诉。

（3）受让人取得票据的权利优于前手权利，即受让人的权利不受转让人权利缺陷的影响。

（4）它是在两个当事人即转让人和受让人之间的双边转让，无须将转让事实通知前手或其他当事人。

采用流通转让的票据有汇票、本票、支票、国库券、不记名债券等，它们是完全可流通证券（Negotiable Instruments）。

（二）无因性（Non-causative Nature）

票据是出票人签发给收款人的保证自己或由第三人付款的凭证，是一种不要过问原因的证券，即不必过问产生票据上的权利义务关系的原因，只要票据记载合格，持票人就可以取得票据文义载明的权利。这就是票据的无因性，正是这种无因性，使得票据可以流通。

票据的原因是票据的基本关系，它包括两方面内容，一是出票人和付款人之间的资金关系；另一是出票人与收款人、背书人与被背书人之间的对价关系。持票人只要对票据债务人提示票据就可以行使票据权利。以汇票为例，出票人保证由付款人向收款人付款。付款人代出票人付款不会是没有原因的，这原因可能是出票人在付款人处有存款，也可能是付款人愿意向出票人贷款。出票人与付款人之间的这种关系，一般称为资金关系。出票人让收款人去收款，也不会是没有原因的，他肯定对收款人负有债务，这种债务可能是因为购买了货物，也可以是以前的欠款。出票人与收款人之间的这种关系，称为对价关系。

（三）要式性（Requisite in Form）

票据的做成，从形式上看记载的项目必须齐全，各个必要的项目必须符合法定形式的要求，否则就不能产生票据的效力。各国的票据法对这些必要的项目都作了明确的规定，使票据文义简单明了，根据文义来明确当事人的责权。

票据的要式性有时也可以说成是票据的书面形式要件，即指票据从书面形式上包含的必要条件，如果符合了票据法规定，它就是有效的票据。它的权利和义务全凭票据上的文义来确定，不需要过问票据基本关系产生的原因，票据本身是独立于基础合约的，这有利于票据的转让流通，这就是通常所说的票据的要式不要因。

（四）提示性（Presentment）

票据上的债权人（持票人）请求债务人（付款人）履行票据义务时，必须向付款人提示票据，才可以请求其付款。如果持票人不提示票据，付款人就没有履行付款的义务，因此票据法需要规定票据的提示期限。超过期限，付款人的付款责任即被解除。

（五）返还性（Return Ability）

票据的持票人支取票款后，应将签收的票据交还给付款人，该票据即完成其支付工具的使命而退出流通领域。由于票据的返还性，所以它不可以无限期地流通，而是在到期日被付款后结束其流通。这也说明了票据不等同于货币。

二、票据的作用

归结起来，票据的作用主要有以下几点：

（一）结算作用

国际结算的基本方法是非现金结算。在非现金结算条件下，要结清国际间的债权债务就必须使用一定的支付工具。票据就是起到货币的支付功能和结算作用的支付工具。当事人可以借助票据的出具和转让，把他的债权人和债务人联系起来，间接完成彼此间的债权债务关系，并以他对债务人拥有的债权来抵消对其他债权人欠付的债务。

（二）资金融通作用

由于汇票是支付工具，是代表一定金额的权利凭证，因此在流通转让过程中，有资金融通作用。如在进出口商品交易中，买卖双方商定交货后一个月付款，买方可向卖方开立一个月远期付款的本票，即买方一个月远期付款的信用以本票来代替了。

（三）流通作用

票据模仿货币，要式不要因，发挥着流通作用。货币起着一般等价物的作用，一手交钱，一手交货，钱货对流。票据同样可以一手转让票据，一手收取货物或劳务对价，这是票据或对价的对流。

票据经过交付或背书转让给他人，并能连续多次转让。背书人对票据的付款负有担保责任，即他保证票据按其文义付款，因此，背书次数越多，对票据付款的负责人也就越多，票据的身价也就越高。背书转让使得票据在市场上广泛地流通，成为一种流通工具，既节约了现金使用，又扩大了流通手段。

【案例研究】2－1

案情：

有一张汇票，A公司是出票人，B公司是付款人，C公司是收款人，以下列三种情况作背书转让，而且背书是真实有效的：

第一种：C→D→E→F，最终F成为持票人。

第二种：C→D→E→F→G，最终G成为持票人。

第三种：C→D→E→C→F→H，最终H成为持票人。

问：在上面三个持票人 F、G 和 H 中，谁手里的汇票安全系数最高，付款最有保证？

分析：

从票据流通作用里，可以确定第二种情况的持票人 G 手里汇票的安全系数最高。因为除了 A 和 B 外，在第二种情况里，有 C、D、E、F 四个人构成了对 G 的付款保证；除了 A 和 B 外，第一种情况里只有 C、D、E 三个人是票据付款的责任人；第三种里只有 C、F 对票据负责。

三、主要票据法规

票据法是规定票据种类、形式和内容的法律规范的总称。票据法对票据的要件、转让、当事人的权利和义务、基本和附属行为、票据义务的解除及票据的遗失等都有详细的规定。世界各国有关票据法的规定存在着很大差异，有的国家是这样规定的，有的则是另外一种情况，有的则存在着许多相同的内容。尽管如此，在票据领域里依然存在着对各国票据法规有重大影响的两类法律：一类是以英国 1882 年的《票据法》为代表的英美法系；另一类是以《日内瓦统一票据法》为代表的日内瓦统一法系。

《日内瓦统一票据法》是以欧洲大陆国家为主的 26 个国家协议的结果，两个主要文件的全称为《1930 年统一汇票和本票法》和《1931 年统一支票法》。英美等国从一开始就拒绝参加日内瓦统一法公约，他们认为，日内瓦公约主要是参照大陆法的传统制定的，与英美法的传统和实践有矛盾，如果参照日内瓦公约，将会影响英美法系各国之间已经实现的统一局面，因而拒不接受日内瓦公约。由于这个缘故，现在世界上票据法已形成日内瓦统一法系和英美法系并存的局面。

以英国《票据法》为代表的英美法系和以《日内瓦统一票据法》为代表的大陆法系在汇票必要项目的各个方面大体相同，但也存在差异。比较明显的差异如下：一是伪造背书以后的汇票持有人。大陆日内瓦统一法系认为可以成为持票人；而英国票据法系认为不能成为持票人，没有持票人的权利。这会引起付款问题、付款人或承兑人责任问题、行使追索权问题的差异。日内瓦统一法系规定没有受害影响，而后者则规定受害影响很大。二是“保证”的票据行为。日内瓦统一法系有着完整的规定；而英国的票据法仅有近似的规定。三是票据的对价观点。日内瓦统一法系没有规定；而英国票据法有着明确规定，还进一步规定了付对价持票人和正当持票人，给予了正当持票人优越的权利，支持票据的流通转让，保护银行权益。

我国《票据法》是在借鉴国外经验，并结合我国实际情况的基础上制定出来的，于 1996 年 1 月 1 日开始实施。与国外票据法相比，我国《票据法》有与之相似之处，但更多的则是不同。

第二节 汇 票

汇票（Draft/Bill of Exchange）是票据法中最重要的票据，由于它最能反映票据的性质、特征和规律，最能集中体现票据所具有的结算、融资等各种经济功能，因而它是票据的典型代表，而本票和支票可以被看作是汇票的特例。

一、汇票的定义

汇票是指由一人（出票人）向另一人（付款人）签发的，要求付款人在见票时或在将来可以确定的某一时间支付一定金额给某人或其指定人或来人的一种无条件支付命令。（A bill of exchange is an unconditional order in writing, addressed by one person to another, signed by the person giving it, requiring the person to whom it is addressed to pay on demand or at a fixed or determinable future time a sum of certain in money to or to the order of a specified person, or to bearer.）

汇票最基本的当事人有三个：

（1）出票人（Drawer）：就是签发汇票的人。

（2）受票人（Drawee）：就是汇票中指定履行付款义务的人，因此又称为付款人。

（3）受款人或收款人（Payee）：就是收取汇票金额的人。

二、汇票的必要项目

下列各项就是汇票要式中所包含的必要项目：

（1）写明其为“汇票”字样；

（2）无条件支付命令；

（3）出票地点和日期；

（4）付款时间；

（5）汇票金额；

（6）付款人名称和付款地点；

（7）收款人名称；

（8）出票人名称和签字。

除了上述必要项目外，还可以记载其他的一些项目，如“付一不付二”或“付二不付一”、禁止转让、汇票编号等。参看汇票附式2-1：

(1)　　(5)　　(3)

Exchange for GBP 5 000. 00　　Beijing, 5th Apr. 2004

(4)　　(2)　　(7)　　(5)

At 90 days after sight pay to C CO. or order the sum of five thousand pounds

(6)

To Bank of Europe,

(6)　　(8)

London　　For A Company,

Beijing

(8)

signature

附式 2－1　汇票样式

现就汇票项目分别说明如下：

（一）写明其为“汇票”字样（Bill of Exchange/Draft）

汇票上注明“汇票”字样的目的在于与其他票据，如本票、支票加以区别。但汇票字样是否列为必备项目，各国法律有不同规定。根据《日内瓦统一票据法》的规定，“汇票”字样是必不可少的项目，但英国的《票据法》认为可以不写票据名称。从实际业务而言，写汇票名称可给有关当事人不少方便。现在的实务中，都已加上了“汇票”字样。

（二）无条件支付命令（Unconditional order to payment）

汇票是出票人在签发汇票时命令付款人无条件支付一定金额给收款人。这种无条件的支付命令体现在汇票里的就是：必须用英语的祈使句，以动词开头，作为命令式语句。例如：

Pay to C CO. or order the sum of one thousand US dollars. →normal bill.（支付给 C 公司 1 000 美元→这是正常汇票）。

支付命令必须是无条件的，凡是附带条件的支付命令都是违背了汇票的定义，将使汇票无效。例如：

Pay to C CO. providing the goods they supply are complied with contract the sum of one thousand US dollars. →invalid bill.（如果 C 公司供应的货物与合同相符，支付该公司 1 000 美元→这是无效汇票）。

又如：

Pay to C CO. out of proceedings in our No. 1 account the sum of one thousand US dollars. →invalid bill.（从我们的 1 号存款账户中支付给 C 公司 1 000 美元→这是无效汇票）。

(1) 但是如果支付命令连接着付款人可以借记某账户的表示，则是无条件的、可以接受的有效汇票。例如：

Pay to ABC Bank or order the sum of one thousand US dollars and charge/debit same to applicants account maintained with you. →acceptable.（支付给 ABC 银行或其指定人 1 000 美元，并把此金额借记申请人开设在你行的账户里→可以接受的汇票）。

(2) 支付命令连接着发生汇票交易的陈述也是无条件的、可以接受的。例如：

Pay to ABC Bank or order the sum of one thousand US dollars. Drawn under L/C No.12345 by XYZ Bank, New York dated on 15th August, 2009. →acceptable.（支付给 ABC 公司或其指定人 1 000 美元。根据纽约 XYZ 银行于 2009 年 8 月 15 日开立的第 12345 号信用证开立的这张汇票→可以接受的汇票）。

(3) 汇票大小写金额后面是否写上“对价已收”（for value received）都不影响汇票的有效性。

(三) 出票日期和地点（Date and Place of Issue）

汇票上记载的出票时间是用来判断出票人出票时的行为能力的，有关当事人可以据此判断出票人当时是否可以为其出票行为负责。另外，通过汇票上的出票日期还可以计算远期汇票的付款到期日。

由于各国的票据法存在着差异，根据国际惯例，判断一张汇票是否有效要以出票地法律为准来判断。也就是说各国采用“行为地法律原则”，即出票行为在某地发生，就以该地国家的法律为依据来确定必要项目是否齐全，汇票是否成立和有效。

出票地点应该与出票人的地址相同，英国《票据法》认为汇票未注明出票地点也可成立，此时就以出票人地址作为出票地点，或者汇票交付给收款人，由收款人加列出票地点。

出票日期可起三个作用：

(1) 决定汇票提示期限是否已超过《日内瓦统一票据法》第 23 条、第 34 条分别规定的期限。即见票后定期汇票或即期汇票必须在出票后一年内提示要求承兑或提示要求付款。

(2) 决定到期日。付款时间是出票后定期的汇票，就从出票日算起，决定其付款到期日。

(3) 决定出票人的行为能力。如果出票时法人已宣告破产或清理，丧失行为能力，则汇票不能成立。

出票时未注明出票日期的，当汇票交付给收款人时，收款人必须补加出票日期，否则将被认为是必要项目不全的不符点。

出票日期有两种写法，即欧洲形式（DD/MM/YY）和美国形式（MM/DD/YY）

（见国际商会出版物第 565 号 R210 条）。如 2010 年 11 月 10 日（the 10th of November, 2010）可以写成：

（1）欧洲形式：10，11，10；或者 10，Nov. 10；或者 10，Nov. 2010；或者 10，November，2010。

（2）美国形式：11，10，10；或者，Nov. 10，10；或者 Nov. 10，2010；或者 November，10，2010。

当年、月、日全部用两位数码表示时，DD 与 MM 容易混淆，为了方便起见，按照 ISBP19 的建议，月份名称要用简写 JAN，FEB，...，NOV，DEC 或者全称 January，February，...，November，December。

（四）付款时间（Time of Payment/Tenor）

付款时间又称为付款期限。根据付款时间的不同可分为即期汇票和远期汇票。下列第 1 种为即期汇票，第 2、3、4 种为远期汇票。

（1）即期（at sight/on demand），是指持票人提示汇票的当天即为到期日，无须承兑。如果汇票没有明确表明付款期限，即为见票即付的汇票。

（2）见票后定期（见票远期）（at a fixed period after sight），持票人必须向付款人提示要求承兑以便从承兑日算起，确定付款到期日。如：

"at 90 days after sight pay to c co. or order." 此见票日即为付款人承兑汇票的日期。

（3）出票后定期（出票远期）（at a fixed period after date），持票人必须向付款人提示要求承兑，付款到期日就从出票日算起。

（4）固定日期（at a fixed date），如将来的固定日期是 2010 年 2 月 1 日，那么汇票中会记载："on 1st Feb. 2010 fixed pay to c co. or order"。此种汇票有时称为板期付款汇票。

对于"见票后定期"和"出票后定期"的汇票，由于其未来付款时间需要去确定，在实务中，这些汇票的付款到期日通常按照下面的原则计算：

（1）算尾不算头。在计算远期汇票的付款时间时，汇票的承兑日或出票日不包括在内，而将汇票的到期日包括在内。比如付款时间规定为出票日后 30 天付款，且汇票的出票日为 2009 年 5 月 10 日，则汇票到期日为 6 月 9 日。

（2）汇票中的月通常是指日历月。如果汇票的付款时间为见票后或出票后 × 月，则以到期时对应月份的相应日期为到期日。如汇票规定出票日后 2 个月付款，且出票日为 2009 年 7 月 7 日，则汇票到期日为 2009 年 9 月 7 日。

如果到期的对应月份没有相应的日期，则以该月最后一日为到期日。如汇票的出票日为 2009 年 1 月 31 日，付款期限规定为出票后 1 个月，则汇票的到期日为 2 月 28 日。

（3）如果付款到期日为节假日，则汇票的到期日应顺延至节假日后的第一个营业日。

（五）汇票金额（Certain in money）

票据上的权利必须以一定金额表示，否则票据无效。其次，金额必须确定，任何人根据票据文义计算的结果都一样。最后，汇票的金额包括大写和小写，如果汇票的大小写不一致，汇票仍然有效，付款金额以大写为准。在实务中，大小写不相符的汇票大多会遭退票，要求出票人更改相符后，再行提示要求付款。

（六）付款人名称和付款地点（Drawee Place of Payment）

付款人应称为受票人，他是接受命令的人，并不一定付款，他可以拒付。但我国习惯上称其为付款人。

付款人名称地址必须书写清楚，以便持票人向他提示要求承兑或付款。特别是付款人为银行时，它在某城市有两家以上分支机构，如果只写城市名称，不写街道和门牌号码，就会使汇票提示遭遇麻烦。

英国的《票据法》允许汇票开给两个付款人，但是不允许开给两个付款人任择其一，因为这样的付款人是不确定的。

（七）收款人名称（Payee）

收款人名称通常也称为抬头，是汇票上记名的债权人。收款人分为三种，不同种类的抬头决定着汇票是否可以流通转让，或者以什么样的方式流通转让。详细介绍如下：

1. 限制性抬头（Restrictive Order）

它是出票人要求付款人支付款项给惟一对象，所以不得转让他人。实务中有三种做法，如：

（1）Pay to Henry Brown only;

（2）Pay to Henry Brown not transferable;

（3）Pay to Henry Brown，但在票据的其他地方上写有“not transferable”的字样。

2. 指示性抬头（Demonstrative Order）

它是出票人要求付款人支付款项给某人或其指定人的汇票，用背书或交付的方法可以转让他人。实务中有三种做法，如：

（1）Pay to the order of Henry Brown;

（2）Pay to Henry Brown or order;

（3）Pay to Henry Brown.

可以看出，流通转让是票据的基本性质。票据本质上都可以流通转让，除非写明不得转让，如限制性抬头的汇票。

3. 来人抬头（Payable to bearer）

它是指持有汇票来向付款人要求票款的人。实务中有两种做法，如：

（1）Pay to bearer;

（2）Pay to Henry Brown or bearer.

只要写上 bearer 字样，在它前面不管是否写有具体收款人名称，均视为来人抬头。《日内瓦统一票据法》不允许汇票做成来人抬头，但英国《票据法》可以。两者都认为收款人是汇票绝对必要的项目。

（八）出票人名称和签字（Signature of the Drawer）

出票人在开出汇票时，必须有自己的名称和签字，来承认自己的债务责任，汇票方可有效。因此，汇票上没有出票人签字，汇票就不能成立。

当出票人是个人，是代理他的委托人签字，而委托人是公司、单位、团体等时，应在公司前面写上“For”或“On behalf of”或“For and on behalf of”或“Per pro”字样，并在个人签字后面写上他的职务名称，如：

For A Co. Ltd.，London

John Smith Manager

这样 A 公司受到个人 John Smith 签字的约束，而 John Smith 不是他个人开出汇票，而是代理 A 公司开出汇票。

三、汇票的其他记载项目

汇票除了以上必要的项目外，还可以有票据法允许的其他记载项目。现说明如下：

（一）担当付款人（Person Designated as Payer）

出票人为了收付款方便，可以根据与付款人的约定，在汇票记载的付款人之后再说明将由某第三者执行付款，这第三者就是担当付款人。实务中多由付款人的开户行充当担当付款人。例如：

A bill drawn on A Co.，London,

Payable by Bank of Europe, London.

表示在欧洲银行付款，并借记付款人 A Co. 在欧洲银行开立的账户。

如果出票人未记载担当付款人，付款人在承兑时可以加上担当付款人。例如：

ACCEPTED

(date)

Payable at Bank of Europe, London.

For A Co.，London

signature

票据上记有担当付款人时，持票人就应向担当付款人作付款提示。由于担当付款人并非票据债务人，因此，持票人在请求承兑时，应向付款人提示票据。

(二) 预备付款人 (Referee in Case of Need)

汇票可记载一位付款当地的第三人为预备付款人。在付款人拒绝承兑或拒绝付款时，持票人就可向该预备付款人请求参加承兑或请求参加付款。预备付款人作参加承兑后就成为票据债务人，要负责到期付款。记载预备付款人的做法，增强了票据的信用，从而保全了出票人的信用。

(三) 付款地点 (Place of Payment)

票据上除了付款人名称和地址外，付款地点可以单独详细记载，此时，持票人必须在该处提示票据，如果没有单独记载付款地点，则以付款人名称旁的地址为预备付款地址。

(四) 利息与利率 (Interest and its Rate)

汇票上可以记载收取利息的期限从某天到某天以及适用的利率。

(五) 用其他货币支付 (Payable in other currency)

汇票可以记载用其他货币支付，并注明汇率，但是这种记载不与付款地法律相抵触。

(六) 提示期限 (Limit of time for presentment)

出票人在汇票上可以规定提示期限，也可不规定提示期限，还可规定在指定的日期以前不得提示要求承兑。

(七) 免做退票通知或放弃拒绝证书 (Notice of Dishonor Excused or Protest Waived)

出票人或背书人可在他的签名旁记载放弃对持票人的某种要求。意指退票后不需发给他退票通知或不需要做成拒绝通知书，即可向他追索，他对汇票仍是负责的。例如：

“约翰·史密斯——免除退票通知” (John Smith——Notice of dishonour excused)

“约翰·史密斯——放弃拒绝证书” (John Smith——Protest waived)

这样的记载意指退票后无须发给他退票通知，或无须作成拒绝证书，即可向他追索，他对汇票仍是负责的。

(八) 无追索权 (Without Recourse)

根据英国《票据法》，出票人或背书人可在汇票上写无追索权字样，来免除其在票据被拒绝承兑或拒绝付款时受追索的责任。如：

Without Recourse to us

For A Co., London

Signature

实际上是免除了出票人或背书人对于汇票应负的责任。根据《日内瓦统一票据法》，出票人只能免除担保承兑的责任，而不能免除担保付款的责任，因此任何免除出票人担保付款责任的记载均不生效力。

（九）成套汇票（A Set of Bill）

成套汇票的各张汇票面额和内容是完全相同的，每张必须有编号，各张要交叉注明在成套汇票中，其中任何一张付款后，其余各张即不再付，意指不能重付。例如：

通常一套两张的汇票，在第一张汇票记载："凭此第一张汇票支付（第二张相同内容和日期者不付）给……"（Pay this first bill of exchange (second of the same tenor and date being unpaid) to...），俗称"付一不付二"。在第二张汇票写明"付二不付一"。

四、汇票的当事人

出票时，出票人、付款人和收款人是汇票必要的三个基本当事人，也是汇票进入流通之前的基本当事人。进入流通领域后，会出现背书人、被背书人、参加承兑人、保证人、持票人、付过对价持票人和正当持票人等当事人。现分述如下：

1. 出票人（Drawer）

出票人是开立汇票的人，他在承兑前是主债务人，承兑后是从债务人，他对汇票承担的责任是保证汇票按其文义被承兑和付款，并保证如果汇票遭到退票，他将偿付票款给持票人或者被迫付款的任何背书人。

2. 付款人（Drawee）

付款人是接受汇票的人，即接受付款命令的人，又称为受票人。因他未在汇票上签名，所以他不是汇票的债务人，不承担汇票一定的付款责任。

付款人对汇票签名和承兑后，他就成为了承兑人（Acceptor），他以自己的签名表示他同意执行出票人发给他的无条件支付命令。他承担的责任是按照他的承兑文义保证到期日自己付款。此时，承兑人就成为了汇票的主债务人，汇票的持票人、被迫付款的背书人或是出票人，都可凭票向承兑人要求付款。

3. 收款人（Payee）

他是收取票款的人，是第一持票人。出票人开出汇票，立即交给收款人，他第一个持有汇票，从而产生对于汇票的权利，所以收款人是主债权人，他所持有的汇票是一项债权凭证，他可凭票取款，也可背书转让给他人。

汇票进入流通领域以后会出现以下当事人：

4. 背书人（Indorser）

他是指收款人没有凭票取款，而是以背书的方式转让汇票，卖给他人。收款人背书后成为第一背书人，以后汇票继续转让，还有第二、三……背书人，他们是汇票的债务人，对于汇票付款承担的责任是保证汇票按其文义被承兑和付款，并保证如果汇票遭到退票，他将偿付票款给持票人或者被迫付款的后手背书人。

5. 被背书人（Indorsee）

被背书人是背书人背书汇票给他的人，即接受背书之人。当他受让汇票后，如再转让时，他就成了另外一个背书人；如果他不转让，则持有了汇票，就成了第二持票人，所以被背书人是汇票的债权人，最后一个被背书人必定是持票人。

6. 参加承兑人（Acceptor for Honour）

当票据提示被拒绝承兑或无法获得承兑时，由一个第三者参加承兑汇票，签名于上，此第三者就是参加承兑人，也是汇票的债务人。当票据到期，付款人拒付时，参加承兑人负责支付票款。

7. 保证人（Guarantor）

保证人是由一个第三者对于出票人、背书人、承兑人或参加承兑人做成保证行为的人。经过保证签字的人就是保证人，他与被保证的人负相同的责任。

8. 持票人（Holder）

持票人是指收款人或被背书人或来人，现正持有汇票的人，他泛指尚未转让或已经转让的持有汇票的人。

9. 付过对价持票人（Holder for Value）

对价是指可以支持一项简单交易（或合约）之物，如货物、劳务、金钱等。英国《票据法》认为经转让而接受汇票的持票人，依据他是否付过对价，对汇票有着不同的权利。

付过对价持票人是指不论持票人自己是否付了对价，只要前手付过对价转让到现在持有汇票的人，他就是付过对价持票人。通常是指前手付了对价，而自己没有付过对价的持票人。

10. 正当持票人（Holder in Due Course）

正当持票人是经过转让而持有汇票的人。根据英国《票据法》规定，正当持票人应具备的条件的是：他的前手背书是真实的；汇票票面完整正常；取得汇票时，没有过期；不知道汇票曾遭退票；也不知道转让人的权利有何缺陷；他自己付过对价，善意地取得汇票。

也就是说，受让人取得汇票，就等于取得了权利，票据与其所代表的权利是不可分离的。但持票人的权利是否受到法律保护则依据票据是否通过正当途径取得，只有受让人的票据是通过正当途径、善意地获得，其代表的权利才受到法律保护。善意是指受让人取得票据时不知道前手当事人的权利是否有缺陷，例如前手当事人借助偷盗、拣拾等行为获得票据。受让人知道前手的这一缺陷，仍然支付对价获得此票据，那么此当事人的权利是有缺陷的，其获得的票据就不是出于善意目的。支付对价是指受让人获得票据时支付了一定金额的行为。只有善意而且付了对价的持票人，其取得票据的行为才是正当的。此时的票据受让人就是正当持票人。正当持票人的权利优于前手，他的权利不受前手对票据权利存在缺陷的影响。

五、票据行为

一张票据从出具到终止，经过一系列的步骤，我们将这些步骤称为票据行为。票据行为是为了承担票据文义所载明的义务而进行的要式的法律行为。汇票作为一种代表一定金额的有价证券，在流通过程中通常发挥着抵消当事人之间债权债务的作用。借助于汇票，当事人之间的权利可以相互转让并最终由持票人来实现其权利。为了使各当事人的权利义务明了，票据的形式和内容是“要式的”，同样票据行为也是“要式的”。汇票在流通转让过程中常常涉及以下主要行为：出票、背书、提示、承兑、付款等行为。见图 2－1。

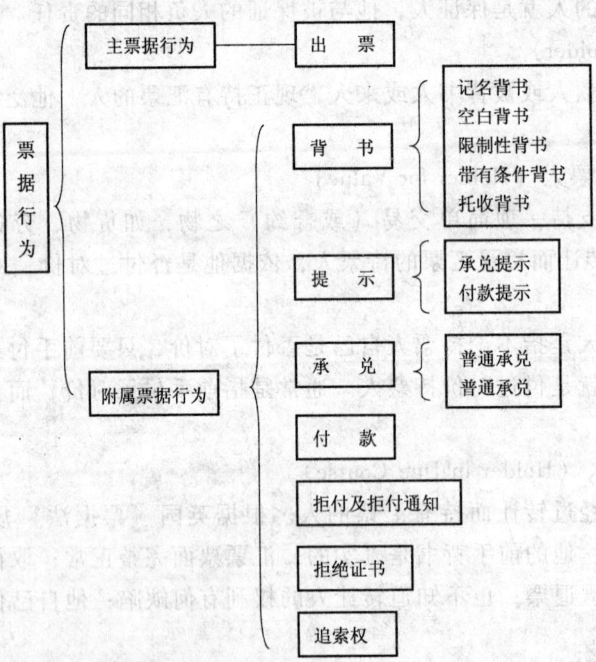

图 2－1 票据行为

（一）出票

出票（Issue）是指一张形式完整的汇票首次被交付给一人，此人取得后即成为持票人。它包括两个动作，一是写成汇票并在汇票上签字；二是将汇票交给收款人，这样才算设立了债权，出票这个行为也只有在交付后才算完成，使收款人持有汇票就拥有债权。

出票是主票据行为，出票人对收款人或持票人保证汇票按其文义被受票人承兑和付款。如果受票人拒绝承兑或拒绝付款，持票人可做成拒绝证书，向出票人行使追索权，请出票人偿付票款。有时出票人为了免除自己的票据责任，在汇票上注明“对出票人不得追索”的文句，这样持票人遭拒付时，就不能向出票人进行追索。但一般收款人是不会接受这样的汇票的，即使接受，也会妨碍票据的流通。

（二）背书

1. 背书的定义

背书（Endorsement/Indorsement）是指在汇票背面签字。持票人是收款人或被背书人时，要把票据权利转让给他人，必须在票据背面签字并经交付，则票据权利即由背书人转移至被背书人。只有持票人即收款人或被背书人才有权背书。

例如：

有一张汇票，A 公司是出票人，B 公司是受票人即付款人，张三是收款人，金额是 1 000 元人民币。张三即拥有了这 1 000 元人民币票款的权利。而张三恰好欠李四 1 000 元人民币，那么张三就可以把这张汇票背书（即签字并交付）给李四，从而抵消了张三欠给李四 1 000 元人民币的债务。李四就拥有了这 1 000 元人民币票款的权利，从而完成了票据权利的转移。

2. 背书的种类

大多数汇票通过背书来转让权利，可通过以下方式来完成权利的转移：

（1）记名背书（Special Endorsement）。又称为特别背书或正式背书，需要记载被背书人（Endorser）名称，并经背书人签字。

例如：

汇票正面：Pay to the order of William White.

汇票反面：Pay to the order of Henry Brown.

William White（签字）

此时背书人是 William White，被背书人是 Henry Brown。被背书人 Henry Brown 可以继续再作记名背书来转让票据权利，也可仅作空白背书来转让。

（2）空白背书（Blank Endorsement）。这是指背书人仅在票据背面签名，而不需记明谁是被背书人，因此空白背书又称为不记名背书。

例如：

汇票正面：Pay to the order of William White.

汇票反面：　　William White（签字）

当作成空白背书后，交付给一个不记名的受让人，此时他与来人汇票的来人相同，可以不作背书仅凭交付再进行转让票据（权利），他对票据不需承担责任，因为他没在票据背面签字；也可以将空白背书变成记名背书。

注意：记名背书做成空白背书后，视同来人汇票，但它可以再变成记名背书，而来人汇票永远只能仅凭交付转让。

(3) 限制性背书（Restrictive Endorsement）。它是指“支付给被背书人”的指示带有限制性的词语。经过限制性背书，汇票背面被指定的这个人即受让人就不能将此汇票再转让给他人，只能自己去实现票据权利。

例如：

汇票正面：Pay to the order of William White.

汇票反面：Pay to Henry Brown only.

William White（签字）

这表示 William White 将票据转让给 Henry Brown 了，而 Henry Brown 不能再将票据转让给他人。

(4) 带有条件背书（Conditional Endorsement）。这是指背书人在汇票背面签字而将其票据转让给汇票背面的被背书人时是有条件的。

例如：

汇票正面：Pay to the order of William White.

汇票反面：Pay to the order of Henry Brown on delivery of B/L No. 125.

William White（签字）

开出汇票必须是无条件的支付命令，而背书却是可以有条件的。此条件仅对此背书的背书人（即 William White）和被背书人（即 Henry Brown）有约束作用，对其他的被背书人和背书人、出票人与付款人无关。

(5) 托收背书（Endorsement for Collection）。它是要求被背书人按照委托他代收票款的指示处理汇票。提出是在“Pay to the order of B Bank”的前面或后面加上“for collection”字样。有时还可写出其他指示，例如：

For collection pay to the order B Bank;

Pay to the order B Bank for collection only, prior endorsement guaranteed;

被背书人虽然持有汇票，但没有获得汇票的所有权，他是为了代收目的而在汇票上背书，并不意味着汇票所有权的转让。

（三）提示

提示（Presentation/Presentment）是指持票人向付款人出示汇票要求承兑或付款的行为。票据是一种权利凭证，要实现权利，必须向付款人提示票据。提示可以分为两种：

(1) 远期汇票向付款人提示要求承兑，即承兑提示。已承兑的远期汇票向承兑人再次提示要求付款，即付款提示。

(2) 即期汇票向付款人提示要求付款，即付款提示。

由此表明，即期汇票只需一次提示，即付款提示；而远期汇票需要两次提示，即承兑提示和付款提示。

了解各国票据法对票据提示的规定将有助于顺利地处理票据业务，现对此介绍如下：

1. 在规定时效内提示

《日内瓦统一票据法》的规定是：(1) 即期汇票必须从出票日起算 1 年内作付款提示；(2) 见票后定期的远期汇票必须在从出票日起算 1 年内作承兑提示；(3) 远期汇票必须在到期日或其后的两个营业日内作付款提示。

英国《票据法》规定：(1) 即期汇票必须在合理时间内作提示；(2) 见票后定期的远期汇票必须在合理时间内作承兑提示；(3) 远期汇票必须在到期日当天作付款提示。

英国《票据法》的"合理时间内"的规定不像《日内瓦统一票据法》中的规定那么明确。根据英国人的解释，只要不是故意拖延就算是在"合理时间内"提示。实务中一般认为不超过半年。

如果持票人未在规定时间内提示票据，那么他就丧失对前手的追索权。但承兑人对持票人仍有付款责任。但承兑人对持票人的付款责任也是有时效的，根据《日内瓦统一票据法》的规定，是从到期日算起 3 年；根据英国《票据法》规定则是从承兑日算起 6 年。

2. 在规定地点提示

持票人应在汇票上指定的地点向付款人提示票据，如果汇票上没有指明付款地点，则向付款人营业所提示，如没有营业所，则到其住所提示。汇票上记载有担当付款人时，持票人应向担当付款人提示要求付款。

由于票据上的付款人绝大多数是银行，还可以通过银行票据交换所提示票据。持票人向付款行提示汇票的渠道有三条：一是到付款行柜台提示，这种情况很少；二是通过票据交换所的清算银行换出票据，付款行经其清算银行换入票据，如不退票就是付款了；三是代理行、联行通过邮寄票据提示给付款行。

如果票据经背书转让给持票人，再由持票人委托银行代收票款，最后代收银行的背书应附有"保证前手背书真实"(prior endorsement guaranteed) 字样。

（四）承兑

承兑（Acceptance）是指远期汇票的付款人在汇票上签名，用以表明按照出票人命令到期同意付款的承诺。付款人一旦签字承兑，即成为承兑人，负有到期保证付款的责任，他不能以出票人的签字是伪造的、背书人无行为能力等理由来否认汇票的效力。

1. 动作

（1）写成“Acceptance”字样和签字。即使汇票是两张一套的，付款人也只承兑其中的一张。（2）交付。一种是实际交付，即付款人在承兑后再将汇票交还给持票人；另一种是推断交付，只要付款人通知持票人某日已作承兑，就算已“交付”。一旦“交付”完成，付款人就要负付款责任。这时承兑人就成了主债务人，出票人退而成为从债务人。

2. 承兑的效力

承兑对付款人来说就是承诺了付款责任，他就要对票据文义负责，并且承兑人一旦签字就不能以出票人的签字是伪造的，或是背书人无行为能力等等理由来否认汇票效力。汇票承兑后，承兑人就成了主债务人，而出票人则成为从债务人。假如到期日承兑人拒付，持票人可以直接对承兑人起诉。

3. 承兑的种类

汇票的承兑分为两种，即普通承兑和限制承兑。

（1）普通承兑（General Acceptance）。这是指承兑人对出票人的指示不加限制地同意确认，通常所说的承兑即是普通承兑。

例如：

Accepted

1st June，2000

William White（签字）

（2）限制承兑（Qualified Acceptance）。这是指付款人对持票人提示的汇票内容加以修改或限制的承兑。具体有以下几种：

① 有条件承兑。这是指付款人在承兑时是有条件的。如进口商一般会考虑出口商能否按照合同要求的品质发货，因此，进口商在承兑汇票时可以加上条件。如：

Accepted

Payable providing the goods in order

1st June，2000

For A Co.

Signature

② 部分承兑。即仅是承兑和支付汇票金额的一部分。如：票面金额为 GBP1 000.00

Accepted

1st June, 2000

Payable for amount of GBP 800. 00 only

For A Co.

Signature

③ 限制地点承兑。即承兑仅在某一地点支付。如：

Accepted

1st June, 2000

Payable at Midland Bank

For A Co.

Signature

④ 修改付款期限的承兑。如出票后3个月付款的汇票，承兑时写明出票后6个月付款。

Accepted

1st June, 2000

Payable at 6 months after date

For A Co.

Signature

（五）付款

在即期汇票和远期汇票到期提示时，付款人可以付款（Payment）。付款人付款后，汇票中的付款人责任按道理应当解除，但实际并非如此。付款人想要解除其责任，就应当在付款时做到正当付款。所谓正当付款是指：

（1）要被付款人或承兑人支付，而不是被出票人或背书人支付。

（2）要在到期日那天或以后付款，而不能在到期日以前付款。

（3）要付款给持票人，意指汇票如被转让，前手背书必须连续真实。《日内瓦统一票据法》只要求付款人鉴定背书连续。英国《票据法》还要求付款人认定背书必须真实。

（4）善意付款，不知道持票人的权利有缺陷，意指付款人按照专业惯例、尽了专业职责、利用专业信息都不知道持票人权利有何缺陷（即使事实上确有缺陷）而付款者，即为善意付款。

解除一张汇票的明显而又最普通的办法就是由受票人或承兑人作出正式付款，这样，以汇票作为支付手段的整个交易或一连串交易便告完成。而如果承兑人拒付，持票人可以强制任何一位前手当事人（背书人或出票人）付款。但是背书人或出票人的付款并不能解除汇票，因为假如某一背书人被迫付了款，他可以同样向其前手背书人或出票人索偿，并可对承兑人起诉；如果出票人被迫付了款，他同样可以对承兑人起诉，汇票仍有责任当事人，还不能解除。所以只有受票人或承兑人作出了正式付款，一张汇票才算完成了它的使命。

（六）拒付及拒付通知

其包括拒绝承兑和拒绝付款。如果持票人按照票据法的规定行事却不获承兑或不获付款，那么汇票被拒绝了，即持票人作承兑提示时，遭到拒绝承兑（Dishonour by non-acceptance）或付款提示时遭到拒绝付款（Dishonour by non-payment），称为拒付。拒付（Dishonour）又称为退票。一旦拒付发生，持票人应及时将汇票遭拒付的事实通知前手，这就是拒付通知（Notice of Dishonour）。发出拒付通知可以有两种方法：第一种方法是持票人应在退票后的一个营业日内，将退票事实通知前手背书人，前手在接到通知后的一个营业日内再通知其前手，一直通知到出票人。第二种方法是持票人将退票事实通知全体前手，这样，每个前手即无须再向前手通知了。接到退票通知的每个背书人都有向其前手进行追索的权利。见图 2-2。

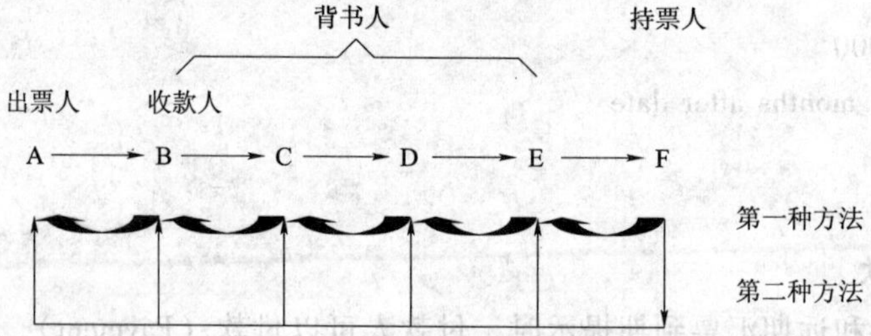

图 2-2 发出拒付通知的两种方式

（七）拒绝证书

拒绝证书（Protest）是指持票人提示汇票遭拒绝时，持票人委托付款地的公证机构作出的证明付款人拒付事实的一种文件。持票人请公证机构做成拒绝证书是为了证明持票人已按规定行使票据权利但未获结果。由此，持票人得以行使追索权。

做成拒绝证书时，持票人应立即将票据交当地公证人，由其再向付款人提示，若付款人仍拒绝，则公证人立即做成书面证明交持票人，此书面证明就是拒绝证书。在当地没有公证人时，可由银行、法院等有权公证的机构或者由两位地位显赫的证人做成。

拒绝证书通常包括以下内容：（1）拒绝者及被拒绝者名称；（2）请求无获之事实（即拒付原因）；（3）做成拒绝证书的日期和地点。

拒绝证书还必须附有一张汇票副本。英国《票据法》里的拒绝证书是作为一份单独的正式文件由公证人出具的，但也有一些国家规定可以直接做在汇票背面或粘单上。

持票人要求公证人做成拒绝证书所付的费用，在追索票款时一并向出票人算收。有时出票人为了免除此项费用，可在汇票上加注“放弃拒绝证书”（Protest Waived）字样，则持票人无须做成拒绝证书，即可行使追索权。如果汇票有了此项记录，仍然做成拒绝证书，则该证书有效，但公证费用应由持票人自己负担。

（八）追索权

追索权（Right of Recourse）是指汇票遭到拒付，持票人向前手背书人或出票人有请求其偿还汇票金额和费用的权利。

行使追索权的对象是背书人、出票人、承兑人以及其他债务人，因为他们要对持票人负连带的偿付责任。持票人是票据上的惟一债权人，他可向对汇票负责的任何当事人取得偿付。被迫付款的背书人可以向其前手背书人或出票人或承兑人取得偿付。追索的票款应包括：汇票金额、利息、做成拒绝证书和退票通知及其他必要的费用。

行使追索权的三个条件是：（1）必须在法定期限内，英国《票据法》规定为合理时间内，向付款人提示汇票，未经提示，持票人不得向其前手追索。（2）必须在法定期限内，英国《票据法》规定退票日后的次日，将退票事实通知前手，后者再通知前手，直到出票人。（3）外国汇票遭到退票，必须在法定期限内，英国《票据法》规定退票后一个营业日内，由持票人请公证人做成拒绝证书。

只有办到这三条，才能保留和行使追索权。持票人或背书人必须在法定期限内行使追索权，否则自行丧失。英国《票据法》规定，保留追索权的期限为6年。《日内瓦统一票据法》规定，持票人对前一背书人或出票人行使追索权的期限为1年，背书人对其前手背书人行使追索权的期限为6个月。

六、汇票的主要分类

（一）根据出票人的不同，汇票可以分为商业汇票和银行汇票

商业汇票是指企业或者商人签发并交付的汇票，而银行汇票则是银行签发并出具的汇票。商业汇票相对于银行汇票而言，由于商人的信誉一般低于银行的信誉，因而其收款人面临的风险相对较大。

（二）根据付款时间的不同，汇票可以分为即期汇票和远期汇票

即期汇票是指出票人要求付款人在持票人向其提示汇票时见票即付的一种汇票。远期汇票是指付款人被要求经过一段时间后向持票人付款的一种汇票。远期汇票通常由持票人要求付款人在汇票上做承兑行为，以明确到期付款的责任。

（三）根据远期汇票承兑人的不同，汇票可以分为商业承兑汇票和银行承兑汇票

商业承兑汇票是指由企业或商人作为付款人并在汇票上做承兑行为以确定责任的远

期汇票。银行承兑汇票是指银行作为付款人并在汇票上做承兑行为的远期汇票。相对于商业承兑汇票而言，银行承兑汇票更便于持票人在票据市场上取得融资。

第三节　本票与支票

一、本票

（一）本票的定义

本票（Promissory Note）是指一个人向另一个人签发的即期或在将来某一时间支付款项给一特定人或其指定人或来人的一种无条件支付承诺，（A promissory note is an unconditional promissory in writing made by one person to another signed by the maker, engaging to pay, on demand or at a fixed or determinable future time, a sum of certain in money, to or to the order of a special person or to a bearer.）它是汇票的一种特殊形式。即汇票中的出票人和付款人合二为一人时，汇票所体现的无条件命令也就成为一种无条件支付承诺，此时的汇票就是本票。

本票的基本关系人是出票人和收款人；出票人负担起到期日支付票款的责任，并始终处于主债务人的地位，因此持票人无需要求出票人承兑。

由于它是汇票的一种特殊形式，因此，汇票必要项目的内容同样适用于本票，只不过由于本票的出票人和付款人是同一个人，所以本票中没有付款人及地址这一项目。本票的样式见附式 2－2。

Promissory Note for USD1 000.00　　　　Tianjin, 12 Nov. 2004

At 60 days after date we promise to pay to the order of C Co.

the sum of US Dollar One Thousand

For A Co.

Signed

附式 2－2　本票的样式

（二）本票的分类

根据制票人的不同，一般分为商业本票和银行本票。

商业本票是由企业或商人制作并交付的本票。银行本票是由银行制作并交付的本票。

无论是商业本票还是银行本票，都有即期和远期之分。

二、支票

（一）支票的定义

支票（Check）是以银行为付款人的即期汇票，是汇票的一个特例。它是一项无条件的支付命令，由出票人签字，要求受票的银行即期支付一定金额给一个特定之人或其指定人或来人。支票的样式见附式 2－3。

Check for USD1 000. 00　　　　Tianjin, 12 Nov. 2004

Pay to the order of C Co.

the sum of US Dollar One Thousand

To Midland Bank

London, England

For A Co.

Signed

附式 2－3　支票样式

支票的付款银行必须是持有出票人存款的银行，而且与出票人有协议，即出票人有权开立支票处理其在付款银行的存款。所以，支票是由银行的支票存款储户根据协议向银行开立的付款命令。没有存款的出票人的支票得不到付款，有存款而没有支票协议的出票人签发的支票同样也得不到付款。因此，支票不像汇票和本票，通常由出票人自己设计格式，或者由出票人自己随手写成。支票通常是在开户行设计和印刷精良的格式上做成的。

由于它是汇票的一种特殊形式，因此，汇票必要项目的内容同样适用于支票，只不过它是以银行为付款人的即期汇票，没有付款期限这一项。

（二）支票的分类

支票可分为普通支票与划线支票两种。普通支票是指持票人既可以从银行提取现金，也可以进行委托银行收款入账的支票。划线支票是指在支票上划两条平行线以表明持票人只能委托银行收款入账，而不能提取现金。使用划线支票主要是为了适应银行进行转账结算的要求，并可防止或减少支票被冒领的意外事故。

划线支票又分为一般划线支票和特殊划线支票。一般划线支票是指不注明被委托收款的银行的划线支票，收款人可以通过任何一家银行收款。常见的一般划线如下：

特殊划线支票是指平行中加有银行名称的支票。有这种划线的支票只能通过该指定行向付款行作付款提示。常见的特殊划线支票如下：

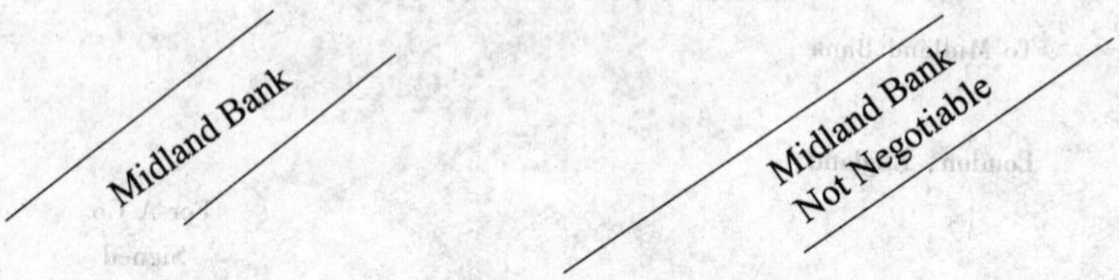

出票人和持票人可以划线。出票人做成普通划线，持票人可以把它做成特别划线。被特别划线的银行可以再做成特别划线给另一家银行代收票款。代收票款的银行可以做成特别划线给它自己。

三、本票、支票与汇票的不同

（一）本票和汇票的不同点

尽管本票是汇票的一种特例，但两者还是有些不同。

（1）双方基本当事人不同。本票的基本当事人有 2 个，即签发人和收款人；而汇票的当事人有 3 个，即出票人、付款人和收款人。

（2）本票是一种无条件支付承诺；而汇票是一种无条件支付命令。

（3）本票由于出票人与付款人是同一人，所以无承兑行为；而汇票有承兑行为。

（4）本票的主债务人是出票人；而远期汇票的主债务人在承兑前是出票人，承兑后则为承兑人。

（二）支票与汇票的不同点

尽管支票是汇票的一种特例，但两者也有些不同。

（1）支票的付款人为银行；而汇票的付款人可以是银行，也可以是商号。

（2）支票是即期的；而汇票可以是即期，也可以是远期的。

（3）支票无承兑行为；而汇票有承兑行为。

（4）支票上可以划线表示转账；而汇票则无须划线。

（5）支票的主债务人是出票人；而远期汇票的主债务人在承兑前是出票人，承兑后则为承兑人。

◇问题与思考

一、填空题

1. 汇票出票日期的形式有两种写法，即（1）欧洲形式（__________），（2）美国形式（__________）。月份要用英文月份的全文或三个大写字母的缩写。

2. 提单日后 30 天付款的远期汇票如下：

Exchange for GBP600. 00 London, 17 July 2010

At 30 days after B/L date 16/JUL/2010 pay to the order of ourselves the sum of Pounds Sterling six hundred only

（1）请转化成说明日期 16/JUL/2010 后 30 天付款的远期汇票

Exchange for GBP600. 00 London, 17 July 2010

At __________ days after __________ pay to the order of ourselves the sum of Pounds Sterling six hundred only

（2）再转化出票后 30 天付款的远期汇票

Exchange for GBP600. 00 London, ________ July 2010

At __________ days after __________ pay to the order of ourselves the sum of Pounds Sterling six hundred only

二、判断题

1. 票据的原因是票据的基本关系，它包括两方面内容，一是出票人和付款人之间的资金关系；另一是出票人与收款人、背书人与被背书人之间的对价关系。（ ）

2. 当事人可以借助票据的出具和转让，把他的债权人和债务人联系起来，间接完成彼此间的债权债务关系，并以他对债务人拥有的债权来抵消对其他债权人欠付的债务。（ ）

3. 远期汇票和远期本票都需要做承兑手续。（ ）

4. Accepted

5 June, 2008

Payable at the Hambros

Bank and there only

For ABC Bank Ltd, London

Signature

以上承兑为普通承兑。（ ）

5. 由于各国的票据法存在着差异，根据国际惯例，判断一张汇票是否有效，要以出票地法律为准来判断。也就是说各国采用“行为地法律原则”，即出票行为在某地发生，就以该地国家的法律为依据。（ ）

6. 出票日期可决定出票人的行为能力。（ ）

7. “at 90 days after sight pay to c co. or order.” 此出票日即为付款人承兑汇票的日期。（ ）

8. “at 90 days after date pay to c co. or order.” 此见票日即为付款人承兑汇票的日期。（ ）

9. 付款人应称为受票人，他是接受命令的人，所以一定要付款。（ ）

10. 付过对价持票人的权利优于正当持票人的权利。（ ）

11. 票汇是银行用即期汇票作为汇款工具的结算方式。（ ）

三、单项选择题

1. 如汇票金额为 About Five Thousand Dollars，则此汇票为________。

A. 有效汇票　　B. 无效汇票

2. 在汇票的使用过程中，使汇票一切债务终止的环节是________。

A. 流通转让性　　B. 无因性　　C. 要式性

D. 提示性　　E. 返还性

3. 某公司签发一张汇票，上面注明“At 90 days after sight”，则这肯定是一张________。

A. 即期汇票　　B. 远期汇票　　C. 跟单汇票　　D. 光票

4. 背书人在汇票背面只有签字，不写被背书人名称，这是________。

A. 限定性背书　　B. 特别背书　　C. 记名背书　　D. 空白背书

5. 承兑以后，汇票的主债务人是________。

A. 出票人　　B. 持票人　　C. 承兑人　　D. 保证人

6. 以下不属于汇票必须记载的项目的是________。

A. “Bill of exchange”、“Exchange” 或者 “Draft”

B. 持票人姓名　　C. 出票地点　　D. 付款时间

7. 某汇票由汇票的付款人在汇票上写成“accepted”字样，完全接受了汇票上的条款，并签名于上，此时，该汇票________。

A. 已经完成了承兑　　B. 已经完成了背书

C. 并未完成承兑　　D. 并未完成背书

8. 下列属于主票据行为的是________。

A. 出票　　B. 背书　　C. 提示

D. 承兑　　E. 付款

9. 票据的必要项目必须齐全，且符合法定要求，这叫做票据的________。

A. 无因性　　B. 流通性　　C. 提示性　　D. 要式性

10. 汇票债务人承担汇票付款责任的次序在承兑后是________。

A. 出票人、第一背书人、第二背书人

B. 承兑人、出票人、第一背书人

C. 承兑人、第一背书人、第二背书人

D. 出票人、承兑人、第一背书人

四、多项选择题

1. 票据是非现金结算工具，具有如下特性________。

A. 流通转让性　　B. 无因性　　C. 要式性

D. 提示性　　E. 返还性

2. 本票与汇票的区别在于________。

A. 前者是无条件支付承诺，后者则是要求他人付款

B. 前者的票面当事人为两个，后者则有三个

C. 前者在使用过程中需要承兑，后者则无需承兑

D. 前者的主债务人不会变化，后者的主债务人因承兑而发生变化

E. 前者包含着两笔交易，而后者只包含着一笔交易

3. 指出下列汇票中具有法律效力的项目________。

A. 付给 A 公司一万美金　　B. 银行在汇票上背书后可付其五万美金

C. 仅付 B 银行不得转让　　D. 货物卸在 S 港后付款

E. 本汇票根据 M 银行第 1247 号信用证开立

4. 正当持票人应具备的条件是________。

A. 其前手背书人是真实的　　B. 汇票票面完整且不过期

C. 其不知汇票曾被退票　　D. 其支付对价且善意取得汇票

E. 其不知转让人的权利有何缺陷

5. 收款人名称通常也称为抬头、通常分为以下几种________。

A. 限制性抬头　　B. 指示性抬头　　C. 来人抬头

6. 下列属于指示性抬头的是________。

A. Pay to Henry Brown

B. Pay to Henry Brown or order

C. Pay to Henry Brown only

D. Pay to Henry Brown，但在票据的其他地方上写有“not transferable”的字样

E. Pay to Henry Brown or bearer

7. 汇票进入流通之前的三个基本当事人是________。

A. 出票人　　B. 付款人　　C. 收款人　　D. 承兑人

8. 持票人是指________，现正持有汇票的人，他泛指尚未转让或已经转让的持有汇票的人。

A. 收款人　　B. 被背书人　　C. 来人　　D. 背书人

9. 下列票据行为可以带有条件的是________。

A. 承兑　　B. 背书　　C. 出票

五、思考题

1. 如何理解票据是一种要式不要因的证券？

2. 票据有哪些主要特征？

3. 什么是背书？什么是承兑？各有哪几种？

4. 都有哪些票据行为？具体内容是什么？

5. 汇票的抬头有哪几种？都有什么区别？

6. 汇票的出票日期起什么作用？

7. 汇票练习：

出票人 A. CO 在 2004 年 3 月 8 日于北京签发一张远期汇票，命令 MIDLAND 银行在见票后 20 天付款给 C. CO 或其指定人，金额为 USD300 000，C. CO 于 3 月 10 日获得 MIDLAND 银行的承兑，用英文写出这张汇票，并写出承兑、汇票到期日。

本章参考资料

1.《1882 年英国票据法》、《1957 年英国支票法》苏宗祥等翻译本。

2. 戚世忠，等．国际贸易结算．杭州：浙江大学出版社，1989.

3. 余振龙，姚念慈．国外票据法．上海：上海社会科学院出版社，1991.

4.《欧、亚、大洋洲各国汇票法规指南》，国际商会出版物第 593 号。

5.《审核跟单信用证项下单据国际标准银行实务》，国际商会出版物第 681 号。

第三章　国际银行清算

学习目标

了解国际银行之间的清算，特别要熟悉美元、欧元和英镑的清算系统，了解SWIFT的基本概念。

本章关键词

结算　清算　美元清算系统　欧元清算系统　英镑清算系统　SWIFT

第一节　国际银行清算与清算系统

一、清算与清算中心

清算（Clearing）是指不同银行之间因资金的代收、代付而引起的债权债务通过票据清算所或清算网络进行清偿的活动。其目的是通过两国银行在货币清偿地往来账户的增减变化来结清每一国际结算业务。国际结算和国际清算联系密切，结算是清算的前提，清算是结算的继续和完成。结算主要是债权人和债务人通过银行清偿债权债务关系；清算是指银行之间通过清算网络来结算债权债务关系，而银行之间的债权债务关系又主要是由结算引起的。

银行之间债权债务的清算是通过票据清算所自动清算完成的。票据清算所（Clearing House）或清算网络是由许多银行参加的、彼此进行资金清算的场所。参加票据清算所的银行叫清算银行。在票据清算所里，清算银行之间的债权债务大部分可以相互抵消，实际清算的只是彼此之间的差额。清算系统（Clearing System）是由结算和清算过程中诸要素组成的有机整体。它包括一笔款项从付款人账户上付出，中间经过清算，收入到收款人账户上；或从收入收款人账户，中间经过清算，到付款人付款的全过程。

在国际结算和清算中，一切货币的收付最终必须在该货币的清算中心进行结算。在国际贸易和结算中，使用的主要是发达国家或地区的货币，如美元，欧元、英镑、日元、加元、港元等。这些货币都有相应的清算中心，美元的清算中心在纽约，英镑的清算中心在伦敦，欧元的清算中心在法兰克福等地，日元的清算中心在东京。为了清算和结算的方便，从事国际业务的银行一般都要在主要货币的清算中心设立联行，并在当地银行开立当地货币账户，以加入该货币清算网络。

美元是最主要的结算货币，很多外国银行都在纽约的银行开立美元账户，以利于美元结算。美元账户可分为三类：

1. 一级账户

这是指属于联邦储备系统成员的美籍银行在联邦储备银行（Federal Reserve）开立的美元账户，它连通全美国各州金融网。凡是票据交换和跨州调拨，均须通过一级账户结算。

2. 二级账户

这是指外国银行在美籍银行开立的美元账户。外国银行不能在联邦储备银行开立账户，只能在美籍银行开户。这样，美籍银行就会同时成为很多外国银行的账户行。如果在同一美籍银行如花旗银行开户的两家外国银行要转移资金，花旗银行只要进行内部转账即可，划拨十分方便和迅速。

3. 三级账户

这是指外国银行在美国的外籍银行开立的美元账户。当美国某银行为偿付行时，委托外籍银行（账户行）索汇收款必须通过纽约清算系统进行。显然，通过三级银行收汇不如通过二级银行收汇方便。

第二节 SWIFT 的基本内容

一、SWIFT 简介

环球同业银行金融电讯协会（Society for Worldwide Interbank Financial Telecommunication，SWIFT）是一个国际银行同业间非营利性的合作组织，负责设计管理 SWIFT 国际网络，总部设在布鲁塞尔。目前该网络已遍布全球的 200 多个国家和地区，支持 80 多个国家和地区的实时清算系统。SWIFT 具有明显的三个特点：安全可靠；快速且费用低；自动加核密押。目前全球大多数国家和地区的银行都已加入使用 SWIFT 系统。

SWIFT 用户包括三种类型，即会员（股东）、子会员和普通用户。会员可享受所有的 SWIFT 服务；普通用户只享受与其业务相关的服务，主要来自于证券行业，如证券中介、投资管理公司、基金管理公司等。SWIFT Net 是 SWIFT 独有的互联网络。

二、SWIFT 银行识别代码

每家申请加入 SWIFT 组织的银行都必须事先按照 SWIFT 组织的统一原则，制定出本行的 SWIFT 代码，经批准后正式生效。银行识别代码（Bank Identifier Code，BIC）由电脑可以自动判读的八位或是十一位英文字母或是阿拉伯数字组成。这十一数字或字母的 BIC 可以拆分为银行代码、国家代码、地区代码和分行代码四部分，如中国银行上海分行，其银行识别代码为 BKCHCNBJ300。其含义为：

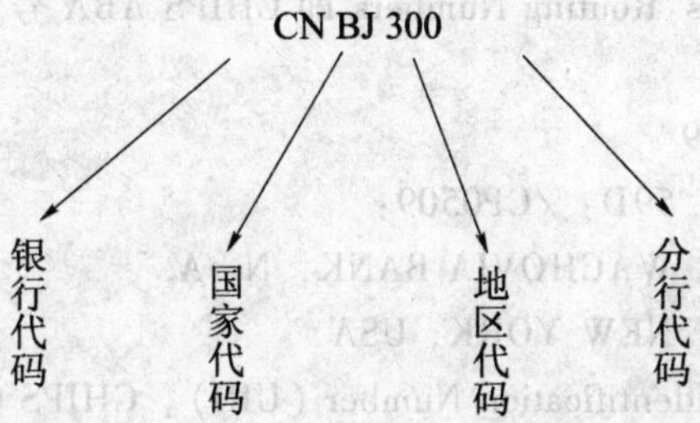

（1）银行代码（Bank Code）：由四位英文字母组成，每家银行只有一个银行代码，并由其自定，通常是该行的行头字母缩写，适用于所有的分支机构。

（2）国家代码（Country Code）：由两位英文字母组成，用以区分用户所在的国家和地理区域。

（3）地区代码（Location Code）：由 0 和 1 以外的两位数或两位字母组成，用以区分所在国家的地理位置，如区、省、州、城市等。

（4）分行代码（Branch Code）：由三位字母或数字组成，用来区分一个国家里某一分行、组织或部门。如果银行的 BIC 只有八位而无分行代码时，其初始值订为“×××”。

如果想查某个银行的 BIC（即 SWIFT Code），可以到银行的网站上查。

第三节　世界主要货币的清算系统

一、主要的清算代码和银行识别码

1. SWIFT Bank Identifier Code（BIC）/SWIFT Address

SWIFT 组织公布的用于识别 SWIIFT 用户的 8 位或 11 位编码，由字母和数字组合构成。如，中国民生银行上海分行的代码为 MSBCCNBJ002，中国外汇交易中心的代码为 PBOCCNSFCFX

2. FedABA

它是在美国联邦交换系统中识别清算成员的 9 位数字编码。例如，花旗银行纽约分行：021000089

在 SWIFT 报文中表示为：59D：/FW021000089

CITIBANK，N. A.

NEW YORK，USA

3. CHIPS 成员的识别码

（1）CHIPS Participants' Routing Numbers 即 CHIPS ABA 号。CHIPS 的一级清算成员都有一个 4 位数的代码。

例如，美联银行：0509

SWIFT 报文中表示为：59D：/CP0509：

WACHOVIA BANK，N. A.
NEW YORK，USA

（2）CHIPS Universal Identification Number（UID）。CHIPS 的二级清算成员只能通过一级清算成员来间接参与清算，二级清算成员银行可以在多个一级清算银行开立账户，但无论通过哪家一级银行清算，6 位数的 CHIPS UID 代码是惟一的。UID 代码保证了清算系统较高的直通处理（Straight Through Processing，STP）比率，94% 的直通处理率意味着如此高比例的清算业务无须任何人工干预，实效性非常强，数秒即可完成一笔清算业务。例如，花旗银行上海分行：310606，在 SWIFT 报文中表示为：

59D/CH310606
CITIBANK，N. A.
SHANGHAI，CHINA

4. ACH Universal Payment Identification Code（UPIC）

在 ACH 中用于标识 ACH 清算参与成员的代码，隐含了成员的账户信息。

5. International Bank Account Number（IBAN）

ISO 标准的用于识别银行账号的编码，最长 34 位，由字母和数字组合构成，包含国家、银行、分行、账号校检码等信息，目前广泛用于欧洲地区清算，包括欧元清算。

二、美元清算系统

迄今为止，美元仍然是世界上最重要的货币之一，在国际贸易中以美元计价的仍占一半以上，仍然是目前最重要的国际结算货币。因此，必须清楚了解整个美元清算的运作程序和承运的机构。美元的转移和支付可有五种方式进行，它们是：CHIPS（纽约银行间的清算系统）、FEDWIRE（美国联邦储备银行的清算系统）、Book Transfer（内部转账）、Check（支票）和 ACH（自动清算所）。每种支付体系都有各自的规则和级别。

（一）CHIPS 简介

在美国境内，美国联邦储备银行是一个完美的中介机构，替全美的银行转账。但是，全世界的所有银行不可能都在美国联邦储备银行开户，使得美国联邦储备银行为全世界的银行转账。所以其他国家的银行必须寻求另一个所谓的“世界银行”的机构，来为全世界从事美元外汇业务的银行进行转账。因此，在 1853 年便成立了纽约清算中心（New York Clearing House Association，NYCHA），在 1970 年设立了 CHIPS 系统

（Clearing House Inter-bank Payment System，CHIPS）。CHIPS 的功能是经办国际银行间的资金交易和电子资金划转及清算，由 NYCHA 负责其运行。通过 CHIPS 处理的美元交易额约占全球美元交易额的 95%，这样不但为全世界的银行完成美元转账，而且也巩固了纽约作为世界金融中心的地位。

现在，参加 CHIPS 的 100 多家美国银行和外国银行在纽约的分支机构中有 48 家是清算银行（Clearing Banks），他们都在联邦储备银行开立账户，作为联储系统成员银行，能够直接参与清算交割。

只有通过 CHIPS 支付和收款的双方都是 CHIPS 会员银行，才能经过 CHIPS 直接清算。通过 CHIPS 的每笔收付均由付款一方开始进行，即由付款一方的 CHIPS 会员银行主动通过其 CHIPS 终端机发出付款指示，经 CHIPS 计算机中心传递给另一家 CHIPS 会员银行，收在其客户的账户上，而收款行则不能通过它的 CHIPS 终端机直接向付款行索款，但它可以拍发索款电，要求付款行通过 CHIPS 付款。

所有成员银行都与 CHIPS 系统即时连线（On-line），进行接收/传递有关美元收/付的电文。全世界所有办理美元外汇业务的银行，都在这 48 家 CHIPS 成员银行的其中一家或几家开有美元账户。因此，通过 CHIPS 系统，全世界所有的银行都能间接地将美元汇至世界各地。其实，美元都停留在 CHIPS 体系内，只是由成员甲转到成员乙的手上，也就是说所有的美元只是在这 48 家银行的账上转来转去，而从未离开纽约市。

CHIPS 使用即时连线从 2001 年 1 月开始成为即时清算，是惟一进行实时冲账处理并且带有电子数据转换（EDI）功能的系统，在很大程度上降低了清算风险。

CHIPS 的清算时间为美国东岸时间起息日前一天 21:00 到起息日当天 17:00，总共 20 小时。它是一个净额支付系统，每日营业终了进行收付差额清算，每日 18:00 完成资金转账。

CHIPS 并不像 FEDWIRE 真的有账户可以转账，它只是一种记账方式，替目前的 48 家成员银行相互冲账。在 CHIPS 系统关闭后，通知所有成员银行，通过 FEDWIRE 于当天冲平各自的正余额或负余额。例如，

	银行甲		银行乙		银行丙
付乙	$ 300 万	付甲	$ 100 万	付甲	$ 300 万
付丙	$ 200 万	付丙	$ 500 万	付乙	$ 400 万
收乙	$ 100 万	收甲	$ 300 万	收甲	$ 200 万
收丙	$ 300 万	收丙	$ 400 万	收乙	$ 500 万
净余额：	− $ 100		+ $ 100		0

银行甲在收到 CHIPS 通知后，必须在下午 5:15 之前发送付款指示到 FEDWIRE 系统，支付 100 万美元到 CHIPS 系统开在纽约联邦储备银行的账户。银行乙会在下午 5:30 左右收到 FEDWIRE 系统的通知：从 CHIPS 收讫 100 万美元。银行丙当天收付相抵，无须作任何收付动作。

由于有了 CHIPS 的实时清算，银行间的流动资金得到了有效利用。由于有了最低的预存资金，银行之间可以在净额基础上进行清算和结算。

（二）FEDWIRE 简介

FEDWIRE 系统在 1913 年建立，电脑系统连接美国境内 12 个联邦区域的联邦储备银行。一般来说，FEDWIRE 是美国境内美元清算的系统，也是美国全国性的电子付款清算系统。美国跨州电汇划拨款项需要通过 FEDWIRE 系统，直接由联邦储备银行进行操作和管理。另外，该系统还为美国政府和联邦储备银行提供各种金融信息和相关政策。

FEDWIRE 成员由 12 000 家银行组成。目前大约有 9 300 家在线成员，每个成员由美国银行家协会分配一个专用的线路号码（9 位数），俗称 FED ABA 码或 FED Routing Number。如美国联邦储备银行纽约分行的 FED ABA 码为 026005092。那些在线成员可以连接收发支付信息。FEDWIRE 还有约 2 000 家会员行是非在线银行，他们和联储系统的联系通过电话进行，这种方式使得受益人经过较长时间才能收到款项。

一般稍具规模的美国银行都会使用美国联邦储备银行所提供的 FEDWIRE 和美联储银行进行即时连线。而规模较小的、非在线银行，若要转账给这些机构，便要通过一家较大、同时有即时连线的银行作为转账的中介。成员行通过 RTGS（Real Time Gross Settlement）系统进行实时、全额清算，记账同时传递电文，每笔付款不作轧差处理。所以每个成员行在付款时，必须非常清楚自己开在美联储银行的账户余额。当余额不足时，千万不能付款，否则，将会被联邦储备银行罚款。联邦储备银行仅允许成员银行在日间透支，但是透支银行必须缴付日间透支利息。

FEDWIRE 的清算时间为美国东岸时间起息日前一天 21:00 到起息日当天 18:00 共 21 个小时。当美国某个 FEDWIRE 成员银行将付款电文送达美国联邦储备银行后，美联储银行会做两件事：（1）借记成员银行在美国联邦储备银行的账户，同时贷记受益人银行在美国联邦储备银行的账户；（2）将该成员银行的电文转送到受益人银行。

当受益人银行收到美联储银行送来的电文，便可放心地确认该笔款项已入了其在美国联邦储备银行的账户，受益人银行即可按照电文的指示将该款项转入受益人的账户。举例说明清算流程：

（1）B 公司要求 A 公司支付款项；（2）A 公司向 A 银行申请支付款；（3）A 银行借记客户 A 的账户款项；（4）作为 FEDWIRE 清算成员，A 银行直接向联储系统发送付款指示；(5) 联储系统借记A银行账户（A银行在联储的账户内必须有足够的余额）；(6) 联储系统贷记B银行账户；(7) 联储通过系统向收款的B银行发送收款通知；(8) B银行根据系统通知贷记收款人B公司账户；(9) B银行向受益人B公司发送贷记通知。

FEDWIRE的特点之一是由美联储担保单笔对单笔间的借记和贷记。为了降低大额美元结算风险，FEDWIRE采用监控每日账户的透支余额和设置每日借记限额的方法，管理每日的结算风险。如果成员行在自己的账户余额不足时进行付款，将扣透支部分的罚息，并以分钟计算。

（三）内部转账（Book Transfer）

内部转账是指在同一家银行开立账户的各方之间的资金支付。由于不需要任何外部支付系统，与其他资金转移方式相比，内部转账速度更快、价格更便宜、效率更高。

（四）支票（Check）

如果付款人不能确定在美国的受益人的开户银行，可以通过银行开出支票，邮寄给受益人后，由受益人进行提示托收获得票款。美元支票的主要种类如下：

(1) 商业支票（Commercial Check）：私人、公司及银行本票都属于商业支票，通常为6个月的有效期，非定额，支票上有磁性电脑数字码，用于电子清算。

(2) 旅行支票（Travelers Check）：无提示时间限制，固定金额，有初签与复签。有磁性电脑数字码，用于电子清算。

(3) 美国政府国库支票（Treasury Check）：有效期1年，通常是小金额，必须通过美元支票清算系统处理，不接受托收（只可以用立即贷记），有磁性电脑数字码，用于电子清算。

(4) 美国邮政汇票（Postal Money Order）：必须通过美元支票清算系统处理，不接受托收（只可以用立即贷记），分为美国境内境外提示两种。

（五）自动清算所

自动清算所（Automated Clearing House，ACH）属于民间组织，由美国教会商业管理学会组建。该系统一般处理小金额，大批量的收、付款，或定时重复性的付款，例如退休金、养老金、保险费、薪金等。

ACH贷记是由账户拥有者（发起方）发起，将自己账户中的资金转移到指定的其他账户中的交易，如企业向员工发放薪资，由企业发起，企业的账户被借记，同时员工的账户被贷记。ACH借记是由收款方发起，借记他人的账户，同时贷记自己的账户。ACH借记要求发起方获得被借记方的授权，如保险公司通过ACH系统每月从投保人处收取保费，保险公司通过发出ACH借记指令要求账户行借记投保人账户，并将款项贷记入保险公司的账户。

ACH 清算发出的贷记（付款）指令不可撤销，而其发出的借记（资金托收）命令则可因资金不足而被退回。ACH 清算只能用于双边清算，第三方的清算只能通过 CHIPS、FEDWIRE 或是 Book Transfer 等方式完成。

三、欧元清算系统

自欧元启用后，欧盟成立了新的跨境收付系统，它连接了 15 个欧盟成员国（12 个欧元国和丹麦、英国及瑞典）。

（一）欧元清算主要使用的清算系统

（1）欧元实时总额自动清算系统（Trans European Real Time Gross Settlement Express Transfer System，TARGET）——是各欧盟成员国中央银行的实时总额清算系统，连接各国境内的实时总额清算系统，采取逐笔清算方式。

（2）欧洲银行协会的欧元 1 号系统（EURO1）——由欧洲银行协会清算公司运营，用于跨境的大额清算，不可日中透支，不承担任何信贷风险。

（3）欧洲银行协会的直通式欧元收付系统 1（STEP1）——最初只能处理小额欧元收付，现在已能处理单笔金额 100 万欧元的收付。

（4）欧洲银行协会的直通式欧元收付系统 2（STEP2）——自 2003 年 4 月开始运营的第一个泛欧自动清算系统，使用欧盟规定的 MT103 + 格式处理大批量支付。

（二）英镑通过 CHAPS 电支付清算

伦敦是最早的国际金融中心，也是英镑的清算中心。英镑的清算原来主要靠两个系统：一个是伦敦城内交换系统（Town Clearing），另一是普通交换系统（General Clearing）。伦敦城内交换系统是一个当天交换系统，它只清算以伦敦城内的银行为付款行，面额在 1 万英镑以上的票据。普通交换系统不是当天交换的系统，它办理以伦敦城内的交换银行为付款行，面额在 1 万以下和伦敦城以外的票据交换。

自美国成立 CHAPS 后，英国的交换银行也从 1984 年开始设立使用一个新系统：交换银行自动收付系统（Clearing House Automated Payment System，CHAPS），它不仅是伦敦同城电支付清算中心，也是世界所有英镑电支付清算中心。

英国的 11 家清算银行加上英格兰银行共 12 家交换银行集中进行票据交换，其他商业银行则通过其往来的交换银行交换票据。非交换银行必须在交换银行开立账户，以便划拨差额，而交换银行之间交换的最后差额则通过它们在英格兰银行的账户划拨。

问题与思考

一、填空题

1. SWIFT 银行识别代码 BIC Code 是 BKCHCNBJ 200，请写出：

银行代码（Bank Code）______________________；

国家代码（Country Code）______________________；

地区代码（Location Code）______________________；

分行代码（Branch Code）______________________。

2. 美元清算业务通过主要的美元清算系统办理，它们是：

（中文）______________________（英文缩写）______________________；

（中文）______________________（英文缩写）______________________；

（中文）______________________（英文缩写）______________________。

二、问答题

1. 什么是国际结算和国际清算？两者是什么关系？
2. 什么是 SWIFT？
3. 什么是 CHIPS？什么是 FEDWIRE？什么是 ACH？
4. 什么是欧元清算系统？什么是 CHAPS？

第四章 汇款方式

学习目标

熟悉汇款方式的流程及其种类；了解银行汇款的调拨；掌握汇款在国际贸易结算中的应用。

本章关键词

汇款 电汇 信汇 票汇 头寸调拨 退汇 预付货款 货到付款

国际结算方式是指资金在国际间从付款一方转移到收款一方的方式。它从比较简单的现金结算方式发展到目前比较完善的以银行为中心的非现金结算方式。目前在进出口业务中所采用的结算方式主要有汇款、托收和信用证三种。汇款方式是顺汇法，托收和信用证方式是逆汇法。顺汇是债务人或付款人主动将款项交给银行，委托银行使用某种结算工具，支付一定金额给债权人或收款人的结算方式，因结算工具的传递方向与资金的流动方向相同，所以称为顺汇。逆汇是由债权人以出具票据方式，委托银行向国外债务人收取一定金额的结算方式，因其结算工具的传递方向与资金的流动方向相反，所以称为逆汇。

除了以上三种基本的结算方式外，还可采用银行保函、备用信用证以及采取两种或两种以上方式结合的办法进行结算。

第一节 汇款方式的概述

汇款是银行（汇出行）应汇款人（债务人）的要求，以一定的方式将一定金额通过其国外联行或代理行作为付款银行（汇入行），付款给收款人（债权人）的一种结算方式。在进出口业务中，当买卖双方采用汇款方式结算债权债务时，这说明由卖方先将货物发运至买方，再由买方付款；或者由买方向卖方预先支付款项，然后卖方发货，因而汇款方式是建立在买卖双方相互提供信用的基础上的支付方式，属于商业信用的范畴。汇款方式不仅运用于贸易和非贸易结算，凡是属于外汇资金的调拨都可采用这种方式，所以它是外汇银行的一项主要业务。

在汇款方式中，一般有四个当事人：

1. 汇款人（Remitter）

他是委托银行向国外债权人付款的当事人。汇款人在委托银行办理汇款时，要出具汇款申请书，此申请书是汇款人和汇出行之间的一种契约。在国际贸易实务中汇款人通常是进口商或债务人。其责任是填写汇款申请书，向银行提供将要汇出的款项并承担一定的手续费。

2. 收款人（Payee or Beneficiary）

他是接受汇款人所汇款项的当事人。在国际贸易实务中汇款方式下的收款人通常是出口商或债权人。

3. 汇出行（Remitting Bank）

它是接受汇款人委托，办理款项汇出业务的银行。汇出行通常是汇款人所在地银行，其职责是按汇款人要求将款项汇给收款人。自接受汇款申请书起，汇款人与汇出行之间的契约关系与效力就此成立，汇出行就应完全按照汇款申请书的内容与选定的汇款方式办理该笔汇款业务，直到该笔汇款有结果为止。

4. 汇入行（Paying Bank）

它又称为解付行，是指接受汇出行委托，向收款人解付汇入款项业务的银行。汇入行通常是收款人所在地银行，它必须是汇出行的联行或代理行。

第二节 汇款方式的种类

根据结算工具的不同，汇款方式分为电汇、信汇和票汇。在目前的实际业务中信汇已经很少使用。

一、电汇

电汇（Telegraphic Transfer，简称 T/T）是汇款人（付款人或债务人）委托银行（汇出行）以电报（Cable）、电传（Telex）、环球同业银行金融电讯协会（SWIFT）方式指示出口地某银行作为汇入行，解付一定金额给收款人的汇款方式。

（一）电汇的业务程序

当结算双方商定以电汇方式结算资金后，电汇的具体操作程序如下：

（1）汇款人填写电汇申请书，交款付费给汇出行。

（2）汇出行给汇款人电汇回执。

(3) 汇出行根据汇款人申请书内容，将汇款金额、收款人和汇款人姓名、地址、汇款人附言等内容以电报或电传方式通知汇入行委托其付款。汇出行在发电报或电传时，要加列与汇入行约定使用的密押，以证实电报或电传内容确实是汇出行所发；汇入行收到电文，要核实密押无误后才能办理解付手续。

(4) 汇入行收到汇出行汇款电文并核对密押相符后，立即通知收款人取款。

(5) 收款人持通知书到汇入行取款时，必须在“收款人收据”上签名或盖章。

(6) 汇入行向收款人解付汇款。

(7) 汇入行将付讫借记通知书寄给汇出行，以使双方的债权债务得以结清。

电汇业务的程序如图 4－1 所示：

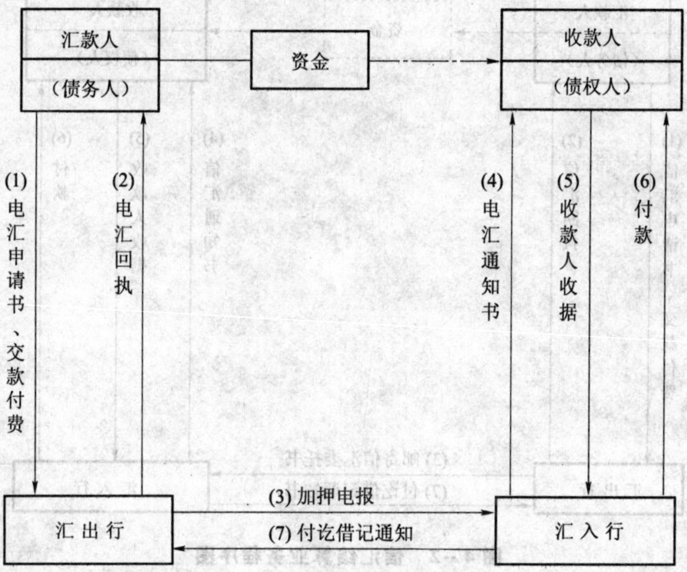

图 4－1 电汇结算业务程序图

(二) 电汇业务的特点

1. 速度快

电汇是最快的一种汇款方式，银行一般均当天处理，但汇出行无法占用邮递过程的汇款资金。

2. 安全性高

由于电传是银行与银行之间的直接通讯，并且要核实密押，因而产生差错的可能性小。

3. 费用高

汇款人必须承担电报费用。

二、信汇

信汇（Mail Transfer）是应汇款人的申请，由汇出行将信汇委托书或支付委托书邮寄给汇入行，指示汇入行解付一定金额给收款人的一种汇款方式。

（一）信汇的业务程序

信汇的业务程序与电汇的业务程序基本相同，但汇款人必须填写信汇申请书。信汇与电汇的惟一差别是，汇出行通过航空信函邮寄信汇委托书或支付委托书给汇入行，而不是采用电报。

信汇业务的程序如图 4－2 所示：

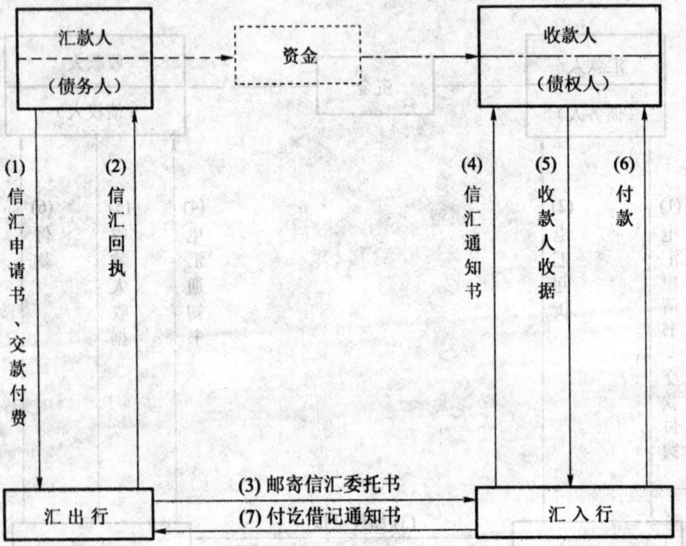

图 4－2　信汇结算业务程序图

（二）信汇的特点

1. 资金的转移速度较慢

信汇是通过航邮至汇入行的，汇款在途时间较长，收款时间较慢。

2. 信汇费用相对低廉

信汇成本低于电报、电传，而且银行可短期占用资金，因为信汇有一邮递在途时间，所以汇出行可占用一个邮递时间内的信汇资金。

三、票汇

票汇（Remittance by Banker's Demand Draft，D/D）是汇出行应汇款人的申请，给汇

款人开立以其分行或代理行为解付行的银行即期汇票，并将票据交给汇款人，由汇款人自行寄送或自己携带出国交给收款人，收款人持票取款的一种汇款方式。票汇以银行即期汇票为结算工具。

（一）票汇业务的程序

（1）汇款人填写票汇申请书，并交款付费给汇出行。

（2）汇出行开立银行即期汇票交给汇款人。

（3）汇款人将银行即期汇票自行携带或邮寄给收款人。

（4）汇款通知书（有些银行简化不寄）。

（5）收款人凭银行即期汇票向汇入行取款。

（6）汇入行把汇票审核无误后，付款给收款人。

（7）汇入行同时把付讫借记通知书寄给汇出行。

票汇业务的程序如图 4-3 所示：

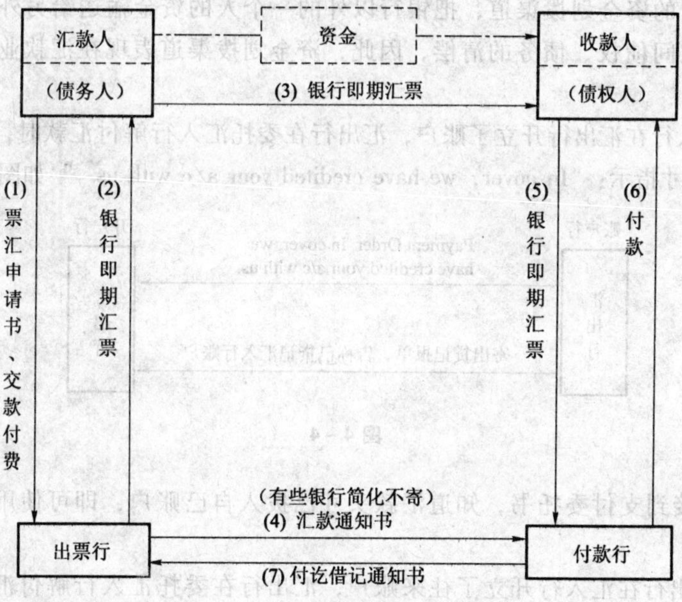

图 4-3　票汇结算业务程序图

（二）票汇的特点

1. 取款方便，手续简单

汇入行无需通知收款人取款，而是由持票人持票自行到汇入行取款，省却了汇入行通知的环节。

2. 汇款人可以通过背书把票据转让给他人，具有一定的灵活性

3. 银行可无偿占用资金

票据的出票、寄（带）或者转让所占时间较长，银行在此期间可无偿使用资金。

第三节 汇款头寸的调拨和退汇

一、头寸调拨

汇出行办理汇款业务时，应及时将汇款金额拨交给其委托解付汇款的汇入行。汇入行要掌握“收妥头寸、解付汇款”的原则，他们必须是在接到国外汇款头寸报单，或者可以立即借记国外汇款行账户的通知后方可办理解付。所以每笔汇款中，必须注明拨头寸指示，而拨头寸又须结合汇出行与汇入行的开设账户情况。银行开办国外汇款业务，是利用银行的资金划拨渠道，把银行以外的一个人的资金输送给另外一个人，以完成收、付款方之间债权、债务的清偿，因此，资金划拨渠道表现在汇款业务上要求通汇关系必须流畅。

（1）当汇入行在汇出行开立了账户，汇出行在委托汇入行解付汇款时，汇出行应在委托书上注明拨头寸指示：“In cover，we have credited your a/c with us. ”如图 4 –4 所示：

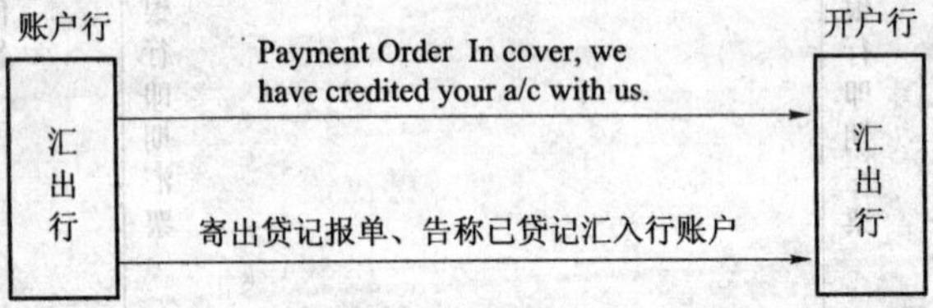

图 4 –4

当汇入行接到支付委托书，知道汇款头寸已拨入自己账户，即可使用头寸解付汇款给收款人。

（2）当汇出行在汇入行开立了往来账户，汇出行在委托汇入行解付汇款时，汇出行会在委托书上注明拨头寸指示：“In cover，please debit our a/c with you. ”汇入行在借记该账户后，会在寄给汇出行的借记报单上注明“your a/c debit”字样。如图 4 –5 所示：

汇入行接到支付委托书后，即被授权借记汇出行账户，付款给收款人，并以借记报单通知汇出行，这笔汇款业务即完成。

（3）汇出行和汇入行双方在同一代理行开立往来账户。为了偿付解付，汇出行可以在汇款时主动通知代理行将款项拨付汇入行在该代理行的账户。如图 4 –6 所示：

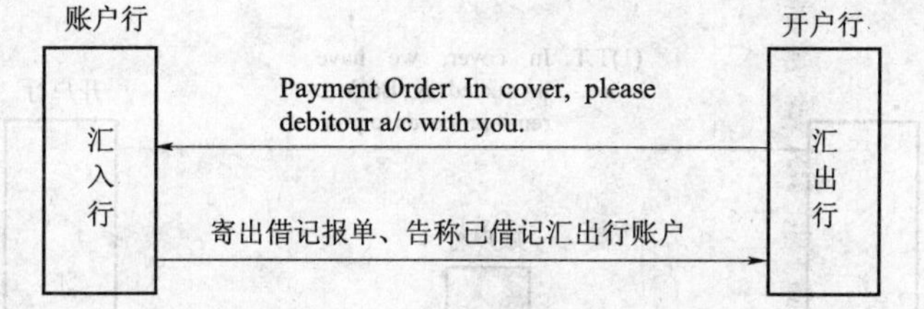

图 4－5

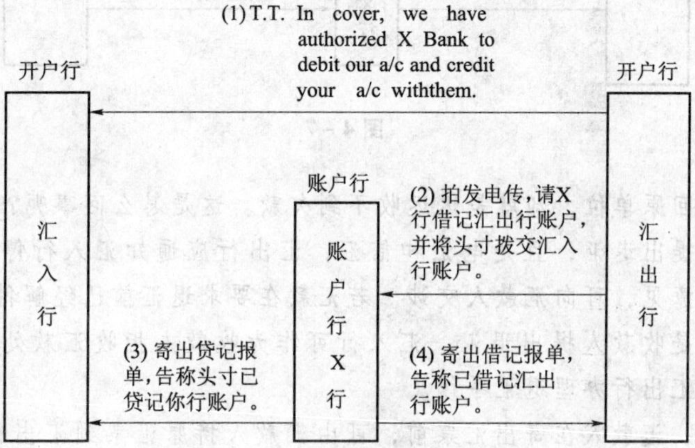

图 4－6

汇入行接到汇出行的拨头寸指示，同时也收到 X 银行寄来头寸贷记报单，即可使用该头寸解付给收款人。

(4) 汇出行和汇入行双方在不同的银行开立往来账户，为了偿付，汇出行可在汇款时主动通知其他代理行，将款项拨付给汇入行在其他代理行的账户。如图 4－7 所示：

汇入行接到汇款，使用汇来的头寸付给收款人。

二、汇款的退汇

汇款人或收款人中的某一方在汇款解付前要求撤销该笔汇款叫退汇。

【案例研究】4－1

案情：

在实际中可能会经常碰到这样的情况：比如某人到外地去要回外地公司欠他的钱，在银行的柜台前，他明明看见对方已经给他办理了汇款手续，而且为了加快时间，办的

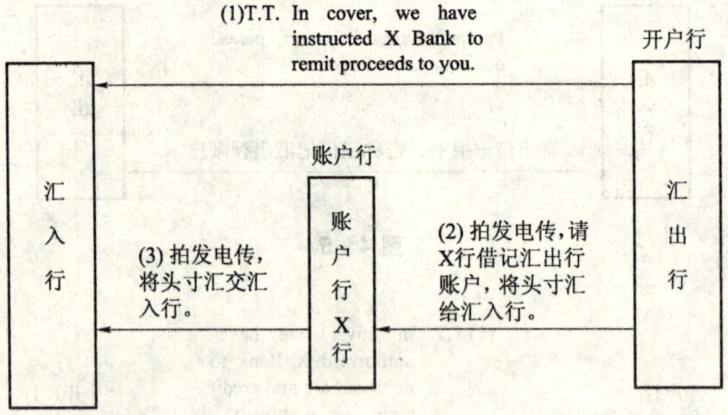

图 4－7

还是电汇。等他回原单位，却就是迟迟收不到欠款。这是怎么回事呢？

如果汇款人提出退汇，且是电汇和信汇，汇出行应通知汇入行停止解付，撤销汇款。收款人如有意见，可向汇款人交涉。若汇款在要求退汇前已经解付，汇款人就不能要求退汇。如果是收款人提出退汇，汇入行可作为收款人拒收汇款处理，并通知汇出行，由汇款人到汇出行办理退汇手续。

票汇的退汇，汇款人在寄出汇票前，可由汇款人持原汇票到汇出行办理退汇手续。汇出行应发函通知汇入行将有关的汇票通知书（或票根）注销寄回。若汇款人已将汇票寄出才要求退汇时，汇出行为维护自身信誉，一般不予接受。

如果汇款人将汇票遗失、被窃。应办理挂失止付手续，由汇款人向汇出行出具认赔保证书，保证万一发生重付，由汇款人负责赔偿银行因此遭受的损失。汇出行即可通知汇入行挂失止付，待汇入行书面确认后，汇出行可以办理补发汇款手续。英国银行对于收款人遗失汇票的规定是由收款人出具认赔保证书给付款行，付款行可向收款人无提示付款。

分析：

在本案例中，其实是在他转身走了以后，欠款人马上又办理了退汇手续，截留住了这笔汇款。所以为了避免类似情况发生，在去追回欠款时，最好采用票汇方式，因为欠款人如果想截留退回这笔欠款，必须要回追款人手里的银行即期汇票才能办理。

第四节　汇款方式的实际运用

在国际贸易中以汇款方式结算买卖双方债权债务时，根据货款支付和货物运送时间的不同，汇款可以分为先付款后交货和先交货后付款两种类型。前者称为预付货款（Payment in Advance），后者称为货到付款（Payment After Arrival of the Goods）。

一、预付货款

预付货款是指买方（进口商）将货款的全部或者是一部分通过银行汇给卖方（出口商），卖方收到货款后，根据买卖双方事先签订的合约，在一定时间内或立即将货物运交进口商的结算方式。此方式对进口商来说是预付货款；对出口商来说是预收货款。

预付货款对出口商极为有利。因为：

（1）货物未发出，已收到一笔货款，等同于得到无息贷款。

（2）收款后再发货，降低了货物出售的风险，如果进口商毁约，出口商可没收预付款。

（3）出口商可以充分利用预收货款，甚至可在收到货款后再购货发运。

预付货款对进口商极为不利。因为：

（1）货物到手前付出了货款，造成资金周转困难及利息损失。

（2）将来如果不能收到或不能如期收到货物或货物与合同不符时，将遭受损失或承担风险。

进口商为了保障自己的权益，减少预付货款的风险，一般要通过银行与出口商达成解付款项的条件协议，通常称为“解付条件”。它由进口商在汇出汇款时提出，由解付行在解付时执行。主要的解付条件是：收款人取款时，要出具个人书面担保或银行保函，担保收到货款后如期履约交货，否则退还已收到的货款并附加利息；或保证提供全套货运单据等。除了附加“解付条件”外，进口商有时还会向出口商提出对进口商品折价支付，作为抵付预付货款造成的资金利息损失。

二、货到付款

货到付款是指出口商先发货、进口商后付款的结算方式，此方式其实就是赊销。货到付款对进口商极为有利。因为：

（1）买方不承担资金风险，货未到或不符合合同要求则不付款，在整个交易中占主动地位。

（2）由于买方常在收到货物一段时间后再付款，无形中占用了卖方的资金。

货到付款使出口商承担风险。因为卖方先发货，必然要承担买方不付款的风险。由于货款常常不能及时回收，卖方资金被占用，造成一定的损失。货到付款在国际贸易上可分为售定和寄售两种。

售定是指买卖双方成交条件已经谈妥，确定了货价和付款时间，一般是货到付款或货到后若干天付款，并且签订了合同。这种特定的延期付款方式习惯上称为“先出后结”，一般适用于我国内地对港澳地区出口鲜活商品的贸易结算。

寄售是指由出口商先将货物运至国外，委托国外商人在当地市场代为销售，货物售出后，被委托人将货款扣除佣金后通过银行汇交出口商，是“先进后结”方式。

问题与思考

一、判断题

1. 国际汇款业务中，当事银行因处于不同国家，故无法利用在途汇款资金。(　　)

2. 在头寸调拨时，汇入行是可以先解付汇款，然后再收头寸的。(　　)

3. 信汇、票汇、电汇三种汇款方式中解付行查验汇款真实性的方法相同，都是查验汇出行的签字。(　　)

4. 售定属于货到付款的一种方式，它是进出口方达成协议所进行的一种“先出后结”的结算方式。(　　)

二、单选题

1. T/T、M/T 和 D/D 的中文含义分别为________。

A. 信汇、票汇、电汇　　B. 电汇、票汇、信汇

C. 电汇、信汇、票汇　　D. 票汇、信汇、电汇

2. 信汇、票汇、电汇是以________为标准来分类的。

A. 结算工具与资金的流向的关系　　B. 使用的结算工具不同

C. 使用的汇票不同　　D. 证实方式不同

3. 在汇款业务中，汇出行无法占用邮递过程的汇款资金的是________。

A. 电汇　　B. 信汇　　C. 票汇

4. 在国际结算中，汇款结算工具的传送方向与资金流向相同，所以汇款属于________。

A. 外汇　　B. 结汇　　C. 售汇　　D. 顺汇

三、思考题

1. 阐述电汇、信汇、票汇的异同。

2. 汇款方式在国际贸易中是如何运用的？

3. 汇出行与汇入行的开设账户有哪几种情况？是如何拨头寸的？

第五章　托收方式

学习目标

了解托收业务的当事人和流程；掌握托收方式特点和各方当事人之间的关系；要非常熟练跟单托收。

本章关键词

托收　托收业务流程　托收方式特点　跟单托收　付款交单　承兑交单

第一节　托收的概述

一、托收的定义

国际商会制定的《托收统一规则》对托收作了以下定义：托收是指接到托收指示的银行，根据所收到的金融单据或商业单据来取得进口商付款或承兑汇票，且凭付款或承兑交出商业单据，或凭其他条件交出单据的一种结算方式。所以简单地说，就是出口商（债权人）为了向进口商（债务人）收取款项，出具汇票（债权凭证）委托银行代为收款的一种结算方式。

金融单据是指汇票、本票、支票或其他用于货币付款的相似的票据，简称为票据。商业单据是指发票、运输单据、物权单据或其他相似单据，或不是金融单据的其他任何单据，简称为单据。

这里的"凭其他条件"是指"以交来本票/信托收据/承诺书等"。

托收方式中涉及的主要当事人有：

（1）委托人（Principal）。又称为出票人、出口商、受益人和债权人，是开出汇票委托银行向国外进口商收款的人。

（2）托收行（Remitting Bank）。又称为出口方银行、委托行、寄单行，是指接受委托人的委托，委托国外的联行或代理行向债务人收款的银行。

（3）代收行（Collecting Bank）。又称为进口方银行，是指接受委托行的委托向进口商收款的银行。它一般是托收行在国外的联行或代理行。为执行委托人指示，托收行将使用委托人指定的银行作为代收行。没有指定代收行时，托收行将使用它自己指定的任何银行作为代收行。

（4）付款人（Drawee）。当汇票提示给他时，如果是即期汇票，他应见票即付；如果是远期汇票，他应承兑汇票，并于到期日付款。他是进口商、付款人、受票人。

除以上四个当事人外，国际商会制定的《托收统一规则》还增加了提示行（Presenting Bank）为托收方式的当事人之一。提示行是向付款人作出单据提示的银行。代收行可以委托与付款人有往来账户关系的银行作为提示行，也可以自己兼任提示行。此外，还有需要时的代理人（Agent Necessity）。他是委托人指定的在付款地代为照料货物仓储、转售或改变交单条件等事宜的代理人。如果委托人要求有需要时的代理人，应在托收申请书和托收委托书中对授予该代理人的具体权限作出明确和充分的指示；否则，银行对需要时的代理人的任何命令都可以不受理。

二、托收方式的业务流程

光票托收与跟单托收的程序大体相同，故以跟单托收为例，来说明托收的业务程序：

（1）出口商按合同规定按期发货装船。

（2）轮船公司签发提单。

（3）出口商签发跟单汇票并填写托收申请书，委托托收行代为收款。托收申请书是委托人与托收行之间的委托代理合同，是委托人给托收行的指示。因此，托收申请书中应列明必要的详尽内容。

（4）托收行交给出口商回执。

（5）托收行根据托收申请书填制托收指示（或者是托收委托书），随附跟单汇票邮寄代收行。托收委托书中须加列货款收妥后的处理办法。

（6）代收行按照托收指示，向付款人（进口商）提示跟单汇票。

（7）付款人按规定的交单条件进行付款赎单或承兑取单，并在到期日付款。

（8）进口商到船公司出示提单。

（9）进口商取货。

（10）代收行将收妥的货款贷记托收行账户，并向托收行发出收妥贷记通知。

（11）托收行收到收妥通知书后，把收妥的票款入到出口商账户。至此跟单托收业务完成。

托收的业务流程如图 5－1 所示。

若付款人拒付货款，代收行要尽快通知托收行，并告诉对方拒付的理由。如果委托人有指示，代收行还可以做成拒绝证书，但费用由委托人负担。如果代收行出于保护货物的目的而办理存仓、保险或采取其他的措施，费用亦由委托人承担。进口商拒付即期

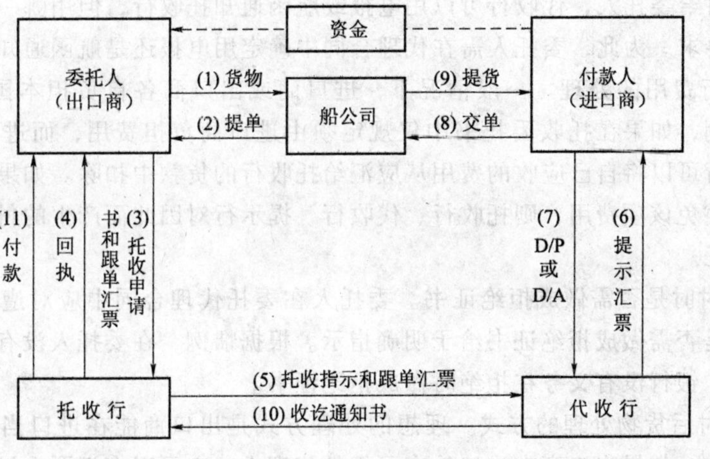

图 5－1 托收业务流程

汇票与拒绝已承兑远期汇票不是一回事。在第一种情况下，出口商只能依据合同向进口商提出诉讼；而在第二种情况下，进口商除了对合同负法律责任外，还要对承兑汇票负法律责任。

三、托收当事人之间的关系

（一）委托人与付款人之间的关系

委托人与付款人之间的关系是买卖关系。出口商应按照合同的规定向进口商按质、按量、按时交运货物；向进口商提交符合合同要求的单据。进口商应在出口商向他提交了足以证明出口商已经履行了合同义务的单据时，按合同规定付款。

托收本身是依靠委托人和付款人之间的商业信用完成债务的清偿。它与信用证方式相比，缺少了银行信用的保证。银行只是提供服务，并不保证非要托收到款项，所以对委托人而言是有很大风险的。

（二）委托人与托收行之间的关系

委托人与托收行之间的关系是委托代理关系。二者之间的关系是托收申请书（Collection Application）。托收申请书实际上是委托人与托收行之间的委托代理合同。作为委托人的出口商，必须履行的责任有以下几点：

1. 托收申请书中的指示必须是明确的，主要包括：

（1）交单方式。是付款交单还是承兑交单。

（2）货款收妥后的处理方式。托收行在代收行收妥货款并划入托收行的账户后，才会将货款付给委托人，代收行可以用电报或航函通知托收行，但用哪一种方式则需根据托收行的要求。为此，委托人需在代理合同中确定用电报还是航函通知。

（3）银行费用的处理。一般情况下，进口商或出口商各自负担本国银行的费用。根据银行惯例，如果在托收委托书中仅规定须由进口商负担费用，而进口商拒付费用时，则代收行可以将自己应收的费用从应汇给托收行的货款中扣除。如果托收委托书明确规定不准豁免该项费用，则托收行、代收行、提示行对因此而产生的付款延迟或额外开支不负责任。

（4）拒付时是否需做成拒绝证书。委托人在委托代理合同中应对遭到拒绝承兑或拒绝付款时是否需做成拒绝证书给予明确指示。根据惯例，在委托人没有指示必须作成拒绝证书时，银行没有义务在拒绝时做成拒绝证书。

（5）拒付后货物处理的方式。理想的处理方式是出口商能在进口当地找到买主就地将货物售出；如果出口商在进口地有可靠的代理人，它可以在汇票上记载预备付款人以应急。

（6）选定国外的代收行。如果委托人明确指示通过国外某一代收行办理收款，如托收行与代收行开有账户，则可按委托人指示办理；否则，需征得委托人同意后，由托收行自行选择一家代收行。此外，代收行有时也可以由进口商指定。

2. 及时指示

当银行将发生的一些意外情况通知委托人时，委托人必须及时指示，否则，因此而发生的损失由委托人负责。

3. 负担费用

委托人不但要向托收行支付手续费，而且应支付托收行为执行委托指示而支出的其他各种费用。即使托收行没有收到货款，委托人也必须支付这些费用。如果托收委托书中规定国外代收行的费用须由进口商负担并不得豁免，当遭到拒付时，国外代收行的费用也必须由委托人负担。

托收行在接受委托人的委托以后，它的责任主要有：

1. 执行委托人的指示

托收行在托收业务中完全处于代理人的地位，它必须根据委托人的指示办事。因此对于托收行来说，它最主要的责任就是其打印的“托收委托书”的内容必须与委托人申请书中的指示严格相符。如果对委托人的有些要求无法执行，应向委托人解释，由其修改申请书的内容以后再办理托收。

2. 对委托人提供的票据或单据是否与买卖合同相符不负责任

托收行没有审核票据或单据内容的义务。托收行只需将收到票据或单据的种类和份数与托收申请书中所列情况核对，如发现票据或单据遗漏时，应立即通知委托人补交。

在具体业务中托收行应对委托人交来的主要票据或单据进行重点核对，但这完全是银行对客户提供的服务，而不是应尽的责任。

3. 负担过失的责任

银行（包括托收行、代收行、提示行等银行）办理托收业务时，应与办理信用证业务一样，须善意和谨慎行事，这是一条基本的原则。银行在受理托收时，向委托人收取手续费，因此银行必须善意和谨慎地行事，凡因未按照申请书的指示行事而产生的后果，应由银行对其过失负责。

（三）托收行与代收行之间的关系

代收行是托收行的代理人，代收行须严格按照作为委托人的托收行所发出的托收委托书（Collection Advice）办事。因此代收行的责任基本与委托行相同，但附有一些特殊责任。

1. 保管好票据或单据

进口商要取得单据，必须对汇票进行承兑或付款。当代收行在进口商未承兑或付款时，绝对不能把票据或单据交给进口商。此外，在进口商拒绝承兑或拒绝付款时，代收行应立即通知托收行，并且在通知中声明保管单据并听候进一步的指示。如未在合理时间内收到托收行的进一步指示，代收行应发电催办。

2. 无义务对托收项下货物采取任何行动

按照银行的习惯做法，银行对跟单托收项下的货物没有义务采取任何行动。但是，为了保护委托人的利益，不管有没有收到指示，如果银行采取了提货、储藏、保险等行动，则该银行对于货物的处理、货物的状况、对受托保管或保护该项货物的第三者所采取的行动或疏漏均不负责。不过代收行必须将这些行动通知托收行。银行对于上述行为而发生的费用和支出由委托人负责。

3. 托收情况的通知

按照银行的习惯做法，代收行应根据下列规则通知托收情况：

第一，代收银行发给托收银行的所有通知中必须列有合适的说明，其中必须列明托收银行的托收委托书编号。

第二，如无明确的指示，代收银行则必须用最快的邮件，将托收情况的通知，包括付款通知、承兑通知、拒付通知或拒绝承兑通知等，寄给托收行；如果银行认为事情紧急，也可以采用更快的通知方法，如电报、电传或电子通讯系统等，费用由委托人负担。

第三，代收银行在提示托收单据而付款人拒绝付款或拒绝承兑时，应尽力查明理由并通知托收银行。

（四）代收银行与付款人之间的关系

代收行与付款人之间并不存在契约关系。付款人对代收行应否付款，完全根据他与委托人之间所订立的契约义务而决定。

付款人有审查票据或单据以决定接受与否的权利，同时有按交单方式办理付款或承兑的义务，在具有正当理由的前提下，他有拒绝接受进行托收的票据或单据的权利。因此，付款人在审查票据或单据时必须认真仔细，如果接受该票据或单据，必须按照规定的交单方式执行。如果拒绝接受，必须有根据。例如协议、合同或其他有关约定的规定与收到的票据或单据不符，或单据与单据不一致，提出拒付应及时，理由要充分。

付款人一经付款赎单或承兑赎单并在到期日付款，取回汇票，这时该托收的付款人责任即告终结。代收行将托收款按委托书规定的路线及账户的设置情况将货款划拨并由托收行收妥后，代收行的责任也就终结。托收行将货款交给委托人后其托收的契约责任也告终结。

四、托收方式的主要特点

（一）付款及交货方式的变化，使得进出口双方的安全性提高

跟单托收中，出口商以控制物权单据来控制货物，以交付物权单据代表交货，而交单又以进口商付款或承兑为条件，因此出口商一般不会受到“银货两空”的损失，比赊销安全。对进口商来说只要付了款或进行了承兑，即可得到货权单据，从而得到货物，比预付货款安全。因此，无论是对进口商还是对出口商，跟单托收比汇款都要安全。

（二）结算的基础是商业信用

尽管跟单托收中进出口双方的安全性有所提高，但他们仍面临一定风险。

出口商在跟单托收中，可能承担如下风险：

（1）发货后，进口商不愿意付款赎单或承兑取单，就借口货物不合格或包装不良等原因而要求减价。

（2）因政治或经济原因，进口国家改变进口政策，进口商没有领到进口许可证，或是申请不到进口所需外汇，以致货物抵达进口地而无法进口，或不能付款。

（3）进口商因破产或倒闭而无能力支付货款等。

当然进口商也面临着一定风险，即付款后，凭单提取的货物可能与单据、合同不符。

（三）资金负担不平衡，但比汇款结算有所改善

在托收结算方式中，出口商的资金负担较重；在进口商付款之前，货物的占用资金

主要由出口商来承担；进口商基本不负担资金。但是出口商有货权单据，它可以通过出口押汇从银行融通资金，因而可在一定程度上减轻资金负担的压力。不仅出口商可以从银行融资，进口商也可以通过信托收据、担保提货向银行融资。

（四）结算简单、迅速、费用较低

同信用证方式相比，托收可免去进口商开证手续及费用。此外，银行凭付款交单或凭承兑交单，结算程序简单。

第二节 托收方式的种类

根据交单条件的不同，托收结算方式可分为光票托收（Clean Collection）和跟单托收（Document Collection）。

一、光票托收

根据《托收统一规则》的规定，光票托收是指不附带有商业单据的托收，即提交金融单据，委托银行代为收款。光票托收一般用于收取货款尾数、代垫费用、佣金、样品费或其他贸易从属费用。

有的光票托收也附有单据，但并不是整套货运单据，只是发票、垫款清单等，也属于光票托收。

光票托收的业务程序是委托人将金融单据交到托收行，托收行委托国外联行或代理行向汇票付款人收款。光票托收的汇票，可以是即期汇票，也可以是远期汇票。如果是即期汇票，代收行应在收到汇票后，立即向付款人提示，要求付款。付款人如无拒付理由，应立即付款赎票。如果是远期汇票，代收行应在收到汇票后，向付款人提示，要求承兑，以确定到期付款的责任。付款人如无拒绝承兑的理由，应立即承兑。承兑后，代收行收回汇票，于到期日再做提示，要求付款。若付款人拒绝承兑或拒绝付款，除托收委托书中另有规定外，应由代收行在法定期限内做成拒绝证书，并及时把拒绝情况通知托收行，托收行再通知委托人，以便采取进一步措施。

二、跟单托收

跟单托收是指金融单据附有商业单据或仅仅是商业单据而不附有金融单据的托收。跟单托收如以汇票作为收款凭证，即使用跟单汇票。

如无汇票，仅以货运单据委托银行，向买方即进口商收取货款的做法，也属于跟单托收业务。因欧洲大陆一些国家为了避免印花税负担，一般的即期付款托收不使用汇票。

因此跟单托收可以归结为是下列单据的托收：

第一，金融单据附带有商业单据的托收；

第二，商业单据不依附于金融单据的托收。

金融单据主要是指汇票、本票和支票。商业单据主要包括发票、运输单据、保险单据和其他单据，这在第九章《国际结算中的单据》里会详细讲述。金融单据附带商业单据的托收，一般都是商业汇票后面随附发票、提单、装箱单、品质证书等单据，这种跟单托收是凭汇票付款，即托收的标的物是汇票，其他单据是汇票的附件。商业单据不依附于金融单据的托收，由于失去了无条件支付命令这一重要的单据，如果托收顺利，款项也就收妥，一旦遭到拒付，做成拒绝证书会有困难，缺少了公证人的证书，委托人想起诉，这对他是不利的。

在跟单托收方式下，按照向进口商交单条件的不同，可分为付款交单和承兑交单两种。

（一）付款交单

付款交单（Documents against Payment，简称 D/P）是指出口商的交单以进口商付款为条件，即出口商发货后，取得货运单据，委托银行办理托收，并指示银行在进口商付清货款后，才把商业单据交付出去的方式。

付款交单根据汇票的付款期限不同，又分为即期付款交单和远期付款交单两种。

（1）即期付款交单（Documents against payment at sight，缩写为 D/P at sight）是指出口商发货后开具即期汇票，连同商业单据，通过托收行寄到进口地的代收行，代收行在进口商见票付款后向其交出单据的方式。

（2）远期付款交单（D/P at × × days after sight）是指出口商发货后，开具远期汇票，连同商业单据，通过银行向进口商提示作承兑，在进口商于汇票到期付款后由代收行交出单据的方式。委托人为了防止远期付款交单和承兑交单相混淆，可于托收指示上写明“付款后才能交单”。对于汇票“远期”的时间掌握应该不长于海上航行时间。

在远期付款交单条件下，代收行对于资信较好的进口商，在其支付货款前允许其凭信托收据（Trust Receipt，缩写为 T/R）预先借走货运单据，先行提货，在汇票到期时再付清货款，换回信托收据。以信托收据向银行借出单据，是银行对进口商提供的一种资金融通。

信托收据就是进口商借单时提供的一种书面信用担保文件，代收行在进口商对托收未付款前凭其提供的信托收据出借单据，以便于进口商办理报关、提货、存仓、保险或出售，并承认货物所有权仍属于代收银行，进口商仅仅是代管货物的地位。随后进口商要向代收行付款并赎回信托收据，这种方式是代收行对进口商提供资金融通。它一般常见于远期付款交单方式中。

信托收据是代收行自己向进口商提供的信用便利，如果借单人（即进口商）到期不能付款，代收行就要代为偿还货款，因此，代收行借出单据承担了一定的风险。为了降低风险，代收行只有在付款人信誉良好时，或要求进口商提供一定的担保品或抵押品后才可以放单。

（二）承兑交单

承兑交单（Documents against Acceptance，简称 D/A）是指银行的交单以进口商承兑汇票为条件。出口商发运货物后开具远期汇票，连同商业单据，通过银行向进口商提示，进口商承兑汇票后，代收行将商业单据交给进口商，在汇票到期时，进口商再履行付款义务。

承兑交单对进口商很有利，因为其承兑后即可取单提货，如果销售顺利，至汇票到期日付款时，货物已经售出，可以不必使用自有资金，加速了进口商的资金周转。

承兑交单对出口商而言风险很大。因为承兑交单后，尽管进口商承诺一段时期后支付汇票金额，但由于已交出了物权凭证，其收款的保障只能取决于进口商的信用。如果进口商到期拒付，出口商就可能遭受货、款两空的损失。从理论上讲，虽然出口商可凭付款人承兑的远期汇票依法起诉，但是在已承兑的汇票到期被拒付的情况下，付款人实际上已无力偿付，出口商即使胜诉，也很难收回货款。所以，使用承兑交单，必须从严掌握。对于资信不好或不甚了解的进口商，不宜选择承兑交单方式。

上述远期付款交单与远期承兑交单相比，远期付款交单方式收款的风险要小一些。因为远期付款交单方式下，进口商通常在未付款前（尽管已经作出了承兑）不能取得货运单据，不能掌握货物，如果到期日汇票遭到拒绝，代表货物所有权的货运单据仍在代收行手中，出口商仍然有对货物的支配权。所以，远期付款交单方式对出口商收款来说更安全些。

（三）凭其他条款和条件交出商业单据

在托收业务中凭付款或承兑交单是非常普遍的业务，但在实务中，还会有下列类型的托收：

（1）分批部分付款（Partial Payment）。这是指凭一部分即期付款，其余部分承兑在将来日期付款的单独汇票而交单。托收行指示代收行部分凭即期付款、其余部分承兑远期汇票而交出商业单据。这种方式可以减少出口商凭进口商承兑全部金额汇票而交单所冒的风险。

（2）凭本票交单（Delivery of Documents Against Promissory Note）。由于汇票可能导

致印花税，买卖双方可能同意用本票代替，本票是由进口商开立的。

(3) 凭买方或其银行开立保函担保在固定将来日期付款而交单（delivery of documents against letter of guarantee from the buyer or their bank guaranteeing payment must be made at a fixed future date)。

第三节　托收方式的风险及其防范

由于托收本身是依靠收、付款人之间的商业信用，缺少第三者作出付款的承诺，因此，托收能否顺利收妥，取决于两点：一是收款人（债权人）提供的收款单据（金融单据或商业单据）能否被付款人（债务人）所接受；二是付款人（债务人）的资信财力；对各有关银行而言，在托收业务上，只是提供中介服务，并没有保证一定托收到款项。当事人特别是出口商在实际业务中是有风险的。因此在这一节中着重讲述出口商所面临的风险与防范。

一、出口商所面临的风险

托收方式不像信用证那样有开证行的付款承诺，单凭商业信用，其潜在的风险非常大，具体表现为：

(1) 因经济原因，发货后进口地货价下降，进口商不愿赎单，于是借口货物规格不符或包装不好等原因要求减价；或者进口商因破产或倒闭而无法支付货款。

(2) 因政治原因，进口国改变进口政策使得进口商不能取得进口许可证，或者申请不到进口所需外汇，以至货物到达进口地后而无法进口。

(3) 因进口国的"当地习惯"而造成的风险。托收方式按交单方式不同可分为付款交单（D/P）和承兑交单（D/A），对出口商来说，承兑交单方式下所面临的风险比付款交单方式大。在实际业务中，尽管出口商以 D/P 方式与进口商达成交易，但在南美的一些国家，由于当地有一些习惯即通常将 D/P 远期方式等同为 D/A 方式，因此出口商所面临的风险无疑增大了。

二、出口商对风险的防范

针对托收方式下所面临的主要风险，出口商可以采取以下措施加强防范：

(1) 必须事先对进口商的资信、经营作风等情况进行全面地了解。出口商在出口业务中，对进行过交易的主要客户建立信用档案，将买方的信用风险控制在业务发生之前。对于新客户，出口商应事先通过各种手段收集客户信息，了解资信情况，以免日后发生不必要的损失。

（2）对出口单据加以控制，以便更好地控制货物。出口商通过单据来控制出口货物，主要是通过可流通的海运提单来实现。海运提单是物权凭证，拥有提单则拥有货物的所有权。但海运提单是否物权凭证取决于提单的抬头。如果提单的抬头标明“To Order”，则出口商通过对提单的背书来转让其对货物的权利，并于托收委托书中指示银行在进口商付款后交单，以降低所面临的风险。

（3）在被拒付的情况下，要求做成拒绝证书，并觅妥代办存仓保险的代理人，以便诉讼有依据以及货物抵港后避免海关高额仓租、甚至被海关拍卖的风险。

（4）投保出口信用保险，以转嫁出口收汇风险。出口信用保险是一国政府为鼓励和扩大出口而以财政资金作后盾，由专门的保险机构向出口商提供的保证其收汇安全的一种政策性风险保障制度。它不以赢利为目的，不同于一般意义上的商业保险。出口商投保此种险后，其在托收业务中面临的收汇风险可以安全地转移给出口信用保险机构，由其负责并承担安全收汇的风险。对出口商而言，出口信用保险是一种有效的风险转嫁制度，可以起到防范风险的作用。

【案例研究】5－1

案情：

1992 年我某公司向韩国出口一万吨水泥，价值 40 万美金，FOB 术语成交，由韩国买方租用越南籍货轮从青岛港运至韩国某港口，支付方式为议付信用证。后因我国货源紧张，请求韩国买方延迟派船，买方同意，但信用证不展期，付款方式按“随证托收”办理。我方对此并未表示反对。在信用证过期后，买方船到，我方装货后取得船长签发的提单并随附其他所要求的单据送中国银行某分行向韩国进口商办理“随证托收”，但等单据寄到韩国开证行后，因提单日期晚于信用证规定的日期，单证不符，信用证已失去银行保护作用，韩国银行只能向进口商按 D/P 方式代收货款。但此时，韩国进口商借故拒不付款赎单，并声称货已失踪。经我方调查，韩国进口商在无提单情况下早已从船方手中提走货物，而该船从此再也未到中国来，致使我方不能据以申请法院采取扣船拍卖等补救措施，造成我方货、款两空的重大损失。

分析：

所谓“随证托收”，是指因信用证已过期或单证不符，受益人将结算方式改为托收，并随附对受益人来说已无用的信用证，以向开证行（即现在的代收行）表明该笔托收款项原为信用证项下之款项。由此可见，“随证托收”一般是出口人违约在先，在不能利用信用证的情况下将信用证结算方式改为托收办理。此时，尽管出口方托收时随附了原信用证，但该信用证对出口人已无任何保障。我国国内有些出口商认为"随证托收"比托收方式更为安全，其实这是误解，因为托收方式是进出口双方商定的结算方式，而"随证托收"则是出于出口人违约，使得原有的信用证不能利用，出口人迫不得已采用的变通方法。由此可见，对出口人来说，"随证托收"比托收方式更不安全。另外，FOB方式下，出口人应注意买方资信外，尚需要求买方所派船只是信誉良好的，最好以该船公司在我国有办事处或常年代理机构为宜。另外，还应在合同中订明买方在派船前电告出口方船名、船籍、所属船公司等详情，并以我方确认为准。在FOB合同中，为防止进口方与船方勾结骗货，出口商尤应坚持信用证付款方式，而不宜采用托收方式，以确保获得银行保证付款的责任。

问题与思考

一、填空题

1. How many parties are there in a collection?

(1) ________ i. e. ________. (2) ________ i. e. Exporter's Bank.

(3) ________ i. e. Importer's Bank. (4) ________ i. e. ________.

Sometimes collection business appears other parties such as (5) ________, (6) ________.

2. "Financial documents" means (1) ________, (2) ________, cheques used for obtaining the payment of money.

"Commercial documents" means (3) ________, (4) ________ or other documents not being financial documents.

3. There are two kinds of collection namely (1) ________ collection, (2) ________ collection.

4. "Clean collection" means collection of ________ not accompanied by commercial documents.

5. "Documents collection" means collection of (1) ________ documents accompanied by (2) ________ documents. (3) ________ documents not accompanied by (4) ________ documents.

二、判断题

1. 托收业务中存在的契约关系体现为两种形式，即出口商和托收行之间的托收申请书，托收行和代收行之间的托收指示。(　　)

2. 信托收据是托收行提供给进口商的信用便利。(　　)

3. 托收业务中的远期汇票只会出现在承兑交单的方式里。(　　)

三、单选题

1. 跟单托收是指将________一起交银行委托代收款项的结算方式。

A. 汇票连同商业单据　B. 汇票连同银行票据

C. 支票连同商业单据　D. 支票连同银行票据

2. 承兑交单的托收方式只适用于________的跟单托收。

A. 即期汇票　B. 远期汇票　C. 商业汇票　D. 银行汇票

3. 在托收结算方式中，委托人和托收行的关系是________关系。

A. 信用交易　B. 委托代理　C. 短期融资　D. 债务

4. 为了防范托收风险，进口商可以要求供货方提供双方认可的________出具的验货证明。

A. 工商行政部门　B. 海关　C. 商检机构　D. 银行

5. 以下关于托收指示说法错误的是________。

A. 是根据托收申请书缮制的　B. 是代收行进行托收业务的依据

C. 是托收行制作的　D. 是托收行进行托收业务的依据

6. 对于出口商而言，承担风险最大的交单条件是________。

A. D/P at sight　B. D/P at × × days after sight

C. D/A　D. T/R

7. D/P · T/R 意指________。

A. 付款交单　B. 承兑交单

C. 付款交单凭信托收据借单　D. 承兑交单凭信托收据借单

8. 跟单托收业务中，即期 D/P、远期 D/P、D/A 做法步骤的不同主要发生在________之间。

A. 委托人与托收行　B. 委托人与代收行

C. 托收行与代收行　D. 代收行与付款人

9. 光票托收是指仅有________的托收。

A. 商业票据　B. 金融票据　C. 信用证　D. 国库券

四、案例分析

案情：

甲国出口商 A 向乙国进口商 F 出口一批货物，发货后，出口商 A 将汇票连同商业单据一起交托收银行托收货款，交单方式为付款交单（D/P）。

问题：

1. 出口商 A 所采用的托收方式是________。

A. 光票托收　B. 跟单托收　C. 电汇托收　D. 信汇托收

2. 出口商A出具的“委托申请书”应明确列明受限于________。

A.《巴赛尔协议》 B.《托收统一规则》

C. 委托行的指标 D. 付款人的指示 E. 代收行的指示

3. 托收行在接受出口商A的委托后，需要认真核实的是________是否一致。

A. 运输单据与货物实际情况

B. 汇票和贸易合同

C. 所收单据表面上与托收申请书指示

D. 托收金额与货物价款

4. 根据交单方式（D/P）的要求，代收行必须在________后，才能将代表货权的货运单据交给进口商。

A. 进口商付清货款 B. 代收行收到委托书

C. 托收行同意 D. 进口商检查货物

5. 进口商F在接到代收行或提示行的通知后，其主要责任是________。

A. 根据交单条件及时付款 B. 选定提货代理人

C. 拒绝付款时向提示行申明理由 D. 要求托收行投保出口信用险

五、思考题

1. 托收是如何分类的？

2. 托收的当事人及责权利的关系是怎样的？

3. 如何选择托收的交单条件？

本章参考资料

1.《托收统一规则》，国际商会出版物第322号。

2.《托收统一规则》，国际商会出版物第522号。

3.《托收统一规则评论》，国际商会出版物第550号。

4. 张燕玲，王仲和．国际结算业务指南．北京：中华工商联合出版社，1996.

5. 苏宗祥，景乃权，张林森．国际结算．3版．北京：中国金融出版社，2004.

6. 苏宗祥．国际结算．2版．北京：中国金融出版社，1998.

7. 姚莉，王学龙．国际结算．北京：中国金融出版社，2002.

8. 石玉川，徐进亮，李贞．国际结算惯例及案例．北京：对外经济贸易大学出版社，1998.

第六章　信用证方式

学习目标

信用证是银行信用，是单据买卖，使用信用证付款可以使受益人的利益得到充分保证。了解信用证方式的特点作用和当事人；熟悉信用证业务流程、内容及在此方式下各方当事人对风险的防范。

本章关键词

信用证特点　信用证当事人　信用证流程　信用证基本内容　信用证各当事人风险

从第四、五章的汇款和托收方式中可以看出，在国际贸易业务中，进出口双方无论是资金的负担还是风险的承担都是不平衡的。出口商如果过分依赖进口商的信用，则将会面临货物出口后款项难以收回的风险；进口商如果付款后才获得出口商的货物，则将可能造成得到的货物与合同不符、甚至根本得不到货物的问题。在这种情况下，以银行信用为基础的信用证方式较好地解决买卖双方可能出现的难题，促进了国际贸易的发展。

第一节　信用证方式的概述

一、信用证的定义

国际贸易中进出口双方互不信任，出口商担心发货后进口商不付款，或者进口商担心预付款后出口方不发货，而在国际贸易中进出口双方一手交钱、一手交货的当面货款交割方式既不可行又非常罕见。为此，随着银行参与国际贸易结算，逐步形成了信用证结算方式。

信用证（Letter of Credit，简称 L/C）是银行应进口商请求，开出一项凭证给出口商的，在一定条件下保证付款、或者承兑并付款、或者议付的一种结算方式。在国际贸易中，开证银行根据进口商请求和指示，授权出口商凭所提交的符合信用证规定的单据支款，并保证向出口商或其指定人按信用证规定进行支付。

由上可见，信用证结算方式的特点之一就是凭单付款。出口方按合同和信用证规定，通过向保险公司投保、商检机构报验、将货物装船发运等履约过程，获取了信用证所要求的保险单据、商检证书、提单，并连同自己缮制的汇票、发票、装箱单等有关单据在规定期限内送交银行办理收结汇手续。这些单据是出口方按信用证要求进行履约的证明，其中，提单是买方在目的地提货的凭证，所以银行及进口方才肯凭单付款。信用证结算方式有利于缓解进出口商之间互不信任的矛盾，也便于银行对进出口商进行资金融通，能适应国际贸易发展的需要，因此，信用证结算方式在实践中日益被广泛使用，以至成为国际贸易结算中的一种重要的结算方式。

UCP600 关于信用证的定义为：信用证是一项不可撤销的安排，无论其名称或描述如何，该项安排构成开证行对相符交单予以承付的确定承诺。根据这一定义，信用证具备下面三个要素：

第一，信用证是开证行开出的付款承诺文件。信用证的开证机构为银行，代表了一种银行信用。

第二，开证行承付的前提条件是相符交单。在受益人相符交单的情况下，开证行必须履行承付责任，即根据信用证的付款条款向受益人付款。

第三，开证行的承付承诺不可撤销。开证行自开立信用证起即担任了不可撤销的承付责任，在受益人相符交单的情况下，开证行必须履行承付责任，即根据信用证的付款条款向受益人付款。

承付是 UCP600 中出现的一个新概念，开证行和被指定银行在信用证下的所有承诺和付款行为被概括为两种：承付和议付。

二、信用证业务的特点

信用证结算方式的特点主要表现在以下三个方面：

（一）开证行负第一性的付款责任

在信用证业务中，开证行始终承担第一性的付款责任。信用证方式的核心是银行信用，即开证行一经开立信用证，就是以自己的信用作出付款保证，只要受益人在规定的期限内交单，并做到“单单相符，单证相符”，开证行就应毫不迟疑地履行付款责任，而不应以各种不正当的理由（如进口商不能付款等）推迟付款或者是根本不付款，这也是信用证业务与担保业务的明显差异。

（二）信用证是一项独立于贸易合同的文件

信用证虽然是以贸易合同为依据开立的，相应的内容也与贸易合同相一致，但却不受贸易合同的约束。在信用证业务的付款关系中，最基本的一对当事人是开证行和受益人（即订立合约的双方）。而贸易合同的订立者是进出口商，合约的签订人不同，合约的具体执行当然也应独立完成。

（三）信用证是一种单据买卖

在信用证业务项下，银行的责任只限于处理单据，而对单据所代表的货物不予理会。货物单据化与履约证书化是国际结算业务发展的一个重要里程碑，它为银行凭单付款提供了条件。开证行只负责审核单据表面的一致性与真实性，对于货物的真假优劣、货物是否装船、货物是否安全抵达目的地等有关货物的情况，银行均不承担责任。另外，由于邮递方面的原因造成单据丢失或延迟，由此产生的后果，银行也不予承担责任。所以银行处理的是单据而非货物。

综上所述，在信用证业务项下，开证行正是以自己的银行信用充当了贸易双方的"放心中介"，并在业务操作中向进出口商提供各种资金融通的便利条件，这些都极大地推动了国际贸易的发展。

三、信用证的作用

信用证是国际贸易中流行较广的一种支付方式，也是一种重要的资金融通方式。具体说，它起着保证作用和资金融通的作用。因为在国际贸易中，进出口商远隔几千里，甚至几万里，彼此间不了解，进口商希望出口商能按时交货，付款时能检查一下货物是否与合同一致，最好是货物转售后再付款。出口商则希望在货物出运以前能得到银行的融资，出运后，能保证及时得到货款。信用证是银行信用，开证行负第一性付款责任，而且付款的履行是有条件的，即出口商要交来符合信用证条款的单据，这样，它保证了进出口双方的货款和代表货款的单据不致落空。

信用证对各方当事人来说，有以下的作用：

（一）对进口商来说

采用信用证方式付款，在开证时不用交付全部的开证金额，只需交付一定比例的保证金。也可凭开证行授予的授信额度开证，避免了资金的占压，即进口商只需交纳一定比例的货款，开证行就可开出全额票款的信用证，实际上，开证行给了进口商资金融通。进口商在付款后，可以立即取得代表货物的单据。如果开证行在履行付款义务后，进口商没有资金去赎单，他可以采用信托收据等融资方式，先拿到单据提货，然后再付款。

进口商可以通过信用证条款来控制出口商的装运日期；通过适当的检验条款保证货物的质量和数量；使得进口商收到的货物符合合同规定。

（二）对出口商来说

出口商收到信用证后，备货出单，只要他将符合信用证条款规定的单据交到与出口方有往来的银行或是信用证里指定的银行，就可取得货款。如果开证行拒绝付款，它会把代表货物的单据退还给出口商，出口商虽然收不到货款，但物权仍在自己手中，也减少了损失。

在实行外汇管制的国家，开证银行开出信用证都需要有贸易、外汇管理当局的批准，所以出口商取得信用证后，就可避免进口国家禁止进口或限制外汇转移所产生的风险。

出口商在收到信用证后，可以向他的往来银行申请打包放款或其他装船前贷款；单据准备好后，他也可以叙做押汇手续，同样可以取得银行的资金融通。

（三）对开证行来说

它开出信用证贷给进口商的是信用，而不是资金，所以不占用其自身的资金，还有开证手续费的收入，贷出的信用是有保证金或担保的，不是无条件。当它履行付款后，还有出口商交来的单据作为保证，如果进口商不付款赎单，它可以处理货物，以抵补欠款。如果出售的货物不足以抵偿，仍有权利向进口商追偿其不足的部分，所以风险较小。而且进口商在申请开证时，已交纳了部分的票款作保证，所以，为了这部分的保证金，进口商一般不会拒绝赎单。

（四）对出口方银行来说

因有开证行的保证，只要出口商交来的单据符合信用证条款的规定，就可垫款叙做押汇，收取手续费和贴息，然后向开证行或指定的偿付行索偿。

从以上情况看，信用证方式由于以银行信用代替了商业信用，各方当事人所面临的风险都已大为降低。当然，它同样也不可能解决国际贸易中的所有风险，如成交后，出口商仍有可能遭到进口商不申请开证或不如期开证的情况；开证行借口单证不符，无理拒付，或是开证行倒闭的风险；进口商可能遭到出口商不交货或以坏货、假货、假单据进行诈骗的风险；开证行可能遭到进口商倒闭或者无理挑剔拒绝赎单的风险，等等。

【案例研究】6－1

案情：

1995年7月，“天津南德经济集团”为解决其资金困难，与“香港东泽科技有限公司”密谋以东泽公司为受益人开立空头信用证融资，从1995年8月至1996年8月，中国人民银行湖北省分行共为其开证33单，金额8 000余万美元。东泽公司将已承兑的汇票在境外贴现，扣除5%－10%的提成后，余款均转至南德集团，投资于某项目中。此案被我公安机关及时侦破，中行湖北分行共损失35 499 478.12美元，南德集团总裁牟其中最终被判处无期徒刑，剥夺政治权利终身。

分析：

这是一个典型的空头信用证诈骗案。

空头信用证诈骗是指以无真实贸易背景开证，以伪造的单据向银行融资的非法行为。利用银行处理的是单据而非货物，即开证行只负责审核单据表面的一致性与真实性，对于货物的真假优劣、货物是否装船、货物是否安全抵达目的地等有关货物的情况，银行均不承担责任的特点，进行诈骗。

具体讲：进出口买卖双方在诈骗案中相互勾结，买方向银行申请远期信用证，购买并不存在的商品。卖方以伪造的单据向银行交单，银行只审核“单据表面真实性”，根据“单证相符，单单相符”的原则进行银行承兑，保证在信用证到期日付款。卖方将承兑过的汇票向其开户银行贴现，获得资金，并将资金汇于买方，买方继续开立信用证。

这样的诈骗情况将维持较长时间，买方的业务量不断扩大，并建立良好的还款记录，银行给予其的授信额度也不断提高。业务发展到一定程度，买方占用了其绝大部分的信用额度，卖方将所有的信用证进行贴现，买卖双方突然一齐失踪，一起诈骗案结束。开证银行对承兑过的信用证必须付款，蒙受巨大损失。

还有另外一种情况，进出口双方本身经营实业，在业务的发展过程中遇到资金困难，但无法从银行获得正当贷款，以空头信用证方式进行变向融资，该客户的业务则虚虚实实，而银行对此一无所知。倘若该客户的实业运作正常，则不会给银行带来损失，若其实业运作失败，面对大量到期信用证，该客户无力偿还，银行不得不垫款。

在信用证业务中银行只审核单据，不过问具体货物，为不法分子提供了可乘之机。但大可不必因有人使用信用证实施诈骗而因噎废食，关键在于采取有力的防范措施。在防范中对客户全面的资信调查是非常重要的。对于有怀疑的客户，可向海关核销部门(核实是否有真实货物进港)、船运公司、出口方银行进行调查。

第二节 信用证方式的业务流程

信用证方式的业务程序大致可分为以下几个步骤：

一、开证申请人申请开证

当进出口商双方在合同中约定将以信用证方式进行资金结算时，通常会由进口商向其所在地的一家银行提出开证申请，填写并提交开证申请书，以此作为银行开立信用证的依据。开证申请书一般包括两部分内容：一是信用证的内容，即开证行凭单付款时，要求出口商提交的履约证明，银行凭此内容向受益人付款；二是申请人对开证行的声明，该内容用以明确申请人与开证行之间的权责。由于开证行承担的是第一性的付款责任，为了减少资金方面的风险，大多数开证行都要求申请人在申请开证时交纳一部分开证押金（一般为信用证金额的30%或以下）；如果没有押金方面的要求，则开证申请人必须提供可靠的担保人，以确保开证行向受益人付款后可以顺利索汇归垫。开证申请书参见附式6－1。

二、进口地银行开立信用证

在开立信用证之前，进口地银行应对申请人的资信情况予以调查，并对申请人提交的开证申请书进行审查。经审查合格并同意进口商的开证申请后方可开证。需要注意的是，信用证的条款必须与申请书的有关内容相一致。开证行开立信用证至少是一式两份，以信开、电开等方式将信用证的内容发送给出口商所在地的联行或代理行（即通知行），通过它们通知或转递信用证给受益人。其中的信开即是以航邮方式将信用证的正副本寄给异地通知行，费用稍低，浪费时间；电开，即以电报、电传或SWIFT向异地的通知行开证，速度快，安全可靠，但费用较高。开立不可撤销信用证时致通知行的通知书参见附式6－2。

三、出口地银行通知或转递信用证

出口商所在地的银行或代理行收到开证行送达的信用证，经核对密押及印鉴准确无误后，应仔细审查信用证的条款，在信用证条款完整、清楚的情况下，将信用证的内容通知或转递给受益人。若将信用证原封不动地转给出口商，为转递信用证；若将信用证的内容填写在通知书上发给受益人，则为通知信用证。由此，该银行成为该笔信用证业务的转递行或通知行。如果是通知行，则有义务仔细审查信用证条款的完整性及真实性。开立不可撤销跟单信用证时给受益人的通知书参见附式6－3。

四、出口商备货出运并提示单据

出口商接到通知行的信用证，应对信用证的有关条款仔细研究，确认其与合同条款相一致。审查无误后，应立即备货出运，签发跟单汇票，并备齐信用证所要求的全套单据，在信用证规定的有效期内，连同信用证一齐送交信用证指定的银行以获得票款。

五、指定银行审单付款或承兑且到期付款或议付，并向开证行寄单索偿

指定银行收到受益人提示的单据后，应严格审单，但只要单据达到表面的“单单相符，单证相符”，就可以根据信用证的有关规定向受益人付款、承兑汇票或予以议付。在进行议付时，需从汇票金额中扣减自议付之日至开证行向议付行付款期间的利息及手续费，将余下的净款支付给受益人，并将已做了批注的信用证退还给受益人。此后，指定行可以按照信用证条款中有关寄单的规定将单据寄交开证行，要求开证行偿付。当信用证使用的货币不是开证行所在进口国货币，开证行要指定信用证货币清算中心的一家代理行作为偿付行，并在信用证内指明偿付行名称和“Reimbursement subject to URR 525”字样。在此情况下，指定银行就成了索偿行(Claiming Bank)，应向偿付行提交索偿要求，同时它要寄单给开证行，并向开证行或其指定的偿付行进行索偿。

六、开证行审单付款

开证行收到单据后，要在随后的5个工作日内严格审单，但不得以不正当的理由苛求受益人提交的单据。经审单无误后即应毫不迟疑地向指定银行支付货款及相应的利息费用。如果开证行在审单过程中发现明显的单证不符点，可凭以拒付，但应以最迅速的方法将不符之处通知寄单行，提出是否将单据退回或代为保管，若拖延不提可视作开证行默认接受，则不符点不能作为拒付理由。如果信用证另有偿付行，开证行不办理偿付，而只接受单据。

七、开证申请人付款赎单

开证申请人在接到开证行付款赎单的通知书后，应在付款前对单据予以审核，以确定单证相符。如果审单无误，应尽快向银行付清所有应付款项（已交开证押金的，可只交余款及相关利息费用），以赎回全套单据，凭提单提货。

以上各步骤如图6-1所示。

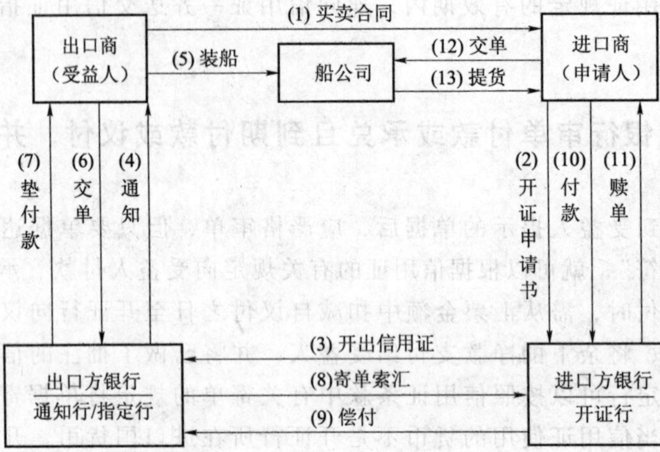

图 6－1　信用证结算方式的业务程序

第三节　信用证的主要内容及其当事人

《跟单信用证统一惯例》（简称 UCP）是国际商会（ICC）的重要出版物，目前广泛采用的是 2007 年修订本，国际商会第 600 号出版物。这一次的修订，体现出了高效率、安全和国际化的特点。在 UCP500 延用了 14 年后作出了这一调整的 UCP600，无论是从交易各方，包括银行的操作上都发挥了巨大的作用，以各方真正关注的根本利益为基础，势必使国际贸易更加便捷。至此 UCP600 正式取代 UCP500，该惯例已是一个相当完备的业务规则，已被绝大多数国家所采用，从而极大地推动了国际结算业务的发展。

一、信用证的主要内容

信用证的开立方式有信开信用证（Credit Open by Airmail）、电开信用证（Credit Open by Telecommunicawtion）以及 SWIFT 信用证。标准的跟单信用证应包含以下内容：

1. 信用证的类型

信用证都是不可撤销的。无论信用证如何命名，均不可撤销并因此构成开证行对于相符提示予以兑付的确定承诺。

2. 信用证号码

即为开证行的信用证编号。

3. 开证行所在地点和开证日期

开证地址是开证行所在地；开证日期是指开证行开立信用证的日期。根据UCP600，开证行自开立信用证起，即不可撤销地承担承付责任。该规定明确了开证行责任的开始时间。

4. 提示单据的期限和地点

其中的地点应与开证行的指定银行所在地一致。

5. 申请人

这包括申请人的名称及其详细地址。

6. 受益人

这包括受益人的名称及其详细地址。

7. 通知行

这包括通知行的名称及其详细地址。

8. 金额

(1) 使用国际标准化货币符号；(2) 金额前使用"about, approximately, circa"等词语，允许有10%的增减幅度。

9. 信用证由指定银行使用

(1) 填写指定银行的名称和地点；如果填写了"any bank at (city) or in (country)"系自由议付信用证；如通知行是指定行，则将通知行名称写在此处，不要写"you or your bank"，因其含义随格式不同而改变。

(2) 在小方格内用"X"选择付款方式，是兑付信用证或是议付信用证。兑付信用证又分为即期付款信用证或是延期付款信用证或是承兑信用证。即信用证必须规定它是属于即期付款信用证、延期付款信用证、承兑信用证、议付信用证这四个种类中的哪一种。

(3) 要求有汇票时注明付款人名称。采用承兑方式要求汇票，在此小方格内打"X"；采用即期付款或议付方式，可要或不要汇票，如要时，在此小方格内打"X"。

10. 分批装运是否允许

在允许或不允许的方格内打"X"。

11. 转运是否允许

注意有关转运的定义，仅在情况适合时方可在允许或不允许的方格内打"X"。

12. 保险费是否由买方负担

仅在信用证不要求提交保险单据，而且申请人表示他已经或将要为货物投保时，方可在方格内打“X”。

13. 装运条款

从…… From ________

运至…… For transportation to ________

不得迟于…… Not later than ________

（1）避免缩写。因为不是每个人都知道 P. R. C.，U. K. 等类似的缩写。

（2）避免模糊用语。诸如 Main Port、West European Ports、Middle East Ports、Gulf of Mexico Ports 类似的用语不应使用。

14. 货物描述

描述不要罗列过多细节，要简短通俗。当货物数量前面有 about \ approximately \ circa 类似词语，则数量有 10% 增减幅度。如以重量、长度、体积作为数量，则有 5% 增减幅度。

15. 规定的单据

单据顺序是：商业发票；运输单据；保险单据；其他单据，如产地证明书、包装单等。要准确说出单据的名称、正本还是复本。规定单据如果是商业发票、运输单据、保险单据以外的单据时，信用证应表明出单人、单据措词或资料内容。规定的单据主要包括：商业发票；运输单据（普遍的）；运输单据（特定的）；保险单；其他单据。

16. 交单期限

17. 该信用证是否由通知行加具保兑

是否需要加具保兑有三种情况：不加保兑；加具保兑；如收益人要求被授权加具保兑。

18. 银行至银行的指示

说明索偿时头寸拨付的办法。例如借记我行开设在你行的账户；我行将贷记你行开设在我行的账户；或者向某行索偿。

19. 开证行对受益人及/或汇票持有人保证付款的责任文句

例如，“We hereby engage with beneficiary and/or bona fide holder that drafts drawn and negotiated in conformity with the terms will be duly honored on presentation.”（我行向受益人及/或善意持票人保证凡按照规定条款开立和议付的汇票向受票人提示时均可兑付。）

20. 开证行受 UCP600 惯例约束的条款

按照 UCP600 规定，信用证均应适用 UCP 的条款文句。许多外国银行开立的信用证通常有下列条款：“This credit is subject to UCP600.”但如果信用证是通过 SWIFT 系统开立或通知的，由于这种信用证必须遵守 SWIFT 使用手册和国际商会 UCP600 的规定，因此，这种信用证可能会省略银行的承诺条款和适用 UCP600 的文句。

21. 信用证的页数

22. 开证行的签字

具体可参看本章后面信用证的样式附式 6 - 1、附式 6 - 2、附式 6 - 3。

二、信用证的当事人

根据 2007 年生效并实行的 UCP600 的规定，信用证业务所涉及的有关当事人如下：

1. 开证申请人（Applicant）

开证申请人是指向银行申请开立信用证之人，一般为进口商，他根据国际贸易合同向其所在地的一家银行递交开证申请书，申请开立信用证。进口商根据贸易合同，及时填写开证申请书。等开证行向受益人付清全部款项、要求申请人付款赎单时，申请人要及时到银行办理相应的手续，而不得以各种借口拖延付款。有关货物方面的事项，申请人只能与发货人、保险公司、货物承运部门以及出口商等当事人协商解决，不能以此拒绝向开证行赎单。

另外，UCP600 还规定，允许开证行以自身名义开证，这主要是为了适应日益增长的备用信用证的需要而定的。

2. 开证行（Opening Bank，Issuing Bank）

开证行是指接受开证申请人的申请，以自身的银行信用开立信用证的银行，一般为进口地的银行。开证行和开证申请人（通常为进口商）之间的契约是开证申请书。进口商在申请开证时，应根据开证银行的要求，交付押金及手续费。开证行应根据申请书条款，正确、及时地开出信用证。信用证开出后，开证行要对信用证独立负责，承担起第一性的付款责任。开证行不能因进口商拒绝赎单或无力付款而拒绝承担保证付款责任。

3. 受益人（Beneficiary）

受益人是指信用证中提交了合格单据后，获得开证行付款的当事人，一般为出口商。受益人获得付款的前提条件是在规定的时间内提交与信用证规定相符的全套单据。因此受益人接到信用证通知后，仔细审核信用证条款，了解是否有对自己不利的地方，并及时提出意见，以作为开证行的修改参考。受益人一旦接受信用证，就必须严格执行信用证的有关条款，即及时备货出运，并向银行交单，收取票款。出口商交单后，如遇开证行倒闭或无理拒付，有权向保兑行（如果有）或进口商提出付款要求，进口商仍应负责付款。

4. 通知行（Advising Bank，Notifying Bank）

通知行是指受开证行委托，将信用证通知给受益人的银行。通知行通常是出口地银行，而且一般是开证行的代理行（Correspondent Bank）。如通知行决定通知信用证，则须合理谨慎地核验所通知信用证的表面真实性，填写信用证通知书，将信用证内容通知给受益人。若该行决定不通知信用证，则须毫不延迟地如实将不通知一事通告开证行。

5. 指定银行（Nominated Bank）

开证行为了便利受益人交单和融资，可以授权位于受益人所在地或其临近地点的一家代理行（多数情况下是通知行）作为被指定银行，则它们就是指定即期付款行或者指定延期付款行或者指定承兑行或者指定议付行。如果是自由议付信用证，任何被出口商选择为交单的银行就是指定银行。

（1）议付行（Negotiating Bank）

UCP600 首次明确规定："议付意指被授权议付的银行对汇票及/或单据给付对价，仅仅审核单据未给付对价不构成议付。"因此，议付行是指买入或贴现受益人按信用证规定提交的汇票及/或单据的银行。在议付信用证中指定特定银行为议付行的，称为限制议付信用证；可由任何银行议付的信用证为公开议付信用证，或称自由议付信用证。在信用证业务中，议付行通常以受益人的指定人和汇票的善意持有人的身份出现，因此，当付款人拒付时，议付行对出票人（出口商）享有追索权。

（2）付款行（Paying Bank，Drawee Bank）

在付款信用证中，付款行是指信用证上规定的汇票付款人，在多数情况下，就是开证行。付款行也可以是接受开证行委托代为付款的另一家银行。例如，以出口地货币开证时，付款行通常是出口地银行。信用证以第三国货币开立时，付款行通常为第三国银行。付款行一经付款，对受益人不得追索。付款行仅是接受开证行的指示、代其垫付款项，对受益人并无直接的付款责任，因此，除非是出现了单证不符，否则，开证行必须向付款行的付款归垫，并加付该期间的利息。

（3）承兑行（Accepting Bank）

在承兑信用证中，承兑行是对受益人所签发的远期汇票予以承兑，并到期付款的银行。承兑银行承担承兑和到期付款责任是根据开证行的指定和请求，通常两家银行在双方代理协议中有相互提供此项服务的规定。无论开证行倒闭或发生支付困难，承兑行都要履行到期付款的义务。所以银行在被要求担当承兑行时都非常慎重。通常承兑行是开证行在汇票货币清偿地的分支机构或存款行。同样，如果承兑行承兑汇票后，发生了倒闭或是无力付款，开证行应负最后的付款责任。

6. 保兑行（Confirming Bank）

保兑行是指根据开证行或是受益人的请求，在信用证上加具保兑，保证其承担与开证行相同付款责任的银行。保兑行在信用证上加具保兑后，即对信用证独立负责，承担必须付款、承兑或议付的责任。汇票、单据一经保兑行付款、承兑或议付，即使开证行倒闭或无理拒付，保兑行均无权向出口商追索票款。这样，保兑信用证下的受益人可获得开证行和保兑行的双重独立付款的保证。

7. 偿付行（Reimbursing Bank）

偿付行是指信用证指定的代开证行向议付行、承兑行或付款行清偿垫款的银行。偿付行的出现往往是由于开证行的资金调度或集中在该银行的缘故。信用证中如规定有关银行向指定银行偿付时，开证行应及时向该偿付行发出“偿付授权书”（Reimbursement Authorization），说明偿付金额及索偿行的情况。偿付行虽然向索偿行付汇，但并不对单据的真实性负责，单据由索偿行直接寄开证行审验，与偿付行无关。偿付行付款后，可继续向开证行索偿。如果开证行验单后发现单证不符，可向议付行追索直到要求受益人承担单证不符的责任，但不能据此作为不向偿付行偿付的理由。

另外如果索偿行未从偿付行获得偿付，开证行不能解除其自身偿付的任何义务。除非另有规定，偿付费应由开证行承担。

8. 索偿行（Claiming Bank）

索偿行是指信用证项下承担付款或是承担延期付款、或是承兑汇票、或是议付，并且向偿付行提交索偿的银行。所以索偿行包括被授权代表付款、延期付款、承兑汇票或是议付的银行。

第四节 信用证方式下的风险及其防范

尽管信用证方式是建立在银行信用基础上的支付方式，但由于此方式下的出口商、各银行以及进口商等相关当事人在业务处理过程中都以信用证条款为基础，以出口商提交的单据为中心，而且信用证项下出口商提交的单据与实际发运的货物相分离，因此信用证项下各当事人可能面临更多、更复杂的风险。这些风险的防范也变得更加困难。

一、出口商面临的风险及其防范

信用证是开证行向出口商开具的有条件的付款保证。这里所说的条件就是指出口商出口货物后向银行提交的单据必须符合信用证条款的规定，而且单据与单据之间也要一致，不得发生矛盾。这就是通常所说的“单证一致，单单一致”。表面上看，出口商发运货物后，只要交来与信用证条款相符的单据，就能拿到货款。因此，由于信用证是银行信用，相对于其他方式而言，出口商面临的风险好像没有了，而事实上，出口商所面临的风险可能会更隐蔽，尤其是信用证中的软条款，对出口商来说是陷阱，而且不容易看出来。出口商的风险不仅有来自开证行的风险，如开证行破产倒闭，从而造成无法清偿信用证款项的风险；更主要的还是来自进口商利用软条款的风险，这样的信用证被称为“软条款”信用证。因进口商具有单方面解除付款责任的主动权，因此，“软条款”信用证又称为“陷阱”信用证。

(一) 出口商常见的风险

(1) 信用证对货物的品质要求很细微严格，容易造成出口商有时不注意或难于满足这些要求。如对某些产品的出口，信用证要求出口商必须满足对方国家或某一国产品质量的标准。这样出口商将面临巨大的收汇风险。

(2) 信用证对保证的有效期、对货物的装船日期以及对出口商的交单日期规定得比较短促。如果时间紧迫，出口商提交的单据稍有不符点，被退回来进行修改，就容易造成不能在信用证的有效日期内提供相应的单据，从而造成对方拒付。

(3) 信用证规定海运提单的收货人为开证申请人，造成出口商难于控制货物。如“Full set of ocean bill of lading made out the applicant and notify...”，此时的提单仅仅是货物收据，而不是物权凭证。进口商无需提单即可提取货物，而出口商则不能掌握这些货物，丧失了对货物的控制权。

(4) 信用证规定1/3或2/3正本提单自寄开证申请人。此规定不利于出口商控制货物，如“1/3 or 2/3 original ocean bill of lading must be sent to the applicant directly after the date of shipment.”，由于此时的提单通常为物权证书，每份提单对货物的效力相同，因此，如果出口商将一份或两份正本提单直接寄给申请人，容易发生进口商用提单提货后指示开证行以各种理由挑剔出口商提交的单据并拒付。这样出口商既丧失了货物又收不到货款。

(5) 信用证规定的有效日期和有效地点均在开证行所在地。如“The expiry date must be on 3rd Nov. 2004 and the place should be at our side.”，这样出口商交单的日期就要提前，开证行对出口商提供的付款保证期限，从实际操作而言就缩短了，因为出口商交单给指定行，指定行再寄单给开证行是需要时间的。如果出口商难以做到按信用证要求将提单交到开证行手中，就会形成不符点，从而面临收汇风险。

(6) 信用证方式下的银行费用均由出口商承担。如“All bank charges are for beneficiary's a/c.”，这会加大出口商的成本。信用证中的银行不仅包括出口商国内的，而且还涉及进口商国内的，甚至可能还涉及第三国的银行。由于各个银行提供的服务不同，收费标准也不同，因此信用证业务中的所有费用如果都由出口商负担，出口商的业务成本将大大增加。

(7) 信用证规定货物检验证书由开证申请人指定的人签发。如“The inspection certificate should be issued and signed by our nominated person.”，这样当进口地市场行情发生变化或发生其他情况时，进口商会拖延时间或不派人签发单据，造成信用证过期；

甚至当受益人已将货物运抵港口，而申请人仍然拒绝派人验货装船。

(8) 信用证规定某些单据如检验证书、发票、货物收据等须由特定人签发，而且签字样式要与开证行存档的鉴样符合。如 "This document should be issued and signed by ××× and the signature must be in strict compliance with that on our side." 此种情况发生的原因类似于第七条的情况，但对出口商造成的影响可能更大。出口商提交单据的签字很难与开证行的预留印鉴相一致，因为进口商派出签单的人可能与预留印鉴的人不一定是同一个人。

(9) 开出暂不生效的信用证，出口商等到开证行另行通知后，此信用证才生效。如 "This credit will be an operative instrument upon receipt of the advice (s) from the issuing bank."，此情况下主动权完全掌握在开证行和进口商手中。

(10) 规定自相矛盾的信用证条款，使收益人处于两难境地：执行了其中一条便违背了另一条的规定，结果是无法执行信用证的规定。

(二) 出口商对风险的防范

在信用证方式下，当接到进口商要求其银行开立的带有各种条款的信用证时，面对对方银行的付款保证，出口商应做到：

(1) 对对方开证银行的资信状况作一个大致了解。出口商应逐步了解开证行本身的对外付款状况，了解开证行国内的外汇管制状况，了解开证行的实力等等。否则，出口商发货后提交的单据无论多么与信用证要求一致，出口商也不会轻易获得付款。

对开证行的状况不是很了解时，出口商可以要求进口商指示开证行去邀请出口地银行对其开出的信用证加具保兑，这样当出口商拿到保兑信用证时，出口商就可以获得除开证行之外的第二家银行的付款保障，降低了所面临的风险。

(2) 当出口商收到信用证时，应认真审核信用证中的条款。信用证条款是出口商获得付款的条件。当信用证的条款难以满足或者对自己不利时，出口商应通过进口商要求开证行修改信用证，直到满意为止。这样，出口商的收汇就有了保障。

(3) 出口商应学会通过单据来控制货物。一般而言，海运提单是物权凭证，因此，海运提单的抬头应做成对出口商比较有利的指示性抬头形式，这样，通过背书转让，出口商可以把单据交付其委托的银行，才能有效控制货物。

(4) 出口商应向所在国保险机构投保出口信用保险。尽管信用证方式是建立在银行信用基础上，但对出口商而言不是说没有风险。出口商在发运货物前可以向出口国保险机构投保出口信用保险以转移和降低收汇风险，从而保障安全收汇。

具体可参看下面利用"软条款"信用证诈骗出口商的案例。

【案例研究】6－2

案情 a：

受益人：江苏省某进出口公司

进口商：美国某公司

进口商从我方进口汽车轮胎，合同签好后，为使我方保证质量，进口方要求我方支付合同金额的10%作为质量保证金交给保证人。质保金不退还，而是提高开出信用证的货物单价。我方接受了此条件。

我方接到信用证后，信用证规定：受益人等收到进口方指明船名的装运通知后才能装船。结果我方多次催促，对方也不派人验货，也不派船。直到信用证有效期已过，才装模作样派人来。受益人最后未能索回质保金，造成巨额损失。

案情 b：

2004年8月，我吉林省外贸进出口公司与美国华祥企业公司签订出口鹅卵石合同，总金额为$570万，我方按合同规定先付$25万的履约保证金，9月，华祥企业公司开立了以香港多方公司为申请人的信用证，规定由买方（开证申请人）到口岸验货，签发质检证明。结果买方到11月也未派人派船，致使信用证逾期。

在这种情况下，我公司要求协助调查，回电：开证申请人称与美国华祥公司无任何业务联系，开立信用证是受华光公司委托，具体贸易环节不清楚。尽管对外贸易公司立即终止合同，但已经造成40多万元人民币的直接损失。

分析：

从以上几例陷阱条款可以看出，“软条款”信用证诈骗的对象是受益人货物及各种预付金。它表面合法，但在信用证生效方式中潜伏着危险条款，直接恶果是受益人不能如期发货，或者货物抵达港口后无法交货，不能执行信用证，致使信用证逾期，或者因单证不符遭开证行拒付等。而当受益人为这些麻烦奔波时，货物或预付金已出手，失去控制，或趁机压价。

所以在具体的业务操作中需要注意：

第一，防止诈骗重心转移。一般的审证人员防诈骗重点都放在“伪造信用证”或者“伪造单证”上，而对真的“软条款”信用证在审证时往往只注重形式，而忽略了内容。所以较为隐蔽。

第二，重视资信调查。

第三，在时间上掌握主动权。作为受益人，应要求贸易对方尽快开立信用证，为必要的修改留下充足的时间。

二、进口商面临的主要风险及其防范

（一）进口商面临的主要风险

在信用证业务中，由于当事人处理的是单据而不是实际货物，因此出口商只要提交与信用证条款相符合的单据，开证行就应付款。这样，进口商获得单据后可能会有以下风险：

（1）进口商获得的是虚假单据，进口商据此根本得不到货物。此种情况表明出口商利用表面完全符合信用证要求的伪造的虚假单据来骗取信用证下开证行或其指定银行的付款，进而使进口商遭受很大损失。

（2）进口商凭单据提取的货物与合同的规定不符。这表明出口商巧妙利用信用证下银行付款仅凭单据，而不过问货物的实际情况的特点，使得进口商可能获得残次、低值甚至是毫无价值的货物，进而蒙受损失。

（3）出口商在伪造合格单据时，往往与船东勾结，制出表面毫无破绽的运输单据。实际表明，出口商与承运人合谋的欺诈行为更具危险性。

（二）进口商对风险的防范

（1）开证前，应重视出口商的资信调查，慎重选择贸易伙伴。在国际贸易业务中，不仅出口商需要了解进口商，进口商也同样需要了解出口商的情况。只有这样，业务双方才能防患未然。

（2）开证时，应要求信用证中加列有关货物描述的条款。作为买方，进口商对出口商发运的货物是非常关心的，但由于信用证业务的特点之一就是单据与实际货物相脱离，因此，进口商只能通过信用证中加列一些条款来约束出口商发运的货物。具体分为：

① 要求出口商提交与商品相关的检验证书，如质量检验证书、数量/重量检验证书等等。这样进口商可以对出口商发出的货物加以控制，以避免出口商不发货、发假货、发残次货物以及少发货等行为的发生。

② 对出口商货物发运状况加以控制，如货物装船日、装运港口、卸货地点、是否允许分批发运、是否允许转船等等情况加以限制，以避免出口商不按时发货或货物发运后进口商不能按时获得货物等行为的发生。

③ 对出口商发运货物后向银行提示单据的日期加以规定。此日期的规定对进口商而言同样重要。如果出口商发运货物后迟迟不交付单据，除了会发生许多不必要的费用支出外，进口商还不能及时得到货物，这样会影响进口商的资金周转。

通常来说，信用证中出口商向银行提示单据的日期都有具体规定，一般为货物装运日后 7 天、14 天、15 天等等。如果信用证对此未加规定，根据 UCP600 的规定，此日期通常为货物装运日后21天之内。

【案例研究】6-3

案情：

温州某公司从美国进口钢材，后美国的卖方无货而要求由瑞士IRC公司代替供货，IRC向中方出示它在意大利和西班牙的钢铁厂的营业执照后获得中方首肯，成为合同供货人。中方开出金额为$229.5万的信用证，IRC收到信用证后勾结意大利塞得航运公司船东卡里萨纳，制作出与信用证相符的假提单及有关单据，顺利获得$200多万的议付款。中方公司也付款赎单。但因装运船舶久候不至，引起中方注意，后经调查，方知被骗，IRC公司是皮包公司，而船东更是惯犯。

分析：

此案例中，出口商利用信用证只问单据、不管货物的特点，利用表面完全符合信用证要求的单据，使银行和进口商遭受损失。出口商在伪造合格单据时，往往与船东勾结，制造出表面毫无破绽的运输单据。实际表明，出口商与承运人合谋的欺诈行为更具危险性。

为避免风险，进口商应注意：

（1）重视资信调查，慎重选择贸易伙伴。

（2）签订大宗商品进口时，要求受益人提供一流商检机构出具的商检证书。

（3）进口业务中，尽可能争取FOB价成交，要求自己派船、保险，以防止故意沉船、伪造提单等诈骗行为。

三、银行面临的风险及其防范

由于信用证方式是建立在银行信用基础上的支付方式，业务比较复杂，涉及的当事人多，因此信用证业务中的银行将面临巨大风险。总体而言，这些风险主要体现在银行提供服务时所面临的风险。所以银行要积极采取措施，来防范这些风险。

（一）银行所面临的风险

1. 银行提供开证服务时面临的风险

信用证是一种有条件的银行付款保证。当开证行向出口商开出信用证时，就构成了开证行的一项付款承诺，即出口商只要提交与信用证条款相符的单据，开证行就应履行付款承诺。当开证行对外付款后，尽管此时开证行已掌握进口商申请开证时预先交付的信用证金额一定比例的押金，但进口商并未向开证行付款赎单或并未完全支付信用证中的金额，这样开证行就要承担对外付款后进口商不赎单或拒付的风险。

2. 银行通知信用证时可能面临的风险

信用证的通知一般是由开证行在信用证中指定的出口地银行承担。按照 UCP600 的规定，当出口地银行接到对方开来的信用证时，应通过核对密押号码（Test No.）和预留印鉴（Signature）等方式来表面审核所收到的信用证的真伪。如不能确定真伪时，出口地银行在不承担责任的前提下告知出口商此信用证尚未确定真实性的事实，并以最快方式联系开证行加以确认。如果通知行通知时未满足上述要求，则通知行应承担相应的责任。

3. 出口地被指定的银行提供服务时可能面临的风险

根据 UCP600 规定，一切信用证都应标明是付款信用证，还是延期付款信用证，还是承兑信用证，还是议付信用证。当上述信用证业务中的付款、承兑或是议付责任由开证行指定出口地银行来完成并且这些银行接受指定时，这些被指定的银行就要代替开证行审核出口商提交的单据，并在“单证相符，单单相符”的条件下向出口商（受益人）付款或者承兑或者议付单据，然后向开证行寄送单据，并向开证行或其指定的偿付行索汇。

如果在向开证行寄单索汇时，未发现单据中存在的不符点，或者遭到开证行资信不佳时，这些银行就会面临巨大损失的风险。

在向偿付行索汇时，如果开证行未及时向偿付行发出偿付授权书，或者偿付行收到索汇书的时间早于收到开证行偿付授权书的时间，则索汇行将面临偿付行拒付的风险。

4. 保兑行向受益人付款后可能遭遇开证行拒付的风险

信用证业务中的保兑行通常是由开证行在信用证中指定的、信誉好的大银行来担任，它一般是出口地的银行。当接受开证行的指定并对信用证加具保兑时，保兑行就要承担与开证行相同的付款保证责任。

在根据保兑信用证发货后，出口商通常向保兑行提交单据要求付款。保兑行凭单付款后还应向开证行索汇。如开证行信誉不佳或者进口国政治风险较大时，保兑行则可能承担遭遇损失的风险。

（二）银行对风险的防范

（1）提供开证服务时，开证行首先应审核进口商的资信状况。对于不同资信等级的进口商，开证行可以仅凭信用或者凭进口商交付的低比例开证押金或者高比例押金向出口商开出信用证。这样当信用不佳的进口商拒绝赎单时，开证行可以减少遭遇的损失。其次，开证行为避免风险，可在信用证中规定海运提单的收货人做成“To the order of the Issuing Bank”，这样，当进口商拒绝赎单时，开证行通过自己掌握的提单可以提取货物变卖，从而抵消或减少出现的损失。

（2）提供通知服务时，通知行应严格按照 UCP600 的规定确定信用证的真伪。当不能确定信用证的真伪时，应及时通知有关当事人，避免由于自身原因而使虚假信用证过关，造成相关当事人的损失。

附式 6－1 开证申请书格式

Consult the Issuing Bank for guidance if the completion of this form should raise any question

<table>
<tr><td>Applicant (1)</td><td>Issuing Bank (2)</td></tr>
<tr><td>Date of Application (3)
(6)☐ Issue by (air)mail (7) ☐ with brief advice by teletransmission(See UCP 600)
(8) ☐ Issue by teletransmission(See UCP 600)
(9) ☐ Transferable Credit-As per UCP 600</td><td>Expiry Date and Place for Presentation documents
Expiry Date (4)
Place for Presentation documents

Beneficiary (5)</td></tr>
<tr><td>Confirmation of the Credit
☐ Not requested ☐ requested ☐ authorized if requested by Beneficiary (10)

Partial shipment ☐ allowed ☐ not allowed (13)
Transshipments ☐ allowed ☐ not allowed (14)
Please refer to UCP 600 transport Articles for exceptions
To this condition

☐ Insurance will be covered by us (15)

Shipment as defined in UCP 600
From:
For transportation to: (16)
Not later than:

GOODS(Brief description without excessive details-See UCP 600) (17)</td><td>Amount in figures and words(Please use ISO Currency Codes)
(11)
Credit Available with Nominated Bank
☐ by payment at sight
☐ by deferred payment at:
☐ by acceptance of drafts at:
☐ by negotiation (12)

Against the documents detailed herein:
☐ And Beneficiary's draft(s) draw on

Terms:
☐ FAS ☐ CIF (18)
☐ FOB ☐ Other terms
☐ CFR ☐ as per INCOTERMS</td></tr>
<tr><td colspan="2">Commercial invoice ☐ signed original and ☐ copies
Transportation document:
☐ Multimodal Transport document. Covering at least two different modals of transport
☐ Marine/Ocean Bill of Lading covering a port-to-port shipment
☐ Non-Negotiable. Sea Waybill covering a port-to-port shipment
☐ Air Waybill. original for the consignor
☐ Other transport document:
☐ to the order of
☐ endorsed in bank (19)-(23)
☐ marked freight ☐ prepaid ☐ payable at destination
☐ Notify
Insurance document:
☐ Policy ☐ Certificate ☐ Declaration under an open covering the following risks
Certificates:
☐ Origin ☐ Analysis ☐ Health ☐ Other
Other documents:
☐ Packing List ☐ Weight List</td></tr>
<tr><td colspan="2">Documents to be presented within ☐ days after the date of shipment but within the validity of the Credit (24).</td></tr>
<tr><td>Additional Instructions:

(25)</td><td>We request you to issue on our behalf and for our account your Irrevocable Credit in accordance with the above instructions (marked(x) where appropriate).
This Credit will be subject to the UCP 600,insofar as they are applicable (26)

Name and signature of the Applicant (27)</td></tr>
</table>

附式 6－2　开立信用证致通知行的通知书

Irrevocable Documentary Credit Form (Advice for Advising Bank)

Advice for the Advising Bank

Name of Issuing Bank:	**Irrevocable Documentary Credit** (1) / **Number** (2)
Place and Date of Issue: (3)	**Expiry Date and Place for Presentation of Documentary** Expiry Date: (4) Place for Presentation:
Applicant: (5)	
Advising Bank: Reference No. (7)	**Beneficiary:** (6)
	Amount: (8)
Partial shipments ☐ allowed ☐ not allowed (9)	**Credit available with** (10) ☐ by payment at sight ☐ by deferred payment at: ☐ by acceptance of drafts at: ☐ by negotiation
Transshipment ☐ allowed ☐ not allowed (11)	
☐ Insurance covered by buyers (12)	
Shipment as defined in UCP 600 From: For transportation to: (13) Not later than:	**Against the documents detailed herein:** (14) ☐ And Beneficiary's draft(s) draw on

Commercial invoice ☐ signed original and ☐ copies

Transportation document:

☐ Multimodal Transport document. Covering at least two different modals of transport

☐ Marine/Ocean Bill of Lading covering a port-to-port shipment

☐ Non-Negotiable. Sea Waybill covering a port-to-port shipment

☐ Air Waybill. original for the consignor

☐ Other transport document:

☐ to the order of

☐ endorsed in bank (15)-(21)

☐ marked freight ☐ prepaid ☐ payable at destination

☐ Notify

Insurance document:

☐ Policy ☐ Certificate ☐ Declaration under an open covering the following risks

Certificates:

☐ Origin ☐ Analysis ☐ Health ☐ Other

Other documents:

☐ Packing List ☐ Weight List

Documents to be presented within ☐ days after the date of shipment but within the validity of the Credit

We have issued the Irrevocable Documentary Credit as detailed above It is subjected to the UCP 600 We request you advise the Beneficiary

☐ without adding your confirmation ☐ adding your confirmation ☐ adding your confirmation if requested by the Beneficiary 22

Bank-to-Bank instructions 23

This document consists of ☐ signed page(s)　　Name and signature of the Issuing Bank

附式 6－3 开立跟单信用证给受益人的通知书

Irrevocable Documentary Credit Form (Advice for Advising Bank)

Name of Issuing Bank:	**Irrevocable Documentary Credit** (1) **Number** (2)
Place and Date of Issue: (3)	**Expiry Date and Place for Presentation of Documentary** Expiry Date: (4) Place for Presentation: (5)
Advising Bank: Reference No. (7)	**Beneficiary:** (6)
	Amount: (8)
Partial shipments☐ allowed ☐ not allowed**(10)**	**Credit available with** ☐ by payment at sight ☐ by deferred payment at: ☐ by acceptance of drafts at: ☐ by negotiation (9)
Transshipment☐ allowed ☐ not allowed **(11)**	
☐ Insurance covered by buyers **(12)**	
Shipment as defined in UCP 600 From: For transportation to: **(13)** Not later than:	**Against the documents detailed herein:** ☐ And Beneficiary's draft(s) draw on

等同于附式 6-2 中的**(15)-(21)**

(14)-(20)

Documents to be presented within ☐ days after the date of shipment but within the validity of the Credit **(21)**

We have issued the Irrevocable Documentary Credit in your favor. It is subjected to the UCP 600 and engages us in accordance with the terms thereof. The number and the date of the credit and the name of our bank must be quoted on all drafts required if the credit is available by negotiation; each presentation must be noted on the reverse side of this advice by the bank where the credit is available.

☐ without adding your confirmation ☐ adding your confirmation ☐ adding your confirmation if requested by the Beneficiary

Bank-to-Bank instructions

(22)

This document consists of ☐ signed page(s)

(23)

Name and signature of the Issuing Bank

（3）信用证下被指定银行提供服务时应首先考核开证行的信用状况，避免由于开证行信誉不佳而造成己方替代付款而开证行却拒不履行偿付义务情况的出现。其次，被指定银行应加强自身人员业务的训练，不断提高业务水平，严格审核出口商提交的单据，避免出现己方认为单证相符而开证行却发现不符点，进而造成拒付的情况。再次，当开证行面临的国内政治风险较大时，被指定银行可以拒绝接受指定以避免风险。

（4）被指定银行提供保兑服务时，同样应审核开证行的信誉状况以及所在国政治风险的大小，避免发生保兑付款后因开证行拒付而给自己带来损失。当面临风险较大时，保兑行可以拒绝接受开证行的保兑邀请。另外开证行要求某银行提供保兑服务时常常说明开证行在此银行开有账户并存有一定金额。如果没有这种关系，被指定银行则应审慎从事。

◇问题与思考

一、填空题

1. "Independent and abstraction principle" may be explained as follows:

(1) Issuing bank must independently undertake its primary responsibility to ________ Beneficiary's complying presentation without interference coming from the other party.

(2) A credit is an independent instrument, it is a separate transaction from the ________.

(3) A credit is the ________ business.

2. How many basic parties are there in a documentary credit?

The ________; The ________; The ________.

3. How many other parties are there which facilitate the documentary credit?

The ________; The ________; The ________; The ________。

二、判断题

1. 信用证业务中，开证行负第一性付款责任，保兑行负第二性付款责任。(　　)

2. 信用证必须由通知行传递至受益人，通知行负有审核信用证真伪的责任。(　　)

3. 通知行应合理审慎地鉴别所通知的信用证的表面真实性，即核对电开信用证、信开信用证的印鉴是否无误。(　　)

4. 信用证依据合同内容开立，信用证受销货合同约束（　　）。

5. 偿付行不负责审单，只凭开证行指示或授权偿付款项给索偿行。(　　)

三、单选题

1. 开证行是以自己的信用作出的付款保证，所以，开证行在受益人提交合格的单据后，负有第一性的________。

A. 付款责任　B. 承兑责任　C. 托收责任　D. 代收责任

2. 对于单据表面描述符合合同要求，而与信用证条款不一致者，开证银行________。

A. 有义务支付货款　B. 按合同要求付款

C. 有权拒绝付款　D. 按信用证条款付款

3. 在信用证业务中，开证银行主要负责的是检查________。

A. 单据的真伪

B. 货物的实际情况

C. 受益人所提交单据表面上与信用证条款是否相适合

D. 货物能否如期到达目的港

4. 在信用证项下，受益人只要提交了规定的________，便构成了开证行的付款责任。

A. 合格商品　B. 保证金　C. 合格单据　D. 贸易合同

5. 开证行履行付款义务后，如申请人无力付款赎单，开证行________。

A. 有权处理单据和货物　B. 将货物退还出口商

C. 向偿付行收回货款　D. 宣布信用证作废

6. 受开证行委托，将信用证转交出口方的银行是________。

A. 议付行　B. 开户行　C. 汇出行　D. 通知行

7. 偿付行是开证行指定对________进行偿付的第三国银行。

A. 议付行或兑付行　B. 保兑行或通知行

C. 开户行申请人　D. 承兑行或受益人

8. 信用证上被指明有权接受并使用信用证，凭以发货、交单、取得货款的出口商是________。

A. 申请人　B. 付款人　C. 债权人　D. 受益人

9. 通知行是________。

A. 开证行的代理人　B. 承兑行的代理人

C. 付款行的代理人　D. 保兑行的代理人

四、多选题

1. 信用证作为一种融资工具，可以为________融通资金。

A. 开证行　B. 议付行　C. 偿付行

D. 进口商　E. 出口商

2. 信用证结算方式中，必须具备的当事人有________。

A. 保兑行　　B. 开证行　　C. 受益人

D. 偿付行　　E. 申请人

3. 信用证结算方式的特点主要表现在________。

A. 开证行负第一性的付款责任

B. 信用证是一项独立于贸易合同的文件

C. 银行处理的是单据而非货物

D. 商业信用

4. 在信用证业务中的指定银行是指________。

A. 付款行　　B. 承兑行　　C. 议付行　　D. 通知行

五、案例分析

案情：

我某公司与外商按 CIF 条件签订一笔大宗商品出口合同，合同规定装运期为 8 月份，但未规定具体开证日期。外商拖延开证，我方见装运期快到，从 7 月底开始，连续多次电催外商开证，直到 8 月 5 日，外商才发简电开证，我方怕延误装运期，急忙按简电办理装运。

8 月 28 日，外商开来信用证正本，正本上对有关单据作了与合同不符的规定。我方审证时未予注意，通过银行议付，银行也未发现，但开证行以单证不符为由，拒付货款。我方以货物及单据均与合同相符为由，根据合同要求买方付款，经过多次交涉未果，最后该批货物被港口海关拍卖处理，使我方遭受款货两空的损失。

你认为我方应从中吸取哪些教训？

六、思考题

1. 信用证方式有哪些特点？
2. 信用证的基本当事人有哪些？各自承担什么责任？
3. 简述信用证业务的流程。
4. 信用证方式下出口商面临哪些风险？应如何防范？
5. 信用证方式下进口商面临哪些风险？应如何防范？
6. 信用证方式下银行面临哪些风险？应如何防范？

本章参考资料

1. 《跟单信用证统一惯例 UCP500 与 UCP400 比较》，国际商会出版物第 511 号。
2. 国际商会于 1994 年 9 月 1 日发表的《阐明见解书》第 1、2、3、4 号。
3. 《跟单信用证业务指南》，国际商会出版物第 515 号。

4. ICC Uniform Rules for Bank-to-Bank Reimbursements Under Documentary Credits. Supplementary Information for Lecture. I. C. C. Publication No. 525.

5. Queries and responses on UCP 500 from the ICC'S Group of Experts, Working Paper, Tianjin College Finance & Economics Professor SU ZONG XING.

6. 国际商会于 1994 年 9 月 1 日发表的《阐明见解书》第 1、2、3、4 号续集。

7.《标准跟单信用证格式》，国际商会出版物第 516 号。

8. 苏宗祥，景乃权，张林森．国际结算．北京：中国金融出版社，2004.

9. 石玉川，徐进亮，李贞．国际结算惯例与案例．北京：对外经济贸易大学出版社，1998.

第七章　信用证的种类

学习目标

详细了解各种不同种类的信用证及其各方当事人的权利和义务。

本章关键词

保兑信用证　兑付信用证　议付信用证　可转让信用证　背对背信用证　其他种类信用证

通常的跟单信用证的开立必须要确定如下事项，即此信用证是属于保兑还是不可保兑；即期付款信用证、延期付款信用证、承兑信用证、议付信用证中的哪一种。确定了这些事项即可开立普通的跟单信用证，在这些大事项下，根据信用证的用途、流通等方式的不同，又可分为很多种类的信用证。

自 UCP600 起，所有的跟单信用证均为不可撤销信用证，这充分体现了信用证保护受益人的原则，也体现了两个相互联系的特性：不可撤销性（Irrevocability）和开证行负有的确定承诺（Definite Undertaking）。只要受益人提交了符合信用证规定的单据，开证行则必须履行其保证承付的义务，且不得向受益人行使追索权。信用证开立后，受益人即可放心备货发运，而不必担心开证行撤销其付款的承诺，因而受益人在信用证下享有较为可靠的保证，这一特性真正体现了信用证的精髓和本质。

根据 UCP600 规定，只要受益人将合格单据提示给开证行或其指定银行，且符合信用证条款，则构成开证行的确定承诺，这些承诺包括以下内容：

（1）对于即期付款的信用证立即付款。

（2）对于延期付款的信用证按信用证规定的在可确定的到期日付款。

（3）对于承兑信用证，如果汇票的受票人为开证行，则对远期汇票予以承兑，并在汇票到期日付款；如果汇票的受票人为非开证行的银行，指定的受票行又不愿意承兑该汇票，或承兑后到期不付款，开证行应主动承兑该汇票并在到期日付款。

（4）若是议付信用证，则开证行应支付受益人开立的汇票及/或信用证项下提交的相符单据，并对出票人及/或善意持票人无追索权。受益人开立的汇票应以开证行或其指定的银行为受票人，而不是以通知行或开证申请人为受票人。

第一节 保兑信用证与不保兑信用证

信用证意指一项约定，无论其如何命名或描述，该约定不可撤销，并因此构成开证行对于相符提示予以兑付的确定承诺。因此根据 UCP600 规定，信用证是不可撤销的，即使信用证中对此未作指示也是如此。

信用证一经开出，一般既不能撤销，也不能修改。如需撤销或修改，必须取得各方当事人的明确同意，修改书才能生效。现将修改书对三个当事人的生效时点分述如下：

（1）对开证行而言，自其发出修改书时起，修改书即生效，即对开证行起着约束作用。

（2）对保兑行而言，自其接到通知的修改书时起生效，即对保兑行起着约束作用。如果保兑行拒绝保兑修改书里的内容时，应及时向开证行和受益人作出拒绝接受修改书的通知，这样，修改书对保兑行无效。如果保兑行没有发出是接受还是拒绝修改书内容的通知时，被视作保兑行接受此修改。

（3）对受益人而言，在他接到修改书后，应作出明确表示是接受还是拒绝此修改，这种表示方法是：

① 收到修改书后，受益人立即发出接受修改通知，则修改书生效，即对受益人起着约束作用。

② 受益人在交单时仍不接受修改书，应作出拒绝接受的通知，则修改书对受益人无效。

③ 受益人也可不立即发出接受通知，即保持沉默，但受益人交来的单据符合尚待接受的修改书时，则修改书生效，即对受益人起着约束作用。因此受益人在交单前可不作任何通知；但如果不接受修改，则应该在交单之前或规定的时间内发出拒绝通知。

此外，对于同一修改通知中的修改内容，不允许部分接受，因此部分接受修改内容当属无效。如果各方达成协议接受同一次修改中的部分修改时，则应签发另一项新的修改通知，且只包括各方已同意的修改。这样可以防止混乱和误解。

此外，UCP600 规定：若修改中规定，除非受益人在确定时间内拒绝接受，否则修改生效，这一规则将不予理会。由此可见，沉默不视为接受修改。该规定更加突出了信用证的不可撤销性和受益人权益的保障。

【案例研究】7-1

案情：

中国F出口公司9月12日接到进口商L公司开来的信用证。该证有关条款如下："……装运100公吨××，新麻袋装。从中国港口至维多利亚港。最迟装运期11月底。不许部分装运。"F公司根据信用证要求备货，11月5日开始装船。但在11月8日接到信用证修改通知，要求增加出口数量100公吨。F公司认为原规定100公吨不允许部分装运，现已照办。关于信用证修改提出增加100公吨的要求也可以接受，拟另行装运。于是F公司向银行提示了单据。单据到达开证行后，开证行来电以单证不符为由拒付："原信用证要求出口100公吨，后又增加100公吨，共计200公吨，既然信用证不允许部分装运，故理应将200公吨一次装运，而提示的单据为100公吨，与信用证修改不符。"F公司电复开证行："来证原规定货物为100公吨，现已出运，未部分装运。关于增加的100公吨，我方也将一次装运，因此完全符合信用证条款。"开证行再次来电强调："既然贵方已经接受信用证修改，则货物数量已改为200公吨。关于不允许部分装运的条款仍然有效。因此先发运100公吨，再发运100公吨，已经违反了信用证修改，显然是分两批装运，故属于单证不符。"

因开证行和进口商坚决拒收单据，货物在港口积压了1个多月，F公司不得不委托他人另行处理，损失惨重。

分析：

本案中，既然F公司同意信用证修改，则新增加的100公吨货物也应当遵守原信用证不准部分装运的要求。若F公司对信用证修改不予接受，则可以明确表示拒绝对信用证的修改，或者仍然按照原规定装运100公吨的要求提示单据。这样，开证行则必须付款。若F公司希望增加出口数量，也可以要求将信用证修改为：增装100公吨，允许部分装运。这样，出口公司的损失就可以避免了。

一、保兑信用证

如果开证行开出的信用证同时得到另外一家银行的付款保证，作出保证的银行对受益人提示的符合信用证条款的单据也履行付款责任，这种信用证就是保兑信用证（Conformed Credit），作出承诺的银行就是保兑行（Conforming Bank）。

保兑行承担的责任与开证行一样，相当于自己本身开证，受益人既可向开证行要求付款，也可直接向保兑行要求其付款。保兑行一般是通知行，方法是在通知信用证时，在信用证的有关保兑条款上是否要加具保兑作出选择，以下是开证行致通知行的信用证上三种不同的表示方法：

"We request you advise the beneficiary

(1) Without your confirmation（不加你行的保兑）；

(2) Adding your confirmation（加上你行的保兑）；

(3) Adding your confirmation, if requested by the beneficiary"（如果受益人要求，加上你行的保兑）。

保兑行的保兑未经各方当事人同意，不可擅自修改或撤销。加具了保兑的信用证对出口商最为有利，因为获得了双重的付款保证（开证行和保兑行）。当然也意味着双重的费用付出，开证行和受益人可酌情处理。一般来讲，开证行方面邀请通知行加具保兑，是为了使自己开立的信用证更容易被受益人所接受，并能被方便地议付；而受益人要求通知行加具保兑，则是为了使自己的收款更加有保障。

二、不保兑信用证

与保兑信用证相反，指没有另外一家银行加具保兑的信用证，即仅有开证行承担付款责任。通知行仅通知信用证，对信用证的付款不承担责任。目前国际上使用的信用证绝大多数是不保兑信用证（Unconfirmed Credit），因为只要开证行的信誉好，付款是有保证的。加保兑是非正常情况下的变通做法。实务中我国银行开出的信用证都是不保兑信用证。

【案例研究】7-2

案情：

开证行：I行开立一信用证，通过A行通知受益人，并要求A行对信用证加具保兑。

保兑行：A行在信用证上加具保兑后将已保兑的信用证通知给受益人。

受益人：受益人发货后在信用证到期日前两天提交了价值为USD110 000的相关单据。

保兑行：A行收到单据后，审单后认为单据与信用证条款不符，理由如下：

(1) 提单不是开成"致买方的指定人"，而是开成"致发货人的指定人"和"空白背书"；

(2) 信用证超支USD10 000。

鉴于信用证即将到期，A行电话告知受益人不符点。

受益人：在信用证到期前，受益人收到拒收通知后，要求A行电传开证行，请求开证行准许凭不符单据付款。

保兑行：A行收到该电话指示后，立即电传I行要求准许对提交的不符单据付款。

开证行：俟I行电传授权A行对不符点单据付款时，I行所在国的政治和经济形势已经恶化，该国发生了一场军事和政治上的大变动。由于局势的不稳定，I行国际贸易已经正式停止，因此，A行通知受益人虽然他已电传开证行请求准许对其所提交的不符单据予以付款的指示，但由于I行在A行所在国的资产已被冻结，I行账户上没有资金可供使用，所以A行不能履行指示。如果A行付款给受益人，A行将无法从I行获得偿付。

受益人：受益人认为保兑行制止付款是毫无道理的，并提醒A行：A行已对信用证加具了保兑。鉴于此，在UCP600项下未经受益人同意，信用证的保兑行不能撤销其对信用证的保兑。

保兑行：A行提出反驳，声明只有当信用证条款被完全遵循时，他们的保兑才有效。由于提交的单据与信用证条款不符，所以A行保兑是无效的。

请问A行的见解对吗？

分析：

本案中保兑行A行已经同意要求开证行允许对不符点单据付款，且开证行已授权保兑行对不符单据付款，这就意味着保兑行同意将其保兑自动扩展至开证行准许凭不符单据付款的范围。为保护保兑行的利益，A行可通知受益人，尽管有明显的不符点，作为一种融通方法，他们愿意发送电传请求开证行允许付款。但是，这种行为并不意味着他们的保兑自动延展至开证行考虑和准许付款之时。换句话说，当受益人交来不符单据时，保兑行必须通知受益人：保兑行的保兑已视为无效。或者，本案中的A行可以建议受益人直接联系申请人，请求申请人授权开证行接受提交的不符单据，并通知A行代为付款，从而免除A行作为保兑行的责任。

此案例中保兑行没有作出相反的通知（即明确作出“不保兑凭不符单据付款”的通知），所以保兑行应承担付款责任。保兑信用证项下出现单据不符点时的处理见图7－1。

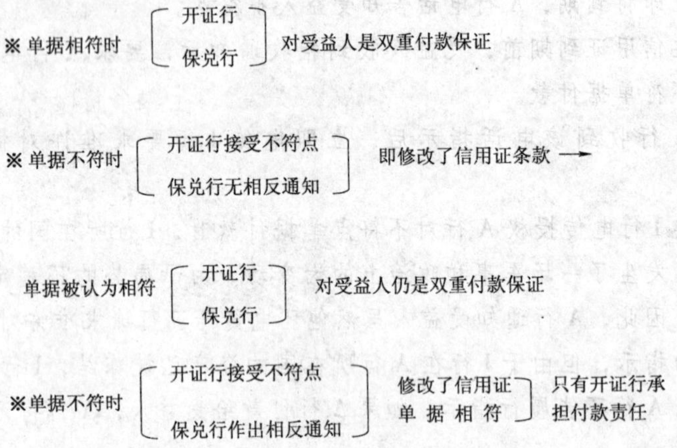

图 7－1 保兑信用证下单据的处理

第二节 付款、延期付款、承兑、议付信用证

国际贸易结算中经常使用的信用证可按不同的标准分为若干种类。

按 UCP600 规定，任何一份信用证均须明确表示其适用于何种兑现方式，而不得含糊不清，也不能在一份信用证中出现兑现方式自相矛盾的规定。如不能在标明“承兑信用证”的信用证中又授权某一银行办理“议付”。遗憾的是，在实际业务及某些教材中对不同兑现方式的信用证区分不够，甚至混为一谈。有鉴于此，按照 UCP600 的规定，本教材拟在不同兑现方式信用证的界定、有关银行的法律地位、结算程序及实践中受益人应注意的问题等方面对四种不同兑现方式信用证作一比较，以利区分。

目前开出的信用证都要声明是付款、延期付款、承兑和议付信用证中的哪一种，以明确当事人的责权利。

一、即期付款信用证

（一）即期付款信用证（Sight Payment Credit or Credit available by sight payment）的定义

注明“即期付款兑现”（available by payment at sight）的信用证称为即期付款信用证（Sight Payment Credit），是指开证行或付款行收到与信用证条款相符的汇票和单据后，根据汇票立即付款。在此信用证下，受益人将取得汇票票面金额的全部。因有些国家规定票据须征收印花税，为逃避印花税，即期付款信用证通常不要求受益人开立汇票，付款行或开证行仅凭与信用证规定相符的单据付款。开证行通常在不需要汇票的即期付款信用证中加列下述保证条款："我行保证凭符合信用证条款的单据付款。"（We hereby engage that payment will be duly made against documents presented in conformity with the terms of this credit.）

即期付款信用证也可要求受益人出具以被指定银行（即付款行）为付款人的即期汇票。即期付款信用证要求汇票的原因有二：一是履行付款的银行以受益人出具的即期汇票作为证明自己已履行付款义务的凭据；二是以汇票作为保护有关各方在票据法下所享有的权利。开证行通常在要求即期汇票的即期付款信用证中加列下述保证条款；"我行保证凭符合本信用证条款之汇票及单据付款。"（We hereby engage that all drafts drawn under and documents presented hereunder will be duly honoured by us provided that the terms and conditions of the credit are complied with.）。

（二）即期付款信用证的结算程序

即期付款信用证的结算程序如图 7－2 所示：

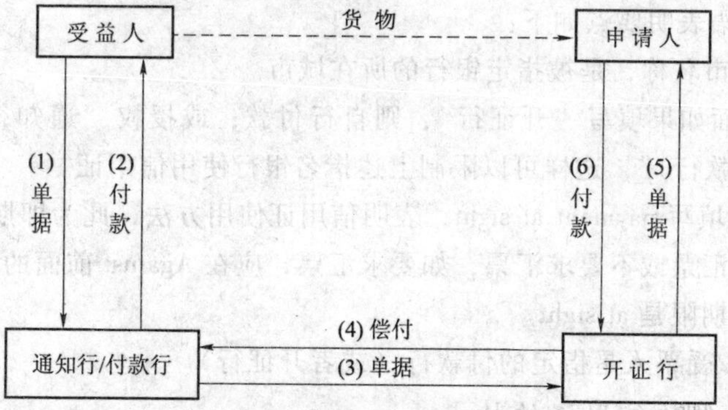

图 7－2　即期付款信用证的结算程序

（1）卖方将信用证规定的单据交付款行。

（2）经审核单据确认其符合信用证要求，在收单后不超过 5 个银行工作日内审单合格后，付款行即予付款。

（3）付款行将单据交开证行。

（4）开证行审单确认其符合信用证要求后，按预先约定的方式偿付付款行。

（5）开证行将单据交买方。

（6）买方按预先约定的方式偿付开证行。

被指定银行向开证行索偿，应视开证行账户设立情况而定。如果开证行在被指定银行设立了账户，那么被指定银行借记开证行账户，向受益人付款，贷记受益人账户。

如果开证行没有在被指定银行设立账户，被指定银行向开证行索偿有两种方式：(1) 采用电讯方式向偿付行即期索偿。根据 URR725 的规定，偿付行应在收到被指定银行的索偿要求次日起算的 3 个工作日内偿付。(2) 采用电讯方式向开证行即期索偿。同样，开证行在收到被指定银行索偿要求的 3 个工作日内进行偿付。

被指定银行在选择了上述两种偿付方式之一后，在预计收到偿付款的日期，即在向偿付行或开证行发出索偿电讯 3 天后应向受益人付款。

※（三）即期付款方式常用套语[①]

This Credit is to expire on or before (date) at 1. place and is available with 2. issuing bank or advising/other bank (nominated bank) by 3. payment at sight.

☒ Against 4. beneficiary's draft (s) at 5. ... sight drawn on 6. nominated paying bank (issuing bank).

and

☒ the documents detailed herein.

上述常用套语表明要点如下：

(1) 填写城市名称，是被指定银行的所在城市。

(2) with 后面如果填写"开证行"，则自行付款；或授权"通知行/其他行作为被指定银行（即付款行）"，这样可以限制上述指名银行使用信用证。

(3) by 后面填写 payment at sight，表明信用证使用方法，此为即期付款信用证。

(4) 可要求汇票或不要求汇票，如要求汇票，应在 Against 前面的□加 X 标记。

(5) 汇票的期限是 at sight。

(6) 付款人/受票人是指定的付款行（或者开证行）。

（四）即期付款信用证的特点

(1) 在受益人交单时付款。

(2) 付款地点在付款行柜台。

(3) 受益人马上得到款项。

(4) 付款行根据开证行的指示向偿付行索偿，一般是主动借记开证行账户，而不垫款。

受益人将单据交给指定的付款行，经审核相符，即给予付款。如需要汇票，汇票的

---

① 本节带（※）的，为有一定难度或需要较为详细讲解的内容。

付款人应是指定的付款行，付款行验单后对受益人无追索权。

(五) 即期付款信用证对各方当事人的利弊

(1) 受益人可马上得到货款，并且是无追索权的。

(2) 对开证行和开证申请人不利之处是在见到单据之前已付了款。

(3) 对付款行或保兑行来说，他们承担了证实“单证相符，单单相符”的责任，如开证行提出不符点，付款行就应向开证行退款而承担风险。

(4) 开证行承担了单据邮寄过程中丢失的风险。如果是议付信用证，开证行不见单不付款，单据丢失的风险由受益人承担。

即期付款信用证近年来被广泛采用，原因是它能使受益人马上得到现金。

(六) 即期付款信用证中受益人应注意的问题

按UCP600规定，除非信用证规定只能由开证行办理，付款信用证须指定一家付款行办理付款业务。该付款行即是信用证中“available with”后紧接着的被指定银行。信用证中规定的最迟交单期及信用证有效期的到期地点也应为该被指定付款行所在地。因此，如国外开立的即期付款信用证中的被指定付款行与受益人同处一地，对受益人来说具有如下便利：

(1) 交单方便。如单据有问题，受益人可就近与付款行协商解决。

(2) 因交单付款地是在本地的付款行，因此，受益人交单可节省一个寄单邮程，收汇也较快。同时，也使受益人免除了单据邮寄国外途中遗失的风险。

(3) 本地付款行付款后对受益人无追索权，受益人可放心使用资金，无后顾之忧。

上述付款行与受益人同处一地的即期付款信用证在实践中应用较为普遍，对受益人最为有利。相反，如信用证中规定付款事项仅由开证行或国外某家被指定银行办理，这就要求受益人必须在信用证所规定的交单期及信用证有效期内将单据寄交国外开证行或被指定付款行，这样，受益人不仅须承担单据邮寄国外途中遗失的风险，单据出现差错时也不易解决；且收汇需延误一个寄单邮程。因此，受益人在出口业务中应力争买方开立指定付款行在受益人所在地的即期付款信用证作为结算方式。

直接以开证行为付款行的即期付款信用证标准格式见附式7-1。

直接以指定银行为付款行的即期付款信用证书信体格式见附式7-2。

【案例研究】7-3

案情：

有一注明受UCP600管辖的即期付款信用证要求受益人提交下述单据：

(1) 以开证行为汇票付款人的即期汇票。

(2) 提单开成空白抬头或者抬头人为I行。

该信用证同时载明下述特别条件：

信用证项下开出汇票的支付，只能在“实现再出口得款计划”以后。(Payment of drafts drawn here under will be made only after the realization of the re-export proceeds program.)

受益人装运货物后，向信用证规定的付款行——开证行提交了信用证所要求的单据。开证行收单后通知受益人，虽然信用证项下提交的单据相符，但由于他们未能从“再出口得款计划”中获得必要的资金，因此，他们不能付款。如果他们获得了这笔款项，他们将付给信用证项下的支款。

试问：对受益人来说，该信用证可否接受？

分析：

不能接受。信用证清楚地表明它是受到“实现再出口得款”的制约，只有货物再出口并收汇后，开证行才能凭信用证付款。

尽管声明信用证受到UCP600管辖，但很明显，它不是一个应该接受的信用证。因为该证把信用证项下的付款与“再出口得款计划”相联系。

接受这种信用证包含着的意思是尽管提单注明货物托运给开证行，但同时允许开证行交货给信用证申请人。

这个案例的不幸之处在于受益人未仔细研究信用证的措词并且没有认识到它的隐含之意。

使用这种信用证，受益人对货物和金钱的损失须自负全部的责任。

二、延期付款信用证

(一) 延期付款信用证 (Deferred Payment Credit or Credit available by deferred payment) 的定义

标明“延期付款兑现”(available by deferred payment) 的信用证称为延期付款信用证 (Deferred Payment Credit)，是指开证行在信用证中规定货物装运中若干天付款，或开证行收到相符单据后若干天付款的一种远期信用证。实际上使用这种信用证是为了逃避印花税的负担，同时也由于某些国家对远期汇票的使用有所限制，延期付款信用证不要求受益人出具远期汇票。它对受益人来说风险较大，因为如果最终的付款行是开证行或保兑行，那么到期日银行必须付款，受益人不承担风险；但是如果被指定的付款行是一家没有对信用证加具保兑的出口地银行，作为没有付款承诺的付款行，该银行对受益人并不承担付款责任，一旦发生意外，如开证行破产，进口国无力支付外汇等，付款行完全可以不向受益人付款。而此时，受益人已不掌握单据，已无法控制货物，因此，很可能既失去货物又不能收款，或者是延迟收汇。因此在使用这种信用证时，受益人应要求自己所在地的付款行对信用证加具保兑，以保证日后安全收汇。

延期付款信用证必须在证中明确规定在什么到期日付款（不能为即期付款）及该到期日如何确定，如装运日后45天付款或交单日后30天付款。由于延期付款信用证不能要求受益人出具远期汇票，因此，信用证中付款时间不能定为“见票后××天付款”（payment at ×× days after sight）。如延期付款信用证需要汇票，则开证行只能要求受益人在延期付款的到期日提示即期汇票，以作为有关银行已履行付款义务的凭证。

延期付款信用证计算付款到期日的方法一般有三种：一是从提单日起算，即提单签发日后若干天（××days after the date of issuance of the B/L）；二是从开证行或指定付款行收到单据的日期起算（××days after presentation of the documents）；三是固定在将来日期延期付款（deferred payment on（a future date）fixed）。

延期付款信用证主要适用于以下情况：（1）资本货物交易、承包工程和投标等。这些交易付款期限很长，有的甚至超过几年。此时，出口商往往只能利用出口国银行的中长期贷款进行融资，这种贷款有时可以以延期付款信用证为抵押。（2）有的国家票据法规定，超过6个月期限的经承兑的汇票不能在市场上贴现。有的国家还规定汇票的有效期不得超过1年。在上述情况下，远期承兑汇票不能解决远期付款产生的问题，只能用延期付款信用证来解决。（3）在欧洲很多国家，承兑汇票需要交纳很高的印花税，因此，为避免纳税，在延期付款信用证中以发票代替汇票作为付款凭证。

（二）延期付款信用证的结算程序

延期付款信用证的结算程序见图7－3所示。

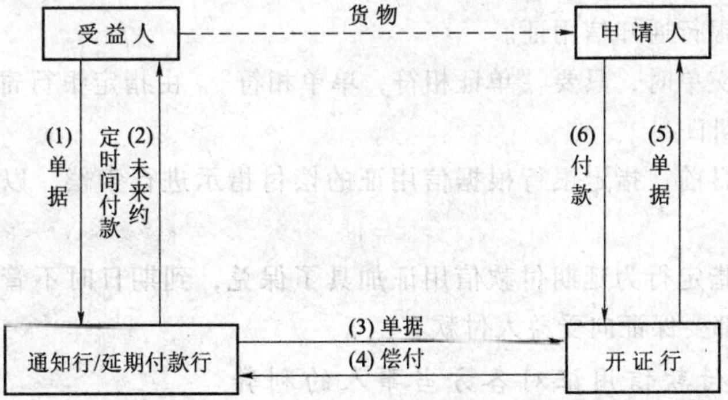

图7－3　延期付款信用证的结算程序

延期付款信用证的结算程序基本与即期付款信用证一样，所不同的是延期付款信用证的付款行在信用证规定的付款到期日（如装运日后45天）付款。而不是像即期付款信用证那样，在收单后不超过5个银行工作日审单合格后，付款行即给予付款。

※（三）延期付款信用证常用套语

This Credit is to expire on or before (date) at 1. place and is available with 2. issuing bank or advising/other bank (nominated bank) by 3. deferred payment at ________.

□ Against 4. beneficiary's draft (s) at 5. ________ sight drawn on 6. ________ and the documents detailed herein.

上述常用套语表明要点如下：

(1) 填写城市名称，是被指定银行的所在城市。

(2) with 后面如果填写"开证行"，则自行付款；或授权"通知行/其他行作为被指定银行"，这样可以限制上述指名银行使用信用证。

(3) by 后面填写 deferred payment at 表明到期日的确定方法。

延期付款方式需要一并表示如何确定付款到期日，常见的是提单日后或装运日后若干天延期付款（deferred payment at ×× days after the date of B/L or shipment）和交单后若干天延期付款（deferred payment at ×× days after presentation of documents）。

(4) 一律不需要汇票，所以应在 Against 前面的□空着。

(5) 空着。

(6) 空着。

以指定银行为付款行的延期付款信用证书信体格式见附式7-3。

（四）延期付款信用证的特点

(1) 延期付款信用证为延期（at ×× days to tenor）。

(2) 由指定银行通知信用证。

(3) 受益人交单时，只要"单证相符，单单相符"，由指定银行寄开证行，并通知受益人付款的到期日。

(4) 在到期日前，指定银行根据信用证的偿付指示进行索偿，以保证到期日收到款项。

(5) 如果该指定行为延期付款信用证加具了保兑，到期日时不管是否已从开证行得到索偿资金，都要保证向受益人付款。

（五）延期付款信用证对各方当事人的利弊

(1) 出口商可要求本地银行对延期付款信用证加具保兑，收款就有保障；出口商还可申请出口信贷或将债权卖给银行，立即得到现金。

（2）进口商和开证行在付款前先收到单据并得到货物。

（六）在延期付款信用证中受益人应注意的问题

即期付款信用证中受益人应注意的问题同样适用于延期付款信用证中的受益人。此外，受益人还应注意以下两点：

（1）延期付款信用证下受益人交单在先，银行付款在后，万一出现付款到期时开证行破产等情况，作为没有作出延期付款承诺的被指定银行，它并没有付款义务，完全可以不向受益人付款。因为根据惯例，被指定银行选择对受益人承担延期付款责任的方式就是向受益人明示其同意，仅仅接受单据并不构成必须承担延期付款责任。而此时，受益人已不掌握单据，无法控制货物，因此很可能落得钱货两空的境地。为减少风险，在对开证行资信无把握时，受益人应要求延期付款信用证由出口地的一家银行加具保兑，以获得保兑行在开证行之外对受益人延期付款的独立保证责任。

（2）延期付款信用证不要求远期汇票，也就没有“已承兑汇票”这一融资工具，因此，受益人不能据以贴现汇票融资，受益人只能等到信用证规定的付款到期日方能获得货款，这对受益人相当不利。此时，作为出口商的受益人可通过向银行申请“打包贷款”以解决其资金占压问题。

※（七）有关银行的法律地位

付款信用证（包括即期付款信用证和延期付款信用证）所涉及的银行主要有付款行、开证行和保兑行（如有）。现将三者在付款信用证业务中的法律地位分述如下：

1. 付款行的法律地位

（1）UCP600 规定，除非信用证规定只能由开证行办理，付款信用证均须指定某家银行（即付款行）并授权其在即期付款信用证下付款或延期付款信用证下承担延期付款责任。

（2）除非被指定银行同时又为保兑行，否则，被指定银行有权决定是否付款、承担延期付款责任的自主权。除非被指定银行已明确同意并告知受益人，否则，它收受、审核、转交单据的行为并不意味着它对付款、承担延期付款责任负有责任。

（3）如开证行指定另一银行作为付款行，开证行即授权该银行凭表面与信用证条款相符的单据办理付款。

2. 开证行的法律地位

（1）开证行须按 UCP600 规定对凭表面与信用证条款相符的单据办理付款的付款行、保兑行（如有）给予偿付。

（2）对信用证而言，在其规定的单据全部提交给被指定的付款行或开证行，并符合信用证条款的情况下，便构成开证行对即期付款信用证的“即期付款”或对延期付款信用证所确定的到期日付款的确定承诺。

3. 保兑行的法律地位

如信用证已由另一家银行加具保兑，则当信用证规定的单据交到保兑行或被指定的银行时，在完全符合信用证规定的条件下，便构成保兑行在开证行之外对即期付款信用证的即期付款或对延期付款信用证所确定的到期日付款的确定承诺。另外，对按信用证规定已付款，已承担延期付款责任的付款行，保兑行应给予偿付。

4. 有关付款信用证下上述银行的法律问题，还应注意以下两点：

（1）即期付款信用证下的付款行、开证行和保兑行（如有）并不必须对即期付款信用证"立即付款"。因为，按 UCP600 规定，上述银行收到单据翌日起算有不超过 5 个银行工作日的审单时间，而不是要求上述银行立即对即期付款信用证下提交的单据"见单即付款"。

（2）付款行、开证行和保兑行（如有）在付款信用证下的付款是"终局"的，即对受益人无追索权。

【案例研究】7－4

在 1999 年桑坦德银行诉讼巴黎巴银行（Banco Santander v Banque Paribas）案件中，受益人出具延期付款信用证项下款项让渡书交给桑坦德银行，桑行既是指定延期付款银行也是保兑行，让渡提单日后 180 天付款的单据、金额 2 030 万美元给指定银行请求贴现，桑坦德银行未经仔细考虑做了贴现提前付款，到期日以前发现受益人伪造单据欺诈，法庭发出禁付令，如果桑坦德银行没有贴现，可以拒付，开证行同样可以拒付，但桑坦德银行已经贴现，它以保兑行和指定行双重身份要求开证行偿付，开证行认为没有授权其贴现而拒绝偿付，得到法庭支持，以致桑坦德银行受欺诈，损失 2 030 万美元。（DC Insight 1999 年秋季季刊）。

三、承兑信用证

（一）承兑信用证（Acceptance Credit or Credit available by acceptance）的定义

注明"承兑兑现"（available by acceptance）的信用证称为承兑信用证（Acceptance Credit）。承兑信用证必须要求受益人提供以被指定银行为付款人的远期汇票，不得要求出具以进口人等商号或非银行机构为付款人的汇票。远期汇票期限可定为："见票后××天付款"、"装运日后××天付款"等。因此，承兑信用证属远期信用证。开证行在承兑信用证中通常加列下述保证条款："我行保证对按信用证条款开立之汇票提示时即予承兑，并于到期时付款。"（We hereby engage that drafts drawn in conformity with the terms of this credit will be duly accepted on presentation and honored at maturity.)。

（二）承兑信用证的结算程序

一般而言，承兑信用证结算程序如图 7－4 所示。

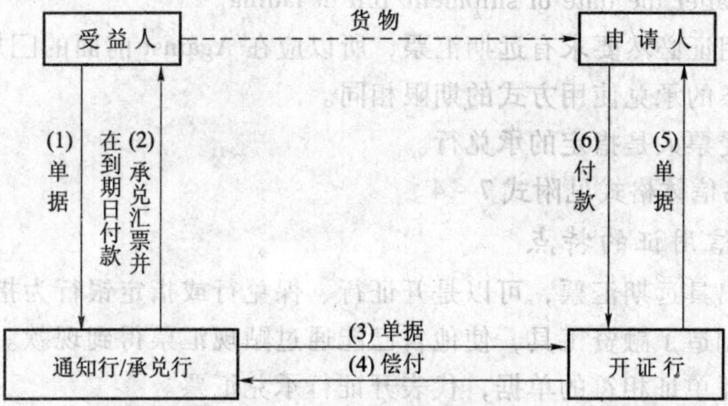

图 7－4 承兑信用证的结算程序

（1）卖方将开立的以承兑行为付款人的信用证规定期限的远期汇票连同其他信用证所要求的单据送交承兑行。

（2）经审核单据与信用证条款相符，承兑行承兑汇票后将汇票退交给卖方，并于汇票付款到期日向卖方或其指定人付款。

（3）承兑行将单据寄送开证行并说明它已承兑汇票。

（4）开证行经审核单据符合信用证要求后，按预先约定的方式在到期日偿付承兑行。

（5）开证行向买方提交单据。

（6）买方按预先约定的方式偿付开证行。

※（三）承兑信用证常用套语

This Credit is to expire on or before (date) at 1. place and is available with 2. issuing bank or advising/other bank (nominated bank) by 3. acceptance of draft (s) at 30 days sight

☒ Against

4. beneficiary's draft (s) at 5. 30 days sight drawn on 6. nominated accepting bank

☒ and the documents detailed herein

上述常用套语表明要点如下：

（1）填写城市名称，是被指定银行的所在城市。

（2）with 后面如果填写“开证行”，则自行承兑和付款；或授权“通知行/其他行作为被指定银行”，这样可以限制上述指名银行使用信用证。

（3）by 后面填写 acceptance of draft (s) at 30 days sight，表明到期日的确定方法。

在此表示到期日是见票后30天。

常见的到期日确定方法或远期期限是：

① ×× days sight 或

② ×× days after the date of shipment/bill of lading。

（4）承兑信用证必然要求有远期汇票，所以应在 Against 前面的□加 X 标记。

（5）与第三条的承兑使用方式的期限相同。

（6）汇票的受票人是指定的承兑行。

承兑信用证书信体格式见附式7－4。

（四）承兑信用证的特点

（1）受益人出具远期汇票，可以是开证行、保兑行或指定银行为指定付款人。

（2）受益人创造了融资工具，使他自已能通过贴现汇票得到现款。

（3）承兑行凭单证相符的单据，代表开证行承兑汇票。

（4）如果承兑行仅仅是通知行，他可以拒绝承兑或付款。但如果是保兑行，就必须承兑和付款，即承担开证行的责任。

（五）承兑信用证对各方当事人的利弊

（1）受益人得到了银行承兑的汇票，就等于银行不可撤销地承担了远期付款的承诺。受益人可将已承兑的汇票贴现，即受益人可以随时将汇票变现，而且几乎是无追索权的。虽然根据票据法规定付款人拒付时应向出票人追索，但承兑信用证项下的汇票付款人（承兑人）是银行，所以银行不会向善意持票人拒付。

（2）开证行和开证申请人在汇票到期时才付款，即可推迟付款。

（3）如果承兑行拒付，开证行不能摆脱责任。这种信用证被称作大陆信用证，是最好的组合方式。它使信用证综合了几种功能：

① 付款工具。

② 是对开证行政治和商业风险的保险。

③ 受益人能得到代替现金的票据。

④ 申请人可以推迟付款。

另外，UCP600 新增内容在强调开证行对承兑信用证下的承兑行、延期付款信用证下的付款行的偿付责任时，明确规定“被指定”意味着授权该承兑行、该延期付款行分别可以预付已承兑但未到期的汇票或先期购买未到期的受益人的单据，即授权被指定银行提前向受益人融资。这一规定增加了开证行对被指定银行的责任，对被指定银行和受益人均有利。

（六）在承兑信用证中受益人应注意的问题

承兑信用证下受益人将符合信用证要求的远期汇票及有关单据向承兑行提交后，便可获得承兑行已承兑的银行承兑汇票，受益人据此获得票据法要求的承兑行到期付款的承诺。因此，对受益人来说，承兑信用证比延期付款信用证安全。另外，受益人获得银行承兑汇票后可将其出售给第三家银行（即被指定承兑行或被指定付款行以外的银行），以提前取得垫款，这项业务称为贴现。第三家银行为购得已承兑汇票，按汇票票面金额扣除至汇票到期日的利息及其他有关费用后，将余额提前垫付给受益人，从而成为汇票正当持票人的业务。通过贴现汇票，受益人可获得融资便利。但应注意，如贴现行或贴现公司到期未能从汇票付款人处取得票款，它享有向受益人索回已垫付款项的权利。

【案例研究】7－5

案情：

一张规定对以开证行为付款人的、在发票日后180天付款的汇票进行承兑的信用证中有下述条款：

"我行已开立上述信用证，该信用证适用于UCP600，但特别指示的规定除外。"

该特别指示如下：

根据本信用证开立的汇票不得在提示时贴现。按买卖双方约定，票款将于到期时在收到付款人付款后汇交。如到期后票款未付，我行不负责任。

试问：对受益人来说，该信用证可否接受？

分析：

不能接受。由于开证行不承担UCP600下其应负之责，该信用证不应被视作信用证。

※（七）有关银行的法律地位

承兑信用证所涉及的银行主要有承兑行、开证行和保兑行（如有）。现将三者在承兑信用证业务中的法律地位分述如下：

1. 承兑行的法律地位

（1）按UCP600规定，除非开证行规定只能由开证行办理，否则，承兑信用证必须指定一承兑行办理承兑汇票事项。除非被指定银行同时又是保兑行，否则，它对是否办理承兑汇票事项有自主决定权。承兑信用证中被指定的承兑行是"available with"后紧跟着的被指定银行，该行通常也是信用证中规定的最迟交单期及信用证有效期的到期地点。

（2）如被指定银行决定承兑汇票，则开证行即授权该行仅凭表面与信用证条款相符单据承兑汇票，并于到期日向受益人或受益人的指定人付款；也可预付已承兑的汇票，提前向受益人融资。

2. 开证行的法律地位

（1）对承兑信用证中被指定的凭表面与信用证条款相符的单据承兑汇票并于到期日付款的承兑行和保兑行（如有），或者承兑行预付了先前已承兑的汇票，开证行都须按 UCP600 规定予以偿付。

（2）对于承兑信用证而言，在其规定的单据全部提交给被指定的承兑行或开证行，并符合信用证条款的情况下，便构成开证行的确定承诺：

① 凡由开证行承兑者——承兑受益人出具的以开证行为付款人的汇票，并于到期日支付票款；或

② 凡由另一受票银行承兑者——如信用证内规定的受票银行对以其为付款人的汇票不予承兑，应由开证行承兑并于到期日支付受益人出具的以开证行为付款人的汇票；或，如受票银行对汇票已承兑，但到期不付款，则开证行应给予支付。

四、议付信用证

（一）议付信用证（Negotiation Credit or Credit available by negotiation）的定义

如果开证行在信用证里邀请一家银行以非付款行的身份买入受益人的汇票，这种信用证就是议付信用证。UCP600 重新明确了议付的定义，即议付是对票据及单据的一种买入行为，并且明确是对受益人的融资——预付或承诺预付，同时也将议付行对受益人的融资纳入了受惯例保护的范围。议付行经开证行授权进行议付买单，确保了议付行在提交相符单据的情形下，可以得到开证行的偿付。需要注意的是，在议付信用证项下，议付行凭单向受益人付款，如果不是议付行的直接过错而使信用证无法得到开证行的正当偿付，议付行有向受益人追索的权利。这也是对议付行正当持票人身份的确认。

值得注意的是，UCP600 对议付信用证的重新定义，承认了有一定争议的远期议付信用证的存在。但不能在议付信用证中要求以议付行为付款人的汇票，受票人只能是开证行本身。开证行通常在议付信用证中加列下述保证条款：“我行同意出票人、背书人及善意持票人在其适时提交符合信用证条款和条件的汇票/单据时即予以付款。”（We hereby agree with the drawers，endorsers and bona fide holders Of Drafts/documents drawn underand in compliance with the terms and conditions Of the Credit that. such Drafts/documents will be duly honoured On due presentation.）

议付信用证又可以分为限制议付信用证和自由议付信用证两类。

1. 限制议付信用证（Restricted Negotiable Credit）

开证行开立信用证时，预先指定出口地的一家或几家银行承办议付买单的业务，受益人应向指定的银行提示单据，这种信用证就是限制议付信用证。开立限制议付信用证是开证行为了将此业务控制在本银行或其代理行系统内，但对受益人不利，有时可能出现提示单据不方便的情况。

2. 自由议付信用证（Public/Free Negotiation Credit）

开证行开立信用证时，授权出口地的任意银行议付买单，受益人可以随意选择，这种信用证为自由议付信用证。

（二）议付信用证的结算程序

一般而言，议付信用证结算程序如图 7-5 所示。

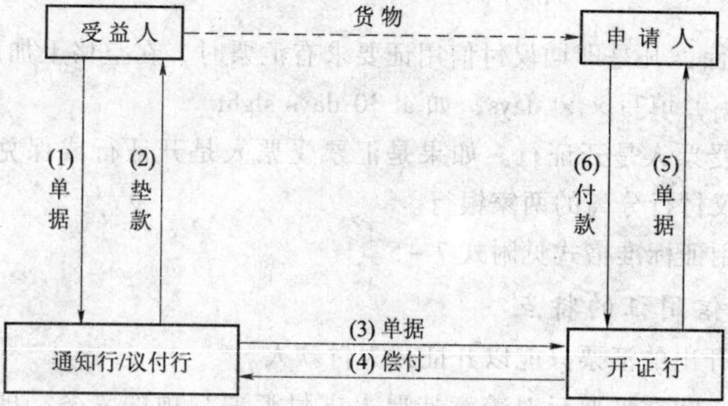

图 7-5　议付信用证结算程序

（1）卖方将汇票及/或单据送交议付行议付；

（2）经审核单据与信用证要求相符，议付行将资金垫付给受益人；

（3）议付行将汇票及/或单据寄交开证行；

（4）经审核单据符合信用证要求，开证行按预先约定的方式偿付议付行；

（5）开证行将单据交买方；

（6）买方按预先约定的方式偿付开证行。

※（三）议付信用证常用套语

This Credit is to expire on or before (date) at 1. place and is available with 2. advising/other bank (nominated bank) by 3. negotiation.

☐ Against

4. beneficiary's draft (s) at 5. ______ sight drawn on 6. issuing bank.

☒ and the documents detailed herein.

上述常用套语表明要点如下：

(1) 填写城市名称，是被指定银行的所在城市。如果是自由议付信用证，则地点栏填写“在出口国家”，如 in China，交单地点范围从城市扩大到国家。

(2) with 后面如果填写授权“通知行/其他行作为被指定银行”，这样可以限制上述指名银行使用信用证。开证行不能自行议付，只能授权其他银行议付，开证行的责任是向提交汇票及/或单据的出票人及/或者善意持票人履行无追索权的付款。如果是自由议付信用证，则 with 后面填写“在出口国家的任何银行”，如 any bank in China。

(3) by 后面填写 negotiation。

(4) 即期议付信用证要求有汇票时，应在 Against 前面的□加 X 标记，也可不要求汇票，则在前面的□不加 X 标记，即凭单据议付。远期议付信用证必需要求汇票，在□加 X 标记。

(5) 在 at 后面，凡是即期议付信用证要求有汇票时，在空格上加虚线，如 at sight；凡是远期议付信用，填写 × × days，如 at 30 days sight.

(6) 汇票的受票人是开证行。如果是汇票受票人是开证行或保兑行，这时的保兑行必须是与指定议付行分离的两家银行。

限制议付信用证标准格式见附式 7 – 5。

(四) 议付信用证的特点

(1) 受益人开出的汇票只能以开证行为付款人。

(2) 开证行承担在见票后对善意持票人支付汇票款项的义务。即单证相符的单据必须寄到开证行并被开证行认为没有不符点时，开证行才付款。换句话说，只有开证行是付款的决定者。

(3) 议付行不承担付款责任。如开证行拒付，有权向受益人追索。

(五) 对各方当事人的利弊

(1) 受益人必须等待开证行的付款，因为议付行的议付是有追索权的。

(2) 开证行和申请人处于最有利的地位，因为在单证相符的单据到达后才付款。

(3) 通知行不承担责任，但如果接受受益人的议付请求，就要代受益人审单。

(六) 受益人在实际业务中应注意的问题

议付信用证在出口业务中应用最为普遍。在出口时，受益人必须要求议付信用证中的议付行由出口地一家或任何银行担当，信用证有效期及最迟交单期也为该议付行所在地收到单据的日期为准。目的是就近议付能较快收回垫款，单据出现问题也可就近洽商解决，同时也使出口商免除了单据邮寄国外银行途中遗失的风险。另外，出口商应向信用证指定的议付行交单议付。

※（七）有关银行的法律地位

议付信用证业务所涉银行主要有议付行、开证行及保兑行（如有）。

1. 议付行的职责

办理议付的银行必须是被指定议付的银行（在自由议付信用证项下，所有银行均被视为被授权议付的银行）；被授权议付的银行对汇票及/或单据给付对价。除议付信用证外，付款信用证、承兑信用证均无被授权办理议付的议付行。因此，有的教材将承兑信用证业务中的寄单行称为议付行是不妥当的。应当指出，当信用证不是议付信用证，或议付信用证下有未被授权办理议付的银行所进行的“局外议付”，或只审单而未给付对价，所有这些“议付”都不符合 UCP600 关于“议付”的严格定义。因此，进行该种“议付”的银行并不能得到 UCP600 对议付行的如下保障：

（1）开证行和保兑行（如有）对凭表面上与信用证条款相符的单据办理议付的银行负有偿付责任。

（2）议付行只需合理谨慎审核单据，以确定单据是否表面上与信用证条款相符。为此，国际商会文件认为，即使受益人提交的单据被证明是伪造的，只要议付行未参与伪造，交单以前也不知情，且议付行已合理谨慎地审核了单据，而单据表面上伪造的痕迹并不明显，以至于虽经合理谨慎审核，单据也未审核出来伪造现象，在此情况下，开证行仍须对议付行予以偿付。但如寄单行不是 UCP600 界定的“议付行”，或受益人直接向开证行交单时，当开证行发现单据是伪造的，则开证行仍可拒付单据。

2. 开证行、保兑行的职责

关于开证行、保兑行对议付信用证的责任，笔者认为还应作以下进一步区分：

（1）按 UCP600 规定，如信用证中指定的议付行是保兑行，则保兑行必须承担议付义务，且无追索权。任何除保兑行以外的议付行也可议付，但有追索权。

（2）对于议付信用证，保兑行与开证行责任惟一不同的是：保兑行的责任是议付，开证行的责任是付款。两银行责任相同之处在于无论是议付还是付款，都不享有追索权。具体讲，无追索权的议付与无追索权的付款的区别主要表现在：保兑行在议付信用证下的无追索权议付责任，使它有权在议付时扣除议付手续费及自议付时至从开证行或偿付行收回款项期间的利息等，而开证行在无追索权地履行议付信用证下的付款义务时，扣除的是付款手续费，不能再扣除议付利息等。

【案例研究】7－6

案情：

有一自由议付信用证。开证行 I 行开立了信用证，通知行 A 行通知了受益人。受益人提交了单据给A行议付。

A行审单后确定单据与信用证条款相符，但受益人不想支付有关“贴现”或“议付”的利息，他愿意等待，直到A行收到全部款项，从而收到票面全额，不愿提早获得扣减利息的净款。A行电传R行索汇要求在信用证项下偿付。在此期间，A行按受益人指示，在最后付款前，一直保留单据。

偿付行收到A行的索汇电传，R行决定根据I行的偿付指示，按要求偿付。

开证行收到A行寄来的单据后，认为：

(1) A行关于/传递文件日期比信用证有效期晚30天。

(2) A行关于/传递文件未能说明A行已议付。

(3) A行关于/传递文件上打印的条款说明是寄单托收。

因此，开证行拒绝付款，理由如下：延期交单，信用证已过期。

请问：开证行拒绝付款，对吗？

分析：不对。

根据国际商会“阐明见解书”指出议付信用证的受益人应该争取获得议付行的议付，如果不能获得议付，并不影响开证行的承诺，也不构成不符合信用证条款。

议付行不议付可能因为 (1) 议付行不愿自己垫款付给受益人。(2) 受益人愿意获得票面全额，不愿提早获得扣减利息的净款，此案例议付行没有议付是第2个原因。只要受益人在信用证有效期和最迟交单期内把相符单据交到议付行即可，议付行审单确定相符，开证行认为单据没有不符点，它提出拒付的理由是“延期交单，信用证已过期”。

这里议付行的问题是它应该在寄单面函上加注：单据是在信用证有效期内交来(The documents presented within the validity date of the credit)。此外议付行寄单稍晚了一些。

这里反映出存在于议付行的问题是延期交单，但这不能作为开证行拒付的理由，此案例议付行没有议付，所以开证行无权声称议付行延期交单而拒绝付款给受益人。

五、四种信用证使用方式综合分析

现将前面四种信用证使用方式的常用套语整理见图7-6和图7-7；将这四种信用证方式的常用套语整理成英文的Synthetic Form，见图7-7。

即期付款、延期付款、承兑、议付四种信用证的比较见表7-1。

此信用证于（××××年××月××日）或以前在（使用银行的地点/国家）到期并

由/指定
- 开证行 / 通知行 / 其他行 以 即期付款 / 延期付款 / 承兑 方式
- 通知行 / 其他行 以议付方式
- 任何银行 以自由议付方式

□ 凭着受益人的汇票见票___天付款以 指定付款行 / 指定承兑行 / 开证行 作为汇票付款人

和

☒ 凭着在这里详述的单据使用

图 7－6 适用于付款/延期付款/承兑/议付信用证的综合格式

The synthetic formapplicable to payment/deferred payment/acceptance/negotiation credit

This credit is to expire onor before date at/in place/country

And is available with
- issuing bank / advising bank / other bank by payment at sight / deferred payment / acceptance
- advising bank / other bank by negotiation
- any bank by free negotiation

against

□ The beneficiary's draft at___ sight draw on nominated paying bank / nominated accepting bank / issuing bank

and

☒ the documents detailed herein

图 7－7 适用于付款/延期付款/承兑/议付信用证的综合格式常用套语整理成英文的 Synthetic Form

表 7－1　四种信用证比较

条件＼种类	即期付款 L/C	延期付款 L/C	承兑 L/C	议付 L/C
汇票	需要或不需要	不需要	需要	即期的需要或不需要、远期需要
汇票期限	即期		远期	即期或远期
受票人	付款行		承兑行	开证行
限制或自由使用	限制	限制	限制	限制/如果是自由议付 L/C，则自由
付款给受益人时间	即期付款	延期付款	远期付款	即期支付净款扣减垫款利息
起算日		装运日、交单日或其他	承兑日	
非保兑行的指定银行对受益人有无追索权	无	无	无	有
使用信用证的银行	开证行、通知行或其他行	开证行、通知行或其他行	开证行、通知行或其他行	通知行或其他行/如果是自由议付 L/C，被选择愿意议付的任何银行

第三节　可转让信用证与背对背信用证

可转让信用证与背对背信用证均适用于有中间商的贸易结算。

一、可转让信用证

（一）可转让信用证（Irrevocable Transferable Documentary Credit）的定义

可转让信用证是指信用证的受益人（第一受益人）可以请求授权付款、承担延期付款责任、承兑或议付的银行（转让行），或如果是自由议付信用证时可以是信用证特别授权的转让行，将信用证全部或部分金额转让给一个或数个受益人（第二受益人）使用的信用证。

买方（进口商）从中间商那里进口货物，而中间商（第一受益人）并不是货物的制造商或是实际供货人，他要从国内或国外的一个或几个实际供货人（第二受益人）那里先买进货物，然后才能向国外的进口商交货。但这会挤占中间商的资金和货物库存，因此，中间商寻求一种不增加自身资金负担的购货融资方式，采用开立可转让信用证以中间商为受益人，再由中间商向实际供货人提供信用证的付款保证，来完成一笔向中间商购货的交易。而且，采用可转让信用证，中间商能够把转售货物得来的货款中的大部分转让给实际供货人，货款中的另一部分就是他的利润，中间商通过这笔交易获取差价利润，又不会让实际供货人和进口商直接拉上关系。

开证行开立可转让信用证是根据开证申请人的指示，开证申请人开立这种信用证是因为他同意另一个供货人向他供货。因为他不认识实际供货人，所以需要依靠他原来的贸易伙伴作为供货渠道。可转让信用证的结算程序如图 7-8 所示。

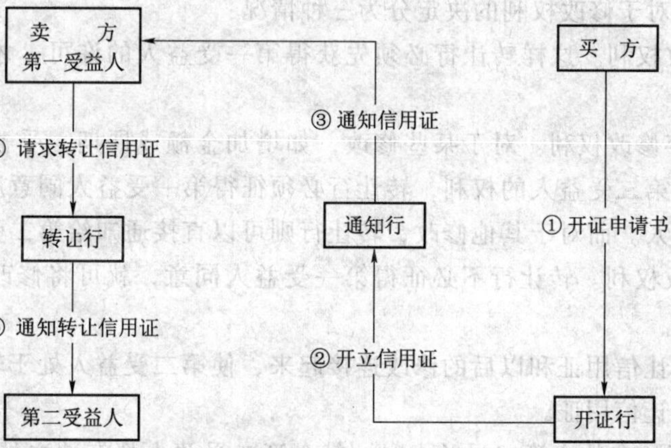

图 7-8 可转让信用证的结算程序

（二）可转让信用证的规则

（1）可转让信用证的名称是 Irrevocable Transferable Documentary Credit，不能使用诸如 Divisible、Fractionable、Assignable 和 Transmissible 等措辞，因为这些措辞都不能使信用证成为可转让信用证，如果使用了，则不予理会，因此，只有注明 Transferable 时，该证始可转让。

（2）可转让信用证只能转让一次，即第二受益人不能将信用证转让给其后的第三受益人，但是第二受益人将信用证转回给第一受益人是可以的。

信用证的再转让（Retransfer of Credit）是指原先第二受益人在信用证尚未到期之前，保留未用金额，被第一受益人利用该部分金额再转让给新的第二受益人，这是允许的，只要原始信用证未过期。但是转让行应从原先第二受益人那里获得确认“他没有使用并且也不打算使用该可转让信用证的金额”，还应要求他退回转让信用证的正本通知书。

(3) 可转让信用证能否分割转让给几个第二受益人，应视信用证是否允许分批装运。如果是不允许分批装运（Partial shipments not allowed），那么只能转让给一个第二受益人，且该第二受益人也只能一次办理全部装运。如果是允许分批装运（Partial shipments allowed），则可以分割给数个第二受益人，且每个第二受益人仍然可以办理分批装运。

(4) 可转让信用证在转出之前，第一受益人要向转让行明确，是否保留“允许转让行将所转让的信用证项下未来的修改书通知第二受益人的权利”，并且转让行在向第二受益人转让信用证时要将第一受益人对于修改权利的决定同时告知第二受益人。

第一受益人对于修改权利的决定分为三种情况：

① 保留修改权利。这样转让行必须先获得第一受益人的许可，才可以将修改书通知给第二受益人。

② 部分放弃修改权利。对于某些修改，如增加金额或展期，受益人不给转让行直接通知修改书给第二受益人的权利，转让行必须征得第一受益人同意后才可以将修改书通知给第二受益人。而对于其他修改，转让行则可以直接通知给第二受益人。

③ 放弃修改权利。转让行不必征得第一受益人同意，就可将修改书通知给第二受益人。

这样将可转让信用证和以后的修改连接起来，使第二受益人处于较好的境地去决定他是否使用可转让信用证。

(5) 信用证如有数个第二受益人时，每个第二受益人都有独立处理修改书的权利，即一个或几个第二受益人拒绝接受信用证修改，并不影响其他第二受益人接受修改，对于拒绝接受修改的第二受益人而言，该信用证视作未被修改。这样，对于每个第二受益人交来的单据，银行审单的标准也就不一致，给银行添了麻烦。如果开证行不愿采用第二受益人独立处理修改权，它应在信用证内清楚说明修改用什么方式处理。

(6) 信用证只能按原证规定的条款转让，但转让时可以改变信用证的以下内容：

① 减少信用证的金额。

② 减少单价。

③ 提前信用证到期日和交单日，即提前有效期和装运期。

④ 缩短最迟交单日，一般要求提单日后几天必须交单。

⑤ 增加保险单投保比例。

⑥ 用第一受益人名称替代原申请人名称。

在新证中，原证条款原则上不能改变，而信用证金额与货物单价一般比原证低，这样中间商可以赚取利润；新证的装运期和有效期通常比原证提前，交单期也要缩短，这样在第二受益人交单后，第一受益人有足够的时间替换发票，保证不超过原证规定的时间；新证的投保加成比例高于原证，这样才能使保险单的保险金额达到原证的规定，以保证收货人的利益不受损失。

(7) 第一受益人可以用自己的发票（和汇票）去替换第二受益人的发票（和汇票），并在信用证下支取其发票与第二受益人发票之间的差额；此时，一般要求海运提单或保险单上不显示第二受益人的名称，表面上仍以第一受益人为发货人，从而实际买方无法知道实际供货人的身份；如果第一受益人未能在首次要求时予以调换，则转让行有权将第二受益人的单据直接寄给开证行，并不再对第一受益人负责。另外，在UCP600中明确了第二受益人的交单必须经过转让行，这是可转让信用证最大的变化。此条款主要是为了避免第二受益人绕过第一受益人直接交单给开证行，损害第一受益人的利益；同时，这条规定也与其他关于转让行操作的规定相匹配。

(8) 除非信用证作了明确规定，否则第一受益人可以请求将信用证的有效地点改在第二受益人所在地，并在那里对第二受益人履行付款或议付。

【案例研究】7－7

案情：

I行开立了可转让信用证，通过A行通知给了受益人。根据第一受益人的指示，A行把信用证转让给了第二受益人X，可转让信用证有效期比原始信用证有效期短了一个月。

收到可转让信用证后，第二受益人与第一受益人商讨，双方未获满意，第二受益人对于可转让信用证未用而过期了。

于是第一受益人要求转让行把过期的转让信用证相应金额复活到原信用证上。由于原始信用证还有一个月的有效期，第一受益人还要求A行把复活的金额转让给新的第二受益人Y。

A行不接受第一受益人发出的受益于第二受益人Y的转让指示。因为A行认为那将构成再次转让信用证。此外A行没有收到第二受益人X的任何通知，说明他未装运或不再使用可转让信用证以及他同意撤销转让。

问：(1) 把仍然有效的、未用的、已被转让的信用证余额，或者把过期的、未用的、已被转让的信用证余额复活到原始信用证上，是否可以？

(2) 转让行有义务接受第一受益人发出的新的指示，即再一次转让给第二受益人 Y 吗？

(3) 转让行有必要从第二受益人 X 那里获得明确的证明，表明他们没有使用或将不使用可转让信用证项下的可用金额吗？

(4) 转让行要求把转让信用证的正本通知书退回是必要的吗？

(5) 在第二受益人未明确表示时，转让行能够接受第一受益人单方面的指示，把信用证未用余额复活到原始信用证上吗？

(6) 如果转让行接受第一受益人的指示，把转让信用证的未用余额复活到原始信用证上，第一受益人能够要求转让行转让原始信用证上的可用余额给另外的第二受益人 Y 吗？

分析：

(1) 可以。可转让信用证只能转让一次，第二受益人不能要求将信用证转让给其后的第三受益人。但在本案例里，是再次转让给第一受益人而非第三受益人，因此，不属于禁止转让的范围。

(2) 转让行没有义务接受这样的指示。UCP600 明确说明，除非转让行明确同意其转让范围和转让方式，否则，它无义务办理转让。

(3) 转让行应该从第二受益人那里获得书面指示，即他们同意撤销未用的转让信用证。

(4) 转让行有必要要求退回正本未到期和未使用的信用证。

(5) 不能。

(6) 可以。只要是在原始信用证的条款和条件下，且按照 UCP600 规定办理新的转让。

该案例的核心问题在于第一受益人是否可以再转让信用证的一部分给新的第二受益人 Y，该部分是原始信用证尚未到期和第二受益人 X 没有使用的金额，而转让行没有接到该第二受益人 X 不使用信用证的通知。

如果信用证中被转让的部分已过期但未使用，只要原始信用证未过期，第一受益人可以要求转让行转让未使用部分给新的第二受益人 Y。然而转让行应从原先第二受益人 X 那里获得明确的确认：他没有使用或将不使用转让信用证项下的可用余额，并且转让行要求他退回转让信用证的正本通知书。

此案例评述如图 7-9：

1. 对于第（5）步骤再转让给第一受益人，不属于被禁止转让范畴。

2. 对于第（4）步骤，谨慎的做法是转让行从第二受益人 X 那里获得书面指示，

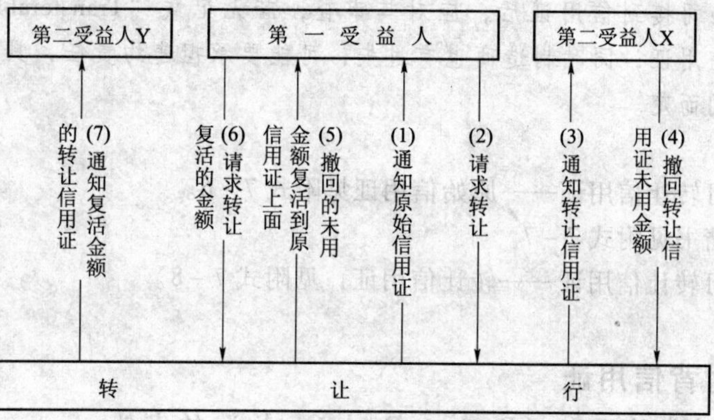

图 7-9 【案例研究】7-7 评述

表示同意撤回未用金额。

3. 对于第（4）步骤，另一种谨慎的做法是转让行要求退回含有未用金额的转让信用证正本。

4. 对于第（6）步骤，允许第一受益人要求转让行把复活的未用金额转让给新的第二受益人 Y。

5. 对于第（6）步骤，复活金额再转让时，必须：a. 第二受益人 X 明确同意撤回；b. 原始信用证未过期；c. 确是未用金额。

【案例研究】7-8

案情：

中国某出口公司与国外某进口公司签订一笔货物买卖合同，约定将国内制造商生产的产品卖给进口公司，并约定以信用证付款。当出口公司接到国外进口商开来的并无记载“Transferable”字样的信用证后，将其作为购买国内制造商产品的付款方式交付给制造商使用。但国内制造商并未对该信用证提出异议。后因货物价格上涨，约定的交货期限已过，国内制造商才以出口公司所交付的信用证未记载“Transferable”字样，是不可转让信用证，不能作为出口结汇使用，拒绝交货。但出口公司认为，在交货期限之前，早已把信用证交付给制造商，制造商对该信用证并未提出异议，现在又未按约定交货，属于违约行为，应承担赔偿责任。

分析：

依据 UCP600 规定，可转让信用证必须注明“Transferable”字样，否则信用证为不可转让。在本案中，出口公司有过失，即将不可转让信用证转交给制造商，导致其无法使用，但出口公司接到信用证后，应对其审查，若无记载“Transferable”字样，则应立即要求修改信用证；同时制造商也有过失，可能要承担违约责任，具体则视其与出口公司签订的合同而定。

不可撤销可转让信用证——原始信用证见附式7－6。

可转让申请书见附式7－7。

不可撤销可转让信用证——转让信用证，见附式7－8。

二、背对背信用证

（一）背对背信用证（Back-to-Back Credit）的定义

普通信用证的受益人不能把该证转让出去，可转让信用证不能满足受益人的商业要求，因为进口商和实际供货人的销售和购买协议条款可能有重大差异，可转让信用证允许更改的条款又不能充分满足差异的需要，最终买方和卖方都不愿接受可转让信用证附带的风险。作为中间商的受益人自己不能供货，需要从实际供货人那里购买货物和付款给实际供货人，他将国外开来受益于他的原始信用证，又称为主要信用证或主证，作为担保品，请求银行依据原始信用证条款，开出以实际供货人为受益人（第二受益人）的信用证，称为背对背信用证，又称为第二信用证或子证。凭此信用证由第二受益人发货、制单索款。

开至国外供货人的背对背信用证就是一般的背对背信用证，开至国内供货人的背对背信用证就是本地信用证。背对背信用证的业务程序见图7－10所示：

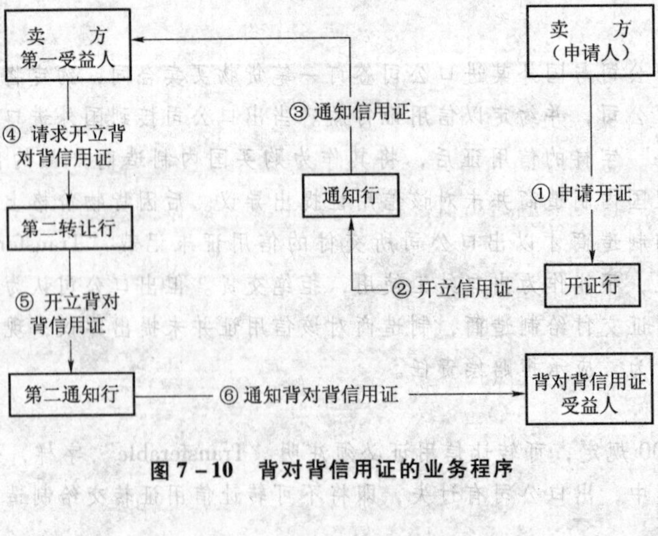

图7－10　背对背信用证的业务程序

（二）背对背信用证的规则

（1）背对背信用证金额不可大于原始信用证金额，两者之差就是中间商的利润。

（2）虽然子证是以主证为担保开立的，但两份信用证是完全独立的，每个开证行都承担本行作为开证行的责任。这也意味着中间商有义务向背对背信用证的开证行付款，不管他是否从原始信用证那里获得付款。

（3）原始信用证项下的单据可以部分地采用背对背信用证下提交的单据，但背对背信用证项下的可变动条款范围要比可转让信用证规定的可变动范围大得多。

（4）应以背对背信用证申请人（即中间商）作为提单发货人和保险单的被保险人。

（5）原信用证禁止分批装运，背对背信用证也应禁止分批装运。

（三）背对背信用证和可转让信用证的比较

背对背信用证与可转让信用证虽可同样达到转让信用证项下履行权利的目的，但两者仍存有以下区别：

（1）可转让信用证允许将开给出口商（第一受益人）的信用证转让给作为第二受益人的供货商，并允许其利用该信用证，所以可转让信用证其存在的条款和条件（允许更改的除外）均来自原始信用证；而背对背信用证和原始信用证是两个完整、独立的信用证，这两个信用证的开证行各自承担独立的付款责任。

（2）可转让信用证的转让要以开证申请人及开证行的明确指示为前提，开证行同意并在信用证上加列"Transferable"字样，才可开出可转让信用证。而背对背信用证的开立则是根据受益人的申请，与原证申请人及开证行无关。

（3）可转让信用证的第二受益人与原受益人一样，可以得到开证行的付款保证，而背对背信用证的受益人得不到原始信用证开证行的付款保证，它仅得到背对背信用证开证行的付款保证。

（4）转让行按照第一受益人的指示开立变更条款的可转让信用证，通知第二受益人，该转让行地位不变，仍是转让行。而可开立背对背信用证的银行就是该证的开证行，因此，背对背信用证的开证行要比转让行承担更大的责任和风险。

开立背对背信用证的原始信用证（即主证）见附式 7－9。

开立背对背信用证的申请书见附式 7－10。

背对背不可撤销信用证见附式 7－11。

三、款项让渡

不可转让信用证是指在信用证中未注明"Transferable"字样的，但该信用证项下，受益人仍有权将获得的款项让渡给他人的权利。它只涉及信用证款项的让渡，而不涉及在信用证项下履约权利的让渡。这说明：不管信用证是否可转让都可以办理款项让渡。

“款项让渡”是指无论何种信用证，其受益人都有权将从信用证获得的款项让渡给他人。但它仅仅涉及款项的转让，不涉及信用证的权利行使，也与原证的申请人无关。

产生“款项让渡”的原因通常包括以下的情况：

（1）作为融资担保。银行（包括指定银行和非指定银行）在向受益人提供出口融资时，可要求受益人将信用证下应从开证行处获得的款项让渡给本行，以获得一定的还款保证。

（2）当作为信用证受益人的中间商无法从买方获得可转让信用证，也无法开出背对背信用证时，可通过款项让渡向实际供货商提供付款保证。当然这种保证比可转让信用证和背对背信用证弱很多，对实际供货商来说风险较大，但比纯粹的赊销风险要低。

“款项让渡”也需要办理一定的手续，目前普遍的做法是：当中间商即款项让渡人欲将信用证款项让渡给他人时，应在信用证指定银行办理“款项让渡”手续。银行接受让渡人的申请后，应给予书面确认。让渡人将银行的确认副本转交给受让人（实际供货人）留存。等供货商将货物出运后，向办理“款项让渡”的银行提供信用证规定的有关单据和货物已出运的证明材料，银行则直接将款项拨付给受让人。

从“款项让渡”操作过程看，供货商只要持有银行接受办理“款项让渡”的确认，便可放心地出运货物。但实际上，“款项让渡”的做法对供货商存在一定的风险。

（1）若供货商按信用证规定出运货物，但让渡人缮制的单据与信用证不符，可能会导致“款项让渡”落空。因此，尽管供货符合要求，但同样也得不到款项。

（2）如果是自由议付信用证，让渡人交单时，不将单据交给原来办理“款项让渡”的银行，而是交给另一家银行办理议付。这样，中间商取得了货款，供货商却有可能失去让渡的款项。

（3）让渡人有可能将信用证下的货物售予非信用证的另一买方，自行收款，导致供货商的货款损失。

可见，虽然 UCP600 为“款项让渡”设置专门的规定，但银行并不能保证供货商能够获得货款的让渡。因此，供货商在接受这种付款方法之前应慎重考虑。

第四节 其他种类信用证

一、预支信用证

预支信用证（Anticipatory Credit）是指在信用证内加列特别条款授权保兑行或其指定行在交单前向受益人预先垫款的信用证。该项条款是根据申请人的特别要求而列入的，该条款最初是用红墨水书写以引起人们的注意，所以又称为红条款信用证（Red Clause Credit）。

若申请人同意全部信用证金额，则于申请开证时即把全部预支款项交给开证行，开证行在信用证中加列预支条款，授权代付行（或议付行）凭受益人提交的光票或收据以及保证书（保证在信用证有效期内发货、提交相关单据），将全部信用证金额扣除利息后预支给受益人，并收回信用证正本，同时在信用证背面注明预付金额。预支款项在以后交单付款中扣除，并按程序向开证行索偿。若受益人违约，代付行向开证行索偿本息。在这种信用证下，银行和进口商将承担极大风险，因此其使用范围较小。预支信用证使用的实例如下：

英国进口商从澳大利亚进口羊毛，为使澳大利亚羊毛出口商能通过澳大利亚当地银行以无质押或以临时性单据的担保方式预先获得向实际供货商支付的资金，英国进口商可要求开证行通过澳大利亚当地银行向澳大利亚出口商开出红条款信用证。当出口商将羊毛装运出口并提交了与信用证条款相符的单据时，澳大利亚当地银行将从付给出口商的款项中扣除预先垫款的本息。如到时出口商不能将羊毛装运出口以至于不能向澳银行交单归还预先垫款，此时，澳银行有权向开证行追索预先的垫款本息，开证行同样有权向进口商追索此款。这样，红条款信用证把偿还预付款项的责任落在开证申请人身上，如到时受益人不能提交信用证所要求的单据，申请人应负责偿还预付款项，并负担由此对开证行、保兑行（如有）及其他被指定银行造成的包括利息等在内的费用。

二、对开信用证

对开信用证（Reciprocal Credit）是使用于易货交易的一种结算方式。由于双方顾虑对方只使用权利而不履行义务，于是采用相互开立信用证的办法，把出口和进口联结起来。第一张信用证的受益人就是第二张信用证（亦称回头证）的申请人，第一张信用证的通知行就是回头证的开证行。两张信用证可以同时互开，也可以分别开立，但需要说明两张信用证的生效时间。

对开信用证在来料加工、补偿贸易方面运用比较多。

为保证两张信用证能够同时生效，第一张信用证中一般加列约束性支付条款，即先开信用证的开证申请人要求开证行在信用证中加注在信用证的有效期内议付受益人单据的前提条件，如果不符合这个条件，该信用证就不生效，即使受益人交来的单据完全符合信用证的规定，银行也没有权利和义务付款。该条款强调，回头证的受益人必须接到信用证，两证才同时生效，这对先开信用证的一方非常重要。

三、循环信用证

循环信用证（Revolving Credit）是指全部或部分金额被使用后，能够重新恢复原来的金额再次使用或多次使用，直到规定的循环次数或规定的金额使用完为止的一种信用证。循环信用证适用于有长期贸易关系以及有信用证中所描述货物的装运经验的买方和卖方之间，通常不需要特别修改，使用金额就可以恢复，这样，不仅可以节省银行费用，而且还节省了每一次修改保存记录以及检查装运的修改所发生的成本。这样循环安排，信用证一直保持有效，可以循环装运及/或提示单据，并且无需特别修改。

循环信用证分为两种，一种是按时间循环使用的信用证，另一种是按金额循环使用的信用证。不论是按时间循环还是按金额循环，凡是上次未用完的信用证余额，可以移到下一次一并使用的称为累积循环信用证（Cumulative Revolving Credit）。凡是上次未用完的信用证余额，不能移到下一次一并使用的称为非累积循环信用证（Non-Cumulative Revolving Credit）。当信用证未表明是否累积时，则是不可累积的。

按时间循环的信用证是指受益人在一定时间内可支取信用证规定的金额，信用证全部或部分被利用后，信用证又立即恢复到原金额，受益人可再次利用。循环时间一般可按月或季循环，如信用证规定半年内每月可支取 USD1 万，在每月的第一天自动恢复，总金额不超过 USD6 万。在这种情况下，进口商可申请开立下列循环信用证：This is a monthly revolving credit which available for up to the amount of USD10 000 per month and the full amount will be automatically renewed on the 1st day of each succeeding calendar month. Our maximum liability under this revolving credit does not exceed USD60 000 being the aggregate value of 6 months. 按时间循环的信用证依其上期未用完金额是否可转入下期使用，可分为累积和非累积信用证。

注意在国际贸易中，循环信用证的使用通常是在信用证规定的期限内出运货物，如果不能保证每次正好支取规定的金额，那么下次能否补交货物且补款也在下一次支取，取决于该信用证是否为累积的循环信用证。如果不是累积的循环信用证，因故未能出运的部分货物以及以后各期货物，未经开证行修改信用证，则不能出运。UCP600 就“分期支款或分期装运”有严格规定，“若信用证规定在指定的日期内分期支款及/或分期装运，但任何一期未按期支款及/或装运时，信用证对该期及以后各期均告失效。”

【案例研究】7－9

案情：

中国某出口公司与外商成交一批货物，共 15 000 套，装 1 500 箱，贸易条件为 CIF，采用信用证方式结汇，并订明可分批装运，每批500箱，分别于7、8、9月装运。出口公司于7月份装运了500箱，顺利结汇。第二批如期装运，但数量为480箱，当出口公司向银行结汇时遭拒付。于是该出口公司以电讯方式要求买方接受480箱，但买方迟迟未答复。此时第三批亟待装运。在未获得买方对第二批货物是否接受的情况下，出口公司将第三批货物按期如数装运，到第三批货物的单据又遭银行拒付。

分析：

依据 UCP600 的规定，银行的两次拒付都有理，因为它没有说明是累积循环信用证；第二、三批货款只能改为托收方式；贸易合同应增加每批溢短装条款。

按金额循环的信用证是指在一个规定的总有效期内，信用证被使用后即可按规定恢复到原先的金额，直到用足规定的总金额或循环规定的总次数为止。按金额循环的信用证规定支款总额或可循环使用的总次数的目的是，对受益人发货进行一定程度的控制，否则会使进口商和银行承担难以预测的责任。

当用完信用证规定的每期金额再恢复到原金额循环使用时，其具体的恢复方式有以下三种：

(1) 自动恢复循环，即每期金额用完后不必等待开证行的通知，即可自动恢复到原金额使用。如自动循环的条款：This credit shall be renewable automatically twice for a period of one month each for an amount of USD20 000 for each period making a total of USD60 000.（本证将再自动循环两次，每月一次，每次金额 USD20 000，总金额为 USD60 000。）

(2) 非自动恢复循环，即每期金额用完必须等待开证行通知到达后，信用证才能恢复到原金额使用。如非自动循环条款：The amount shall be renewed after each negotiation only upon receipt of issuing bank's notice stating that the credit might be renewed.（本证金额须在每次议付后，收到开证行声明本证可恢复的通知后方可恢复。）

(3) 半自动恢复循环，即每期金额议付后，如果在一定时间内开证行并未发出停止循环使用的通知，则在信用证可以从下一期开始自动恢复到初始水平。如半自动恢复循环条款：**Should negotiating bank not be advised of stopping renewal within 15 days, the unused balance of this credit shall be increased to the original amount on the 16th day after each negotiation.**（议付行的每次议付，受益人在15天内如未被通知终止循环，则该信用证金额从第16天开始可增至原金额循环使用。）

附式 7－1 直接以开证行为付款行的即期付款信用证标准格式

Straight Documentary Credit

Name of Issuing Bank: The French Issuing Bank 38 rue Francois ler 75008 Paris ,France	**Irrevocable Documentary Credit** **Number** 12345
Place and Date of Issue: Paris,1 January,2004	**Expiry Date and Place for Presentation of Documentary** Expiry Date: May 29,2004 Place for Presentation: The French Issuing Bank, Paris ,France
Applicant: The French Importer Co, 89 rue du Commerce Paris ,France	
Advising Bank: Reference No. The American Advising Bank, 456 Commerce Avenue, Tampa, Florida	**Beneficiary:** The American Exporter Co. Inc 17 Main Street, Tampa, Florida
	Amount: US$100.000 one hundred thousand US Dollars
Partial shipments ☒ allowed ☐ not allowed Transshipment ☒ allowed ☐ not allowed ☐ Insurance covered by buyers	**Credit available with** ☒ by payment at sight ☐ by deferred payment at: ☐ by acceptance of drafts at: ☐ by negotiation
Shipment as defined in UCP 600 From: Tampa, Florida For transportation to: Paris, France Not later than: May 15,2004	**Against the documents detailed herein:** ☒ And Beneficiary's draft(s) draw on The French Issuing Bank Paris, France

Commercial Invoice, one original and 3 copies

Multimodal Transport Document issued to the order of the French Importer Co. marked freight prepaid and notify XYZ Custom house Broker Inc.

Insurance Certificate covering the Institute Cargo Clauses and Institute War and Strike Clauses for 110% of invoice value endorsed to The French Importer Co,

Certificate of origin evidencing goods to be of U.S.A. origin

Packing List

Covering: Machinery and spare parts as per-forma invoice number 657 dated December 17,200×

Documents to be presented within 14 days after the date of shipment but within the validity of the Credit

We have issued the Irrevocable Documentary Credit in your favor. It is subjected to the Uniform Customs and Practice for Documentary Credits (2007 Revision .Publication No.600 of the International Chamber of Commerce. Paris. France) and engages us in accordance with the terms thereof. The number and the date of the credit and the name of our bank must be quoted on all drafts required if the credit is available by negotiation; each presentation must be noted on the reverse side of this advice by the bank where the credit is available.

☒ without adding your confirmation ☐ adding your confirmation ☐ adding your confirmation if requested by the Beneficiary

Bank-to-Bank instructions

This document consists of signed 2 page (s)   The French Issuing Bank

附式 7-2　直接以指定银行为付款行的即期付款信用证书信体格式

Credit available by payment at sight with the nominated paying bank

Name of Issuing Bank

Credit Lyonnais

To: ABC Company, Tianjin, China.

Place and date of issue

Paris, 25 Nov. 2003

This Credit is advised through Bank of Asia Tianjin

Dear Sir,

At the request and on the instructions of (name and address of the applicant), we hereby issue an Irrevocable Documentary Credit No. ING58510 for USD43.000 (say US dollars forty three thousand only) to expire on or before 20 Feb. 2004 at Tianjin available with Bank of Asia, Tianjin by payment at sight.

☐ against beneficiary's draft at____drawn on____

☒ and the documents detailed herein marked with "×"

☒ Commercial Invoice in centuplicate

☒ Full set 4/4 original clean on board marine bills of lading made out to order and endorsed in bank marked freight prepaid notifying(applicant)

☒ Certificate of Origin in duplicate

Evidencing shipment of (description of goods)

from China port to Calais not later than 5 Feb. 2004

partial shipments allowed

Transshipment allowed

Documents to be presented within 15 days after the date of shipment of the transport document(s) but within the validity of the credit.

We hereby engage that payment will be duly made against documents presented in conformity with the terms and conditions with the credit.

Instructions to the advising bank:

Please advise the credit to the beneficiary without adding your conformation. Reimbursement:

When utilized kindly advise us of your payment and charges by tested telex stating documents complied with and we will cover your account with us value 3 working days after receipt of your telex at our counter.

This credit is subject to UCP600.

Yours faithfully,

Credit Lyonnais, Paris

Signature (s)

附式 7-3 以指定银行为付款行的延期付款信用证

Credit available by deferred payment

Name of Issuing Bank

Banque Nation de Paris

To: China Foodstuffs Imp. & Exp

Corp. Tianjin Branch, Tianjin

Place and date of issue

Marseille, 28 Feb. 2003

This Credit is advised through

Bank of Asia Tianjin

Dear Sir,

At the request and on the instructions of (name and address of the applicant), we hereby issue an Irrevocable Documentary Credit No. C16921 for about USD43.000 (say US dollars forty three thousand only) to expire on or before 15 Dec. 2004 at Tianjin available with Bank of Asia, Tianjin by deferred payment at 60 days after date of presentation of documents.

☐ against beneficiary's draft at ____ drawn on ____

☒ and the documents detailed herein marked with " × "

☒ Commercial Invoice in quadruplicate referring to contract No. SD066

☒ Full set 2/2 original clean on board marine bills of lading made out to order BNP Marseille marked freight prepaid notifying (applicant)

☒ Packing list in quadruplicate

☒ Certificate of Origin GSP Form A in duplicate

☒ Insurance policy or certificate covering all risks and war risks at 110% of invoice value

☒ Inspection certificate of quality issued by Tianjin Imp. Commodity Inspection Bureau

Evidencing shipment of (description of goods)

From China port to Marseille not later than 30 Nov. 2004

Partial shipments not allowed

Transshipment allowed

Documents to be presented within 15 days after the date of transport document (s) but within the validity of the credit.

We hereby engage that if all the documents presented to this office strictly comply with the terms and conditions of the credit, payment will be made by us at maturity i. e. 60 days after date of presentation of documents to the advising bank.

Instructions to the advising bank:

Please advise the credit to the beneficiary without adding your conformation. Reimbursement:

At maturity as specified on your BP schedule, we shall credit your Head Office US dollars account with us under our telex advice to you.

This credit is subject to UCP600.

Yours faithfully,

Banque Nation de Paris, Marseille

Signature (s)

附式 7-4 承兑信用证书信体格式

Credit available by acceptance

Name of Issuing Bank
Dresdner Bank
To: DEF Company, Tianjin
China

Place and date of issue
Hamburg, 15 Apr. 2004
This Credit is advised through
Bank of Asia, Tianjin

Dear Sir,

At the request and on the instructions of (name and address of the applicant), we hereby issue an Irrevocable Documentary Credit No. HO6MO2000 for USD43. 000 (say US dollars forty three thousand only) to expire on or before 31 May, 2004 at Hamburg available with Dresdner Bank, Hamburg by acceptance.

☒ against beneficiary's draft at 90 days at sight drawn on us

☒ and the documents detailed herein marked with " × "

☒ Commercial Invoice in quadruplicate

☒ Full set 3/3 original clean on board marine bills of lading made out to order and endorsed in blank marked freight prepaid notifying (applicant)

☒ Packing list in triplicate

☒ Certificate of Origin in duplicate

☒ Insurance policy or certificate covering all risks and war risks CIF value plus 10%

Evidencing shipment of (description of goods)

From China port to Hamburg not later than 16 May, 2004

Partial shipments not allowed

Transshipment not allowed

Documents to be presented within 15 days after the date of transport document (s) but within the validity of the credit.

We hereby engage that drafts drawn in conformity with the terms and conditions of the credit will be duly accepted on presentation and duly honored at maturity.

Instructions to the advising bank:

Please advise the credit to the beneficiary without adding your conformation.

The number and the date of the credit and the name of our bank must be quoted on all drafts required.

Reimbursement:

We shall advise you of the date of acceptance and maturity and hold draft (s) for you till maturity. The proceeds will be credited to your Head Office US dollars account with us at maturity under our telex advice to you.

This credit is subject to UCP600.

Yours faithfully,
Hamburg Dresdner Bank, Hamburg
Signature (s)

附式 7－5　限制议付信用证标准格式

Irrevocable Negotiation Documentary Credit

Name of Issuing Bank: The French Issuing Bank 38 rue Francois ler 75008 Paris ,France	**Irrevocable Documentary Credit**　　**Number** 12345
Place and Date of Issue: Paris,1 January,2004	**Expiry Date and Place for Presentation of Documentary** Expiry Date: May 29,2004 Place for Presentation: The American Advising Bank, Tampa
Applicant: The French Importer Co, 89 rue du Commerce Paris ,France	
Advising Bank:　　Reference No. The American Advising Bank, 456 Commerce Avenue, Tampa, Florida	**Beneficiary:** The American Exporter Co. Inc 17 Main Street, Tampa, Florida **Amount:** US$100.000　one hundred thousand US Dollars
Partial shipments ☒ allowed ☐ not allowed Transshipment ☒ allowed ☐ not allowed ☐ Insurance covered by buyers	**Credit available with** ☐ by payment at sight ☐ by deferred payment at: ☐ by acceptance of drafts at: ☒ by negotiation
Shipment as defined in UCP 600 From: Tampa, Florida For transportation to: Paris, France Not later than: May 15,200×	**Against the documents detailed herein:** ☒ And Beneficiary's draft(s) draw on The French Issuing Bank Paris, France

Commercial Invoice, one original and 3 copies

Multimodal Transport Document issued to the order of the French Importer Co. marked freight prepaid and notify XYZ Custom House Broker Inc.

Insurance Certificate covering the Institute Cargo Clauses and Institute War and Strike Clauses for 110% of invoice value endorsed to The French Importer Co,

Certificate of origin evidencing goods to be of U.S.A. origin

Packing List

Covering: Machinery and spare parts as per-forma invoice number 657 dated December 17,200×-CIP INCOTERMS 200×

Documents to be presented within [14] days after the date of shipment but within the validity of the Credit

We hereby issue the Irrevocable Documentary Credit in your favour. It is subjected to the Uniform Customs and Practice for Documentary Credits (2007 Revision .Publication No.600 of the International Chamber of Commerce. Paris. France) and engages us in accordance with the terms thereof. The number and the date of the credit and the name of our bank must be quoted on all drafts required if the credit is available by negotiation ,each prensentation must be noted on the reverse side of this advice by the bank where the credit is available.

This document consists of [1] signed page(s)　　　　The French Issuing Bank

附式 7－6　不可撤销可转让信用证——原始信用证

Irrevocable Transferable Credit-Original Credit

Name of Issuing Bank	Place and date of issue
Malayan Banking Berhad	Penang，6，Oct. 200×
To：Sin Kee Company.	This Credit is advised
54 Queen Street，Hong Kong	through Nan yang Commercial Bank Ltd.，Hong Kong

Dear Sir，

At the request and on the instructions of China Aik & Co.，71Beach Street，Penang，we hereby issue an Irrevocable Transferable Credit No. 83095 for about HKD30. 000. 00（say Hong Kong dollars thirty thousand only）to expire on or before 30 Nov. 200× at Hong Kong available with Nan yang Commercial Bank Ltd.，Hong Kong being Transferring Bank by payment at sight against beneficiary's draft（s）drawn on the advising bank accompanied by the following of documents：

（1）Signed Commercial Invoice 4 fold

（2）Full set of clean on board bills of lading made out to order blank endorsed and marked "freight prepaid"

（3）Insurance policy endorsed in blank for invoice value plus 10% covering all risks and war risks

（4）Packing list in 4 fold

All documents excluding invoice must be made in neutral name

Evidencing shipment of 2 000 pairs of rain boots atHKD15. 00 CIF Penang per each pair.

Shipments from your port for transportation to Penang not later than 15 Nov. 200×

Transshipment allowed

Documents to be presented within 15 days after the date of shipment，but within the validity of the credit.

On receipt of the full set of the documents airmailed by you in compliance with the terms and conditions of the credit，we shall authorize you by telex to debit our USD dollar account with you in reimbursement of your Payment.

This credit is subject to UCP600.

Yours faithfully，

Malayan Banking Berhad，Penang

Signature（s）

附式7－7　可转让申请书

A "Request to Transfer" shows as follows

To: Transferring Bank,

Nan yang Commercial Bank Ltd., Hong Kong

Dear Sirs,

We request you to transfer an Irrevocable Transferable Credit No. 83095 issued by Malayan Banking Berhad, Penang in which please insert the following changeable new terms instead of the old terms:

(1) Applicant: Sin Kee Company, 54 Queen Street, Hong Kong—First Beneficiary

Second beneficiary: Hwa Yung Company, 178 South Road, Macao.

(2) Credit amount: HKD26 000.00

(3) Expiry date: 20 Nov. 200×

(4) Documents to be presented within 10 days after date of shipment

(5) Insurance amount for invoice value plus 27%

(6) Evidencing shipment of 2 000 pairs of rain boots at HKD13.00 CIF Penang per pair.

(7) Shipment date: 10 Nov., 200×

In respect of the amendments arisen hereafter to the Credit we wish to inform you that the First Beneficiary retains the right to refuse to allow the transferring bank to advise amendment made under the original credit to the transferee (Second beneficiary). Therefore the transferring bank must obtain approval of the first beneficiary before advising amendments to the transferee.

Yours faithfully,

Sin Kee Company, Hong Kong

signature

The transferring bank—Nan yang Commercial Bank Ltd., Hong Kong adds some supplementary clause as follows:

(8) Issuing date: 11 Oct., 200×

(9) Advising bank: Nan Tung Bank of Macao, Macao

(10) Reimbursements:

(11) Payment will be effected by us, the Transferring Bank, only when documents are received in full compliance with the terms and conditions of the credit and cover has been received under the Transferable Credit.

附式 7－8　不可撤销可转让信用证——转让信用证

Irrevocable Transferable Credit-Transferable Credit

Name of Issuing Bank	Place and date of transfer
Nan yang Commercial Bank Ltd.	Hong Kong, (8) 11 Oct. 200 ×
To: Hwa Yung Company,	This Credit is advised through
178 South Road, Macao	(9) Nan-Tung Bank of Macao, Macao

Dear Sir,

We hereby inform you that an Irrevocable Transferable Credit No. 83095 issued by Malayan Banking Berhad, Penang has been transferred to you as follows:

At the request and on the instructions of (1) Sin Kee Company. 54 Queen Street, Hong Kong, we hereby transfer the above-mention Credit to you for (2) HKD26 000. 00 (say Hong Kong dollars twenty six thousand only) to expire on or before (3) 20 Nov. 200 × at Hong Kong available with Nan yang Commercial Bank Ltd., Hong Kong being Transferring Bank by payment at sight against beneficiary's draft (s) drawn on us accompanied by the following of documents:

(1) Signed Commercial Invoice 4 fold

(2) Full set of clean on board bills of lading made out to order blank endorsed and marked "freight prepaid"

(3) Insurance policy endorsed in blank for invoice value plus (5) 27%

(4) Packing list in 4 fold

All documents excluding invoice must be made in neutral name

Evidencing shipment of 2 000 pairs of rain boots at HKD13. 00 CIF Penang per each pair.

Shipments from your port to Penang not later than (7) 10 Nov. 200 ×

Transshipment allowed

Documents to be presented within (4) 10 days after the date of shipment, but within the validity of the credit.

Documents are to be sent to the issuing bank in one airmail.

Reimbursements: (10)

Payment will be effected by us—the Transferring Bank—only when documents are received in full compliance with the terms and conditions of the credit an cover has been received under the Original Transferable Credit. This advice must accompany your draft (s) and documents presented to us for claiming your proceeds.

This Credit is subject to UCP600.

Yours faithfully,

Nan yang Commercial Bank Ltd., Hong Kong

signature

附式 7-9　开立背对背信用证的原始信用证（即主证）

Original Credit

Name of Issuing Bank	Place and date of issue
Overseas Union Bank	Singapore, 29 Apr. 200 ×
To: Tai Hwa Textiles Co. , 410	This Credit is advised through
Chambers St. Hong Kong	ABC Bank, Hong Kong

Dear Sir,

We have established our Letter of Credit No. 8/3759 in your favour for account of Kim Hwa Textiles Co. , 49 Arab St. Singapore for a sum of not exceeding HKD94 500. 00 (say Hong Kong dollars ninety four thousand five hundred only) available with us by payment at sight against beneficiary's draft (s) at sight drawn on us for 100% of the invoice value accompanied by the following documents in duplicate:

- signed invoice
- Certificate of Origin
- weight/Packing list
- Insurance policy/certificate covering marine and war risks for 110% of invoice value
- Full set of clean on board bills of lading marked " freight prepaid" made out to order blank endorsed.

All documents excluding invoice must be evidencing shipment of approximately 37 800 yards Dyed Cotton Piece-Goods at HKD2. 50 per yard CIF Singapore not later than 15 July, 200 ×

Partial shipments not allowed

Transshipment allowed

This Credit expires on or before 30 July, 200 × at our counter.

All drafts drawn under this Credit must contain the clause "Drawn under Overseas Union Bank, Singapore Credit No. 8/3759 dated 29 April, 200 ×"

We hereby undertaker to honor all drafts drawn in compliance with the terms and conditions of this credit.

This credit is subject to UCP600.

Yours faithfully,

Overseas Union Bank, Singapore

Signature (s)

附式 7-10　开立背对背信用证的申请书

Back-To-Back-Credit Application

The applicant, Tai Hwa Textiles Co. , Hong Kong presented an Application accompanied by the Original Credit No. 8/3759 to request Bank of Asia, Hong Kong to issue a Back-To-Back-Credit on their behalf and for their account. The applicant hereby expressed that the beneficiary of the Original Credit must supply funds to the Issuing Bank of the Back-To-Back-Credit to meet its payment obligation on the Back-To-Back-Credit.

The instructions as contained in the Application are as follows:

- Beneficiary: (1) China Textile Imp. & Exp Corp. Shanghai
- Issuing date: (2) 5 May, 200 ×
- Credit No. (3) 02217
- Credit amount: (4) HKD82 782. 00
- Advising Bank: (5) ABC Bank, Shanghai
- Applicant: (6) Tai Hwa Textile Co. , Hong Kong
- Amount in words: (7) Hong Kong dollars eighty two thousand seven hundred and eighty two only
- Drafts: (8) at sight drawn on us
- Insurance policy/certificate (9) showing applicant as insured covering marine and war risks for 125. 6% of invoice value
- Bills of Lading (10) showing applicant as shipper marked freight prepaid made out to order blank endorsed
- All documents (11) excluding invoice, I/P, B/L, must be made in a neutral name in replacement of the name of beneficiary
- Evidencing shipment of (12) approximate 37 800 yards dyed cotton piece goods at HKD2. 19 pet yard CIF Singapore
- Shipment must be effected not later than (13) 30 June, 200 ×
- Expire date: (14) 15 July, 200 × at our counter
- Credit available with us by payment at sight (15)

For Tai Hwa Textiles Co. ,

Hong Kong

Signature (s)

附式7-11 背对背不可撤销信用证 Back-To-Back Credit

Name of Issuing Bank
Bank of Asia (2)
To: China Textile Imp. & Exp Corp. ,
Shanghai (1)

Place and date of issue
Hong Kong, 5 May 200 ×
This Credit is advised through
ABC Bank, Shanghai

Dear Sir,

We hereby open an Letter of Credit No. 02217 in your favour for account of Tai Hwa Textile Co. , Hong Kong (6) up to an aggregate amount of (4) HKD82 782 (Hong Kong dollars eighty two thousand seven hundred and eighty two only) available with us by payment at sight (15) against beneficiary's draft (s) at sight drawn on us (8) for 100% invoice value accompanied by the following of documents in duplicate:

- signed Invoices
- certificate of origin
- weight/packing list
- Insurance policy/certificate (9) showing applicant as insured covering marine and war risks for 125. 6% of invoice value
- Full set of clean shipped on board bills of lading (10) showing applicant as shipper marked " freight prepaid" made out to order blank endorsed

All documents (11) excluding invoice, I/P, B/L, must be made in neutral name in replacement of the name of beneficiary

Evidencing shipment of (12) approximate 37 800 yards dyed cotton piece goods at HKD2. 19 pet yard CIF Singapore

Shipments must be effected not later than (13) 30 June 200 ×

Partial shipments are not allowed

Transshipment allowed

Expire date: (14) 15 July, 200 × at our counter

All drafts drawn hereunder must indicate the number, date, and name of issuing bank of the credit

We hereby engage that payment will be duly made against Sight drafts and documents presented in conformity with the terms and conditions of this Credit.

The original credit No. 8/3759 (16) is the means of payment in which the issuing bank will obtain funds on the documents presented to meet the payment obligation on this back-to-back-credit.

This credit is subject to UCP600.

Yours faithfully,
Bank of Asia, Hong Kong
Signature (s)

◇问题与思考

一、判断题

1. 保兑行付款后，只能向开证行索偿，但遭开证行拒付后或开证行无力付款时，有权向受益人及议付行追索。(　　)

2. 预支信用证有时又称红条款信用证。(　　)

3. 汇票金额不能超过信用证金额或允许金额。(　　)

4. 议付行可以是担任汇票付款人的银行。(　　)

5. 托收方式是商业信用，而 L/C 方式是银行信用，但两者都使用商业汇票。(　　)

6. 背对背 L/C 中，第二 L/C 开证行的最终付款责任仍由原来的开证行负责。(　　)

7. 即期付款 L/C 中，付款行对受益人有追索权。(　　)

8. 如果保兑 L/C 的开证行通知保兑行修改此 L/C，保兑行把修改内容通知了受益人，但保兑行未向各方当事人表示他是接受还是拒绝此修改，那么保兑行必须保兑此修改内容。(　　)

9. 在可转让 L/C 中，第一受益人有更换发票的权利。(　　)

10. 对开 L/C 适用于来料加工的贸易。(　　)

11. 背对背信用证可变动的范围比可转让信用证大得多，原信用证禁止分批装运，背对背信用证则可以分批装运。(　　)

二、单选题

1. 议付行可以选择是否做议付的信用证是________。

A. 自由议付信用证　　B. 限制议付信用证

C. 不可撤销信用　　D. 远期信用证

2. 保兑行是应________的邀请，在信用证上加具保兑的银行。

A. 通知行　　B. 议付行

C. 开证行或受益人　　D. 偿付行申请人

3. 如果出口地银行为信用证加具了保兑，受益人可以在远期到期日及时得到________的偿付。

A. 有追索　　B. 无追索　　C. 进口商　　D. 申请人

4. 在议信用证中，议付行都是对________的融通资金。

A. 偿付行　　B. 开证行　　C. 进口商　　D. 出口商

5. 根据承兑信用证的特点，受益人出具的汇票只能以________为付款人。

A. 承兑行　　B. 通知书

C. 议付行　　D. 开证行或其他指定银行

6. 以下关于可转让信用证说法错误的是________。

A. 可转让信用证适用于有中间商贸易

B. 信用证可以转让给一个或一个以上的第二受益人，第二受益人又可以转让给两个以上的受益人

C. 未经过信用证授权的转让行办理，受益人自行办理的信用证转让业务视为无效

D. 可转让信用证中只有一个开证行

7. 信用证业务中，不负责审单的银行是________。

A. 开证行　　B. 议付行　　C. 偿付行

D. 付款行　　E. 通知行

8. 由于主动权完全掌握在开证行和开证申请人手中，对受益人极为不利，被人称为“劣质信用证”的是________。

A. 备用信用证　　B. 红条款信用证

C. 软条款信用证　　D. 不保兑信用证

9. 信用证能否转让给两个以上的第二受益人取决于________。

A. 信用证上面是否标明“Transferable”字样

B. 信用证是否规定了分批转运

C. 受益人与转让行之间的协议是否规定

D. 第一受益人与第二受益人商议决定

10. 以下关于承兑信用证的说法正确的是________。

A. 在该项下，受益人可自由选择议付的银行

B. 承兑信用证的汇票的期限是远期的

C. 其起算日是交单日

D. 对受益人有追索权

11. What should advising bank do if receive a documentary credit from the Issuing bank which includes the term “transmissible”?

A. Disregard the term

B. Seek clarification

C. Advise the documentary credit as transferable

D. Refuse to advise the documentary credit

12. A credit can be transferred

A. from the first beneficiary to the second beneficiary.

B. from the second beneficiary to the third beneficiary.

C. from the third beneficiary to the fourth beneficiary.

13. A credit amount under special terms contained therein may be renewed or reinstated without specific amendments to the credit being required, such credit is called:

A. Transferable credit　　B. Back-to-back credit

C. Unconfirmed credit　　D. Revolving credit

14. The revolving process is a monthly revolving for USD20 000.00 per month and full credit amount will be automatically renewed on the 1st day of each succeeding calendar month, the total revolving credit amount does not exceed USD120 000.00 being the aggregate value of six months.

A. The Revolving credit amount is USD120 000.00.

B. The Revolving credit amount is USD20 000.00.

三、多选题

1. 根据付款时间的不同，信用证可分为________。

A. 预支信用证　　B. 即期信用证

C. 延期付款信用证　　D. 承兑信用证

2. 即期付款信用证按有效地点可分为在________有效两种。

A. 指定付款行柜台　　B. 开证银行柜台

C. 议付银行柜台　　D. 申请人所在地

3. 在国际贸易实务中，以下哪些贸易方式多采用对开信用证结算方式________。

A. 寄售　　B. 补偿贸易　　C. 来料加工　　D. 易货贸易

4. 以下哪些内容是原信用证与背对背信用证的不同点________。

A. 金额　　B. 交货日期　　C. 出口商　　D. 进口商

5. 当循环信用证再恢复到原金额循环使用时，其具体的恢复方式有________。

A. 自动循环　　B. 半自动循环　　C. 非自动循环　　D. 积累循环

四、案例分析

案例分析：

一信用证于2004年3月1日开立，金额为3万美元，有效期至2004年5月31日，通知行应开证行要求保兑了信用证。2004年4月15日信用证金额增加了20万美元，有效期延展至2004年8月31日。

问：（1）保兑行是否必须对增加额及展期进行保兑？

（2）如果保兑行不愿再加保兑，该保兑行应如何行事？

五、思考题

1. 不可撤销、保兑的信用证是如何起着双重的付款承诺？
2. 即期付款信用证对各方当事人有什么利弊？
3. 延期付款信用证对各方当事人有什么利弊？
4. 承兑信用证对各方当事人有什么利弊？
5. 议付信用证对各方当事人有什么利弊？
6. 什么是可转让信用证？其转让规则是什么？
7. 什么是背对背信用证？它与可转让信用证有什么不同？

本章参考资料

1. 《跟单信用证统一惯例 UCP500 与 UCP400 比较》，国际商会出版物第 511 号。
2. 国际商会于 1994 年 9 月 1 日发表的《阐明见解书》第 1、2、3、4 号。
3. 《跟单信用证业务指南》，国际商会出版物第 515 号。
4. ICC Uniform Rules for Bank-to-Bank Reimbursements Under Documentary Credits. Supplementary Information for Lecture. I. C. C. Publication No. 525.
5. Queries and responses on UCP 500 from the ICC'S Group of Experts, Working Paper, Tianjin College Finance & Economics Professor SU ZONG XING.
6. 国际商会于 1994 年 9 月 1 日发表的《阐明见解书》第 1、2、3、4 号续集。
7. 《标准跟单信用证格式》，国际商会出版物第 516 号。
8. 苏宗祥，景乃权，张林森．国际结算．3 版．北京：中国金融出版社，2004.
9. 石玉川，徐进亮，李贞．国际结算惯例与案例．北京：对外经济贸易大学出版社，1998.
10. DC Insight 1999 年秋季季刊。
11. 《跟单信用证案例研究》，国际商会出版物第 535 号。
12. 《跟单信用证案例研究评注》，国际商会出版物第 535 号。
13. 《UCP500 询问和答复 1997 年》，国际商会出版物第 596 号。
14. 《UCP500 询问和答复 1999 年》，国际商会出版物第 613 号。
15. 姚莉，王学龙．国际结算．北京：中国金融出版社，2002.
16. 张燕玲，王仲和．国际结算业务指南．北京：中华工商联合出版社，1996.

第八章　银行保函和备用信用证

学习目标

熟悉银行保函业务尤其是见索即付保函的当事人和流程；掌握银行保函业务的种类。了解备用信用证及其与银行保函业务的异同点。

本章关键词

银行保函　见索即付保函　银行保函种类　备用信用证

人们通常将汇款、托收和信用证方式看作是国际结算的三种主要手段。但随着各国之间的货物、劳务、技术和资金的相互流通，所涉及的金额也越来越大，交易的内涵、成交的方式正变得日益多样化，上述的三种结算方式在某些地区、某些方面和某些业务领域已无法满足交易变化的需求，人们越来越多地希望银行信用能更多地介入进来为买卖双方提供保证。而银行保函和备用信用证作为银行提供的两种金融信用工具，正好满足了这一要求。

第一节　银行保函的概述

一、银行保函的定义

在国际经济交往中，如果一方未能履约，就会使对方蒙受损失。为使双方大胆地达成交易，常常需要一个第三者作为担保人，向一方提供另一方能履约的保证，由担保人以自己的资信向受益人保证对委托人履行交易合同项下的责任义务，或偿还债务承担责任。银行因为有雄厚的资金和较强的经营能力，常应客户的要求担当这种担保人，这成为银行的经常性业务。保函（Letter of Guarantee，简称 L/G）是指银行或其他金融机构应交易（贸易项下、合约关系、经济关系）一方当事人的要求，向交易的另一方开出的、为保证该当事人交易项下责任或义务的履行而作出的、在一定时期内承担一定金额支付责任或经济赔偿责任的书面付款保证承诺。由银行开立的保函，称为银行保函（Banker's Letter of Guarantee）。本章所讲的保函都是指银行保函。

按索偿条件划分，保函通常可分为两种：一种是有条件保函（Conditional L/G），另一种是见索即付保函（Demand Guarantees）。

有条件保函是指担保人向受益人付款是有条件的，只有在符合保函规定的条件下，担保人才给予付款。可见有条件保函的担保人承担的是第二性、附属的付款责任。即担保人的偿付责任从属于或依附于委托人在交易合同项下的责任义务。如果委托人业已履行合同项下的责任义务，担保人也随之免除了对受益人的偿付责任。

国际商会《见索即付保函统一规则》（即国际商会第458号出版物）规定：见索即付保函“是指由银行、保险公司或其他任何组织或个人出具的书面保证，在提交符合保函条款的索赔书（如工艺师或工程师出具的证明书、法院判决书或仲裁裁定书）时，承担付款责任的承诺文件”。据此，见索即付保函的担保人承担的是第一性的、直接的付款责任，即担保人的偿付责任独立于委托人在交易合同项下的责任义务。只要担保文件（即保函）规定的偿付条件已经具备，担保人便应偿付受益人的索偿。至于委托人是否履行合同项下的责任义务，是否已被合法地解除了该项的责任义务，担保行不负责任。所以，这种保函又称无条件保函（Unconditional L/G），它与基础合同是相分离的。

目前国际上通行的是担保人负第一性偿付责任的银行保函，很少使用第二性偿付责任的银行保函。

保函作为一种银行信用工具，具有两大作用：一是对合同价款支付的保证作用，如付款保函。二是对合同义务履行的担保作用，如承包保函。

二、银行保函的当事人及其权责

在一笔保函业务中，通常会涉及以下几个当事人：

（一）委托人（Principal）

委托人即保函申请人（Applicant），是向银行申请开立保函的当事人。在保函业务中他所承担的责任主要体现在两个方面：一方面，委托人作为基础合同中负有责任或义务的一方当事人，通过开立保函的形式向合同的另一方当事人作出进一步履行合同责任的承诺；另一方面，他也要向担保行作出承诺，保证在担保银行凭保函作出赔偿后，给予足够的补偿。申请人在委托银行开立保函时，除了要填写保函申请书外，还应向担保银行提供一定的资金抵押，或由第三者出具反担保，等等。当然，申请人还有义务向银行支付开立保函的各种费用。

（二）受益人（Beneficiary）

受益人是保函业务项下担保权利的享受者，以及依据保函及其有关条款有权向开立保函的银行提出赔偿的当事人。受益人既是银行保函中的一方，也是基础合同中的一方，其责任和义务是履行合同中规定的责任和义务，并有权在委托人不履行合同或不能完全履行基础合同中规定的义务时，根据保函中规定的条款提出索赔。如在投标保函中，受益人通常为招标方。

（三）担保人（Guarantor）

担保人是接受委托人申请开立保函的银行，并由此向保函的受益人承担了有条件或无条件付款保证责任的银行。担保人开立保函后，在同受益人构成一种或有负债的同时，也从委托人那里获得了一种或有债权。在收到受益人符合保函条款的索赔要求时，应立即履行付款，担保人有权处置委托人提交的押金、抵押品等等。

（四）通知行（Advising Bank）

通知行又称为传递行，是接受担保人的委托办理保函的通知或传递手续的银行。在国际经济交易中，由于担保人和受益人通常位于不同的国家或地区，担保行在开出保函后通常选择受益人所在地的一家银行代为通知或传递，这家银行即为通知行。通知行的责任在于通过核对担保人的签字或密押来证实保函表面的真实性，并严格按照担保人要求和指示，及时准确地将保函通知给受益人。通知行对保函内容正确与否，对保函在邮递过程中可能出现的延误、遗失等均不负责任。如因种种原因通知行不能通知受益人时，应及时告知担保人，使之能立即采取措施。当发生索赔时，通知行除代受益人向担保银行提交索赔文件及其他有关单据外，本身并不承担赔偿责任。通知行在通知保函后，有权按规定向担保人或申请人或受益人收取一定的费用。

（五）反担保人（Counter Guarantor）

即应委托人的要求，通过反担保的形式指示银行向受益人开立保函的人。在国际经济交易中，委托人和受益人通常位于不同的国家或地区，由于受益人所在国法律的限制或其他原因，受益人只能接受本国银行开立的保函。这样，委托人为达成交易不得不请求当地的一家银行转托受益人所在国的一家银行开出保函。在这种情况下，受益人所在国的这家银行为担保人，而接受委托人的请求向受益人所在国的银行发出开立保函的委托指示、同时保证在担保人遭到索赔时立即予以偿付的银行即为反担保人。反担保人通常不与受益人直接发生关系，也不受理受益人所提出的任何索赔要求，而只向担保人负责，凭担保人提出的要求予以偿付，并享有对委托人进行追偿的权利。

三、银行保函的内容

虽然在实际业务中使用的银行保函种类很多，但不同类别的保函具有一些基本相同的内容。通常包括以下几方面内容：

（1）委托人或申请人名称和地址。

（2）受益人名称和地址。

（3）担保人名称和地址。

（4）保函种类及保函目的。

（5）有关的基础合同、协议，标书的编号、日期，供应货物的名称、数量，工程项目名称等。

（6）保函的货币名称、金额。

（7）有效日期。

（8）承诺条款又称责任条款。表明担保人负责在何种条件下，凭受益人提交的何种单据向受益人付款。

（9）索款办法。这是指受益人向担保人提出索偿的方式（如信索或电索）和路线（是否通过通知行）等。

（10）其他。如保函金额随申请人履约进度递减的规定等。

四、保函的业务程序

一笔银行保函业务从开立到结束一般需要经过以下几个环节：

1. 委托人申请开立保函

委托人向银行申请开立保函时，须填写保函申请书和与担保行签订委托担保协议书、提交保证金或其他反担保及有关的业务参考文件。

2. 担保行开出保函

银行开出保函前通常要认真审查申请人的资格、保函申请书及委托担保协议书、有关的业务文件如合同标书、抵押或其他反担保形式等内容。

3. 保函的通知或转开

银行开出保函后通常可委托受益人所在地银行通知受益人，也可由委托人直接通知受益人。

4. 保函的索赔和理赔

如果受益人未得到款项，受益人须提供书面索赔书，交给担保人，经其审核相符即应付款给受益人。

5. 担保行对委托人进行追偿

担保行在向受益人付款后可向委托人追偿。如委托人无力支付，担保行可变现委托人事先抵押的财物、票据或其他担保品。

6. 保函的注销

一般来讲，保函一到期即可注销，担保行将不再对任何索赔承担责任，担保行的担保责任即可解除，保函业务宣告结束。

第二节　银行保函的种类

保函按其应用范围划分，可分为出口类保函、进口类保函、对销贸易类保函和其他保函四种。

一、出口类保函

出口类保函是银行应出口方申请向进口方开出的保函，是为满足出口货物和出口劳务需要而开立的保函。

（一）承包保函（Contract Guarantee）

第三世界国家进行工程建设，多采用招标、承包方式。作为供应劳务、物料或设备的投标人和中标后的承包人，须向招标人或向工程业主提供各种银行保函，统称为承包保函。它主要有以下几种：

1. 投标保函（Tender Guarantee/Tender Bond/Bid Guarantee/Bid Bond/Bid Security）

国际招标中，招标人一般都要求投标人在投标时提供一定金额的银行担保，向招标人保证：如投标人有下列违约事项之一，担保行将按保函金额赔付招标人，以弥补其损失，此银行担保就是投标保函。投标人：

（1）在投标的有效期内，撤回该项投标或修改原报价。

（2）在中标后，未与招标人签订合同。

（3）在招标人规定的日期内未提交履约保函。

投标保函金额一般为投标金额的 1% －5%，有效期至开标日为止，有时再加上 3－15 天的索偿期，如投标人中标，则有效期自动延长至投标人与招标人签订合同交来履约保函为止。

投标保函样式见附式 8－1。

2. 履约保函（Performance Guarantee/Performance Bond/Performance Security）

中标人与招标人签订供应货物或承包工程合同时，还须提供银行担保，向招标人保证：如中标人不履行合同规定的责任义务，担保行就按保函金额赔付招标人，以弥补其损失，此银行担保就是履约保函。

保函金额由招标人确定，一般为合同金额的 5% －10%，履约保函的有效期至合同执行完毕日期为止，有时再加上 3－15 天的索偿期。如合同有质量保证期或工程维修期，则有效期可延长至质量保证期或工程维修期满为止，再加上 3－15 天的索偿期。

履约保函样式见附式 8 - 2。

3. 预付金保函（Advance Payment Guarantee）或退还预付金保函（Refundment Guarantee for the Advance Payment）或还款保函（Repayment Guarantee）

承包工程的业主常需要预付给承包人工程价款的 5% - 20%，用作承包人预购材料款、开工费、筹备费等，工程业主顾虑承包人如果不履约将损失这笔预付金，故要求承包人提供银行担保，保证承包人收到预付金后一定履约，否则，担保行将预付金退还给工程业主。此银行担保就是预付金保函。

保函金额就是预付金的金额，保函有效期至合同执行完毕日期为止，再加上 3 - 15 天索偿期，或者订为预付金全部扣完时失效。通常是业主收到承包人从银行开来的预付金保函后，才将预付金汇交给承包人。

预付金保函样式见附式 8 - 3。

（二）保留金保函或留置金保函（Retention Money Guarantee）

机械设备交易合同常常规定先支付合同金额的 90% - 95%，其余 5% - 10% 等设备安装完毕运转良好，经买方验收后再支付。这一小部分余额称作保留金或留置金，如发现机械设备、品质、规格与合同不符，双方洽商减价，便从保留金中扣抵。

如果卖方要求买方同意将此笔保留金随大部分货款一并支付卖方，则需卖方提供银行保函，保证如果货到后发现品质不符、货物短量或伤残时，担保行将卖方预支的保留金退还给买方。此银行保函就是保留金保函或留置金保函。

保函金额就是保留金的金额，保函有效期是合同规定的索赔期满再加上 3 - 15 天索偿期。

（三）质量保函（Quality Guarantee）

在供货合同中，尤其在机械设备、船舶飞机等出口合同中，买方要求卖方提供银行担保，保证如货物质量不符合合同规定，而卖方又不能更换或维修时，担保行便将保函金额赔付给买方，以弥补其所受损失。这种银行保函就是质量保函。

保函金额一般为合同金额的 5% - 10%，保函有效期一般至合同规定的质量保证期满，再加上 3 - 15 天索偿期。

（四）维修保函（Maintenance Guarantee）

在工程承包合同中，工程完工后业主扣留一部分款项备作补偿工程质量缺陷而承包人不予以维修造成的损失。工程业主要求承包人提供银行担保，保证在工程质量与合同规定不符，而承包人又不能维修时，担保行便按保函金额赔付给业主，以弥补其所受损失，则业主可以释放这部分扣款。这种银行保函就是维修保函。

保函金额一般为合同金额的 5% - 10%，保函有效期一般至合同规定的工程维修期满，再加上 3 - 15 天索偿期。

二、进口类保函

进口类保函是指银行应进口方申请向出口方开出的保函，是为满足进口货物或进口技术需要而开立的保函。

（一）付款保函（Payment Guarantee）

（1）在只凭货物付款而不是凭单据付款的交易中，进口方向出口方提供银行担保，保证在出口方交货后，或货到后，或货到经买方检验与合同相符后，担保行一定支付货款；或进口方一定支付货款，如进口方不支付，担保行代为付款。

（2）在技术交易中，买方向卖方提供银行担保，保证在收到与合同相符的技术资料后，担保行一定付款；或买方一定付款，如买方不付款，担保行代为付款。

以上两种银行担保就是付款保函。保函金额即为合同金额，保函有效期按合同规定的付清价款日期再加上半个月。

付款保函样式见附式 8 - 4。

（二）延期付款保函（Deferred Payment Guarantee）

第三世界进口大型机械成套设备多采用延期付款方式。进口方按照合同规定预付出口方一定比例（如货款的 5%）的定金，其余部分（货款的 95%）由进口方银行开立保函，保证进口方凭货运单据支付一部分（如货款的 10%），其余部分（货款的 85%）分为 10 个相等份额，每份金额加利息，连续每半年支付一次，共 5 年分 10 次付清全部货款。如果买方不能付款，担保行代为付款。此种保函称为延期付款保函。

（三）租赁保函（Leasing Guarantee）

用租赁方式进口机械、仪器、设备、运输工具时，承租人向出租人提供银行担保，保证：

（1）担保行一定代承租人按租赁合同规定交付租金，或

（2）承租人一定按照租赁合同规定交付租金，如不交付，担保行代为交付。

这种保函称为租赁保函。通常情况下，租金的总金额相当于货价加利息，全部租金付完后货物便为承租人所有。

三、对销贸易类保函

把进口与出口连在一起做成交易，就是对销贸易，也称对等贸易。其中补偿贸易、来料加工、来件加工、来件装配是我国常见的做法。银行为对销贸易提供如下保函：

（一）补偿贸易保函

在补偿贸易中，进口设备的一方向供应设备的一方提供银行担保，向其保证：如进口方在收到与合同相符的设备后，未能以该设备生产的产品，按合同规定返销出口给供应设备方，或由其指定的第三者偿付进口设备的价款，又不能以现汇偿付设备款及付加利息，担保行即按保函金额加利息赔付供应设备的一方。这种保函，即为补偿贸易保函（Compensation Guarantee）。

保函金额通常是设备价款金额加利息，保函有效期一般为合同规定的进口方以产品偿付设备款的日期再加上半个月。

（二）来料加工保函及来件装配保函

在来料加工或来件装配业务中，进料或进件方向供料或供件方提供银行担保，向其保证如进料或进件方收到与合同相符的原料或元件（有时还包括加工或装配所需的小型设备及工具）后，未能以该原料或元件加工或装配，并按合同规定将成品交付供料或供件方，或由其指定的第三者偿付来料、来件的价款，又不能以现汇偿付来料或来件价款及附加的利息，担保行便按保函金额加利息赔付供料或供件方。这种保函即为来料加工保函（Processing Guarantee）及来件装配保函（Assembly Guarantee）。

保函金额通常即来料或来件的价款金额加利息，保函有效期一般为合同规定的进料或进件方以成品偿付来料或来件价款的日期再加上半个月。

四、其他类保函

其他类保函包括在一切非贸易性质的国际经济交往中银行代债务人向债权人开出的各种保函，常见的有以下几种：

（1）借款保函。

（2）关税保付保函。

（3）加工贸易税款保付保函。

（4）账户透支保函。

（5）保释金保函。

第三节　见索即付保函介绍

保函的称谓很多，如担保（Bond）、保函（Guarantee）、保证书（Surety ship Guarantee）、付款承诺（Payment Undertaking）等。保函的做法和保函格式多样复杂，国际商会首先对于使用较多的承包保函（包括投标、履约、还款保函在内）做了规定，于1978年制定和公布了《承包保函统一规则》（国际商会出版物第325号）。为了统一保函格式，与325号统一规则配合，又制定和公布了《承包保函示范格式》（国际商会出版物第406号）。但因325号统一规则第9条规定：证明索赔要求的文件需要受益人提供法院判决书，或仲裁裁决书，或委托人同意受益人的索赔及其金额的书面声明。这一规定对于受益人太严格而有利于委托人，对待双方显失平衡，所以325号统一规则不能被广泛接受，导致以后国际商会将多种名称的保函概括为见索即付保函（Demand Guarantee），并于1992年制定和公布了《见索即付保函统一规则》（Uniform Rules for Demand Guarantee，缩写为URDG；国际商会出版物第458号）。458号统一规则订明：由受益人提交索赔书及违约声明即可，325号规定的法院判决书不是必交文件，同时还称325号统一规则继续有效。但是458号统一规则远远不如UCP600那样被世界各地银行普遍接受和遵循。各国银行开立保函，有些尚未加注"Subject to the URDG of the ICC Publication No. 458"字样。经过十余年的使用，URDG的使用情况已经有些扩展，今后将逐步被世界各银行接受。现将见索即付保函介绍如下：

一、见索即付保函的概念

见索即付保函无论其如何命名或描述，意指银行、保险公司或其他组织或个人（即担保人）以书面形式出具并凭提交与保函条款相符的索赔要求书（Demand for payment）或保函规定的其他单据（设计师或工程师出具的证明、法院判决书、仲裁裁决书）付款的保函、担保或其他付款承诺。

二、见索即付保函结构

（一）直接（三方）保函结构

据URDG定义，见索即付保函最少有三个当事人：申请人（或委托人），主要是合同项下的卖方、供货方或承包人，由他发出指示，开立保函以保证其履约行为；担保人，即代委托人出具保函的银行或其他机构；受益人，即合同另一方（买方、业主）开出的保函以其为受益人。详见图8-1直接（三方）保函结构图。

通常情况下，在这个三方结构中，担保人是委托人的往来银行，其营业地与委托人在同一国家，而受益人营业地则在国外。这种三方保函被称为直接保函，因为这种保函是由委托人的银行直接开出，而不是由受益人国家的当地银行开出。担保人可将保函直接开给受益人，或把担保人在受益人所在国家的代理行作为通知行或转递行，它只负责验核保函、签字后将保函通知受益人。

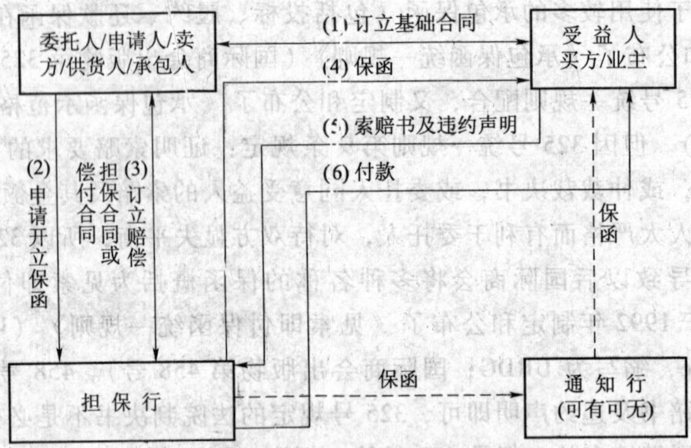

图 8-1 直接（三方）保函结构图

当索赔发生时，受益人提交书面索款要求书（Written Demand for Payment）及书面违约声明（Written Statement Principal Breach/Default），该声明可以包含在索赔书中，也可以作为单独的声明，交给担保人，经其审核相符，即应付款给受益人，并向委托人转递单据和向他索偿。

直接（三方）保函结构包括三个不同的合同：委托人与受益人之间订立的基础合同（Underlying Contract）、委托人与担保人之间订立的赔偿担保合同（Counter Indemnity Contract）或偿付合同（Reimbursement Contract）、担保人与受益人之间的保函合同（Guarantee Contract）。

（二）间接（四方）保函结构

在受益人要求保函由其本国银行开具，而委托人与这家银行并无往来的情况下，委托人只能请自己的往来银行安排一家受益人所在地银行出具保函。委托人与其往来银行订立了赔偿担保合同或偿付合同以后，由其往来银行（即指示人）向受益人所在地银行（即担保人）发出反担保函（Counter guarantee），要求担保行凭反担保函开立保函给受益人。见图 8-2 间接（四方）保函结构图。

由于委托人的往来银行不能开立直接（三方）保函，所以只好作为指示人，指示受益人所在地银行凭其反担保向受益人出具保函。

发生索赔时，受益人将索赔书及违约声明提交担保人，经其审核相符，即应付款给受益人，并向指示人转递单据和向其索偿，指示人再向委托人转递单据和索偿。

上面结构包括四个不同的合同：委托人与受益人之间订立的基础合同、委托人与指示人之间订立的赔偿担保合同或偿付合同、指示人与担保人之间订立的反担保保函

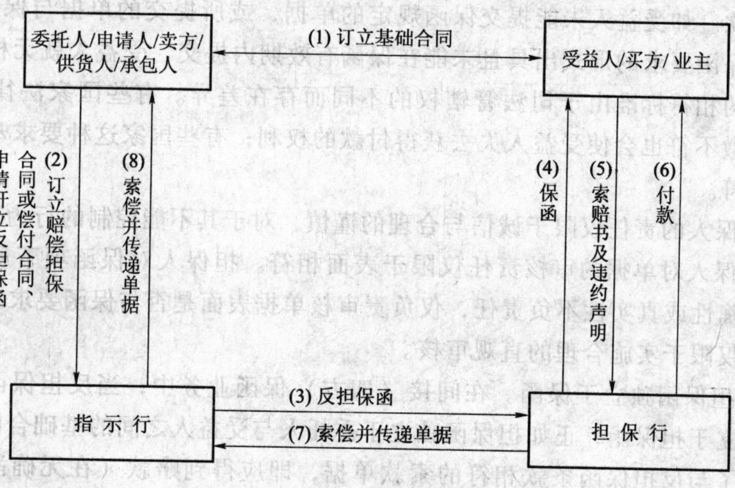

图 8-2 间接（四方）保函结构图

（合同）、担保人与受益人之间订立的保函（合同）。

三、见索即付保函的基本特征

从根本上来说，见索即付保函的基本特征与跟单信用证有许多相似之处。

（1）抽象的付款承诺。见索即付保函包含一个抽象的付款承诺，只要受益人未表示拒绝，保函一旦开立该承诺即具有约束力。

（2）保函独立于基础交易。虽然保函产生于委托人与受益人之间的基础合同，但独立于该合同。保函及合同项下所分别产生的各当事人的权利义务是相互独立的。原则上讲，担保人与基础合同无关。

只要没有受益人欺诈的确凿证据或适用法律允许的其他拒付理由，担保人无权拒付，委托人也无权就是否实际违约与受益人产生纠纷而扣留应赔付款项。

（3）保函独立于委托人和担保人之间的契约关系。同样，保函也不受委托人与担保人之间的合同约束。担保人无权以委托人违反该合同（如未交保证金）为由拒绝支付保函项下的索赔。

（4）保函的单据化特征。保函的单据化特征表现为其金额、付款期限、付款条件和付款责任的终止，均取决于保函本身条款及索赔书和其他保函所规定单据的提交。因此，担保人并不关心对客观事实的调查，如委托人在履行基础合同中的违约事实，或受益人由此而遭受的实际损失等等。

（5）索款须与保函条款相符的要求。只有在与保函条款相符的情况下，受益人才有权得到付款。如受益人未能提交保函规定的单据，或所提交的单据与保函要求不符，或索款未以保函要求的形式出具且未能在保函有效期内提交，受益人就无权获得付款。

所要求的相符标准由于司法管辖权的不同而存在差异。有些国家法律要求严格相符，即使轻微不符也会使受益人失去获得付款的权利；有些国家这种要求却是相对宽松的实质性相符。

（6）担保人的责任仅限于诚信与合理的谨慎，对于其不能控制的行为不负责任。

（7）担保人对单据的审核责任仅限于表面相符。担保人对保函项下所提交单据的正当性、准确性或真实性不负责任，仅负责审核单据表面是否与保函要求相符。因此担保人的责任仅限于实施合理的直观审核。

（8）反担保函独立于保函。在间接（四方）保函业务中，当反担保函开立时，该反担保函独立于担保函，正如担保函独立于委托人与受益人之间的基础合同那样。担保人只要提交了与反担保函条款相符的索款单据，即应得到赔款（在无确凿欺诈证据或无其他止付理由的情况下），而无论担保人是否已对其保函项下受益人付款，或是否接到索款要求，或是否有法定赔付责任。

四、《见索即付保函统一规则》案例详解

【案例分析1】：

P与B签订了一份建筑合同，应P要求，G银行开出以B为受益人的保函。保函规定：如果P未能履行上述合同项下的契约责任，我行保证赔付你方之损失，最高金额不超过1 000万马克。（In the event of P defaulting In performance of its obligations under the above mentioned contract（the construction contract）we will pay you the amount of your loss up to a maximum of DM 10 million.）

请问上述保函属于URDG适用范围吗？

分析：这是一份保证书，担保人的责任取决于委托人的违约，且仅限于受益人实际遭受的损失。所以上述保函不适用于URDG。

【案例分析2】：

案情同上，但保函规定：我们保证凭首次书面要求向你方支付索款要求的金额，最高不超过1 000万马克的款项。（We undertake to pay you on first written demand the amount specified in such demand up to a maximum of DM 10 million.）

请问上述保函属于URDG适用范围吗？

分析：这是一个属于URDG范畴内真正的见索即付保函，因为付款责任仅仅取决于书面要求文件的提交，支付金额也仅取决于要求书本身和限定最大责任的保函条款。

【案例分析3】：

P与B签订了一份销售货物给B的合同，并按照合同规定，要求G银行开立了一份以B为受益人的保函，以防止P不能在合同规定的装运期内发运与销售合同相符的货物。该保函仅表明其开立与所述销售合同相关，并保证凭首次书面要求向B支付最高不超过5 000法郎的款项。P向B发了货，而B却声称P所发货物与合同不符，并且迟装。P对此提出异议。但B凭保函提出要求。G银行并不关心基础销售合同，即使保函中提及该合同也是如此，只要B提交了与保函相符的书面要求，G银行就必须付款。

【案例分析4】：

应合同当事人P的要求，IP银行安排B的当地银行G凭其反担保函开立一份以B为受益人的保函。反担保函规定，当G银行提交书面声明，声明其保函项下受益人已向其提出要求时，IP银行同意向G银行支付不超过规定最高限额的款项。随后G银行凭反担保函提出要求并提交了所要求的声明。虽然要求出于诚信，但由于B的索款要求不符合保函规定。G银行实际上并未对B产生支付责任。

尽管如此，IP银行仍须向G银行付款，因为反担保函的条件已被满足，而IP银行无需关心B对G银行提出的要求是否有效。

【案例分析5】：

见索即付保函项下受益人通过电话提出索款要求。这不符合URDG所要求的书面要求形式，除非电话信息能够或并将转变成文字形式。

【案例分析6】：

见索即付保函项下受益人以传真形式提出索款要求。担保人有权拒付，因为尽管传真是一种电子通讯方式，但它未经证实。在这种情况下，通常和适当的做法是要求对传真以可证实的指示加以确认。

【案例分析7】：

G银行开出一份以B为受益人的保函，B将其转让给T，随后T提交了书面要求书及保函规定的其他单据。除非保函或其修改明确声明保函项下索赔权可以转让，G银行无义务付款，因为无论B与T之间的转让有无效力，由T提出要求都不符合保函规定。但不能禁止B提出要求并指示G银行将款项付给T。

【案例分析 8】：

G 银行开出一份以 B 为受益人的保函，随后 B 通过往来银行 BB 银行向 G 银行提交了书面要求书及保函规定的其他单据。只要提交的书面要求书和单据符合保函要求，G 银行必须付款，因为 BB 只是作为 B 的代理人提出要求，而不是作为受让人行使自己的权利。

【案例分析 9】：

G 银行开出一份以 B 为受益人的保函，B 将保函项下全部款项让渡给 T，B 向 G 银行提出要求，G 银行付款，T 对 B 的权利不在 URDG 范围之内，而应由管辖 T 和 B 之间关系的法律决定。当然，URDG 并不排除 T 宣称根据适用法律可能拥有要求 B 交还 G 银行对 B 作出的任何付款的权利。

【案例分析 10】：

P 要求其往来银行 IP 银行通过其当地代理行 G 银行凭 IP 银行的反担保函开立一份以 B 为受益人的保函，IP 银行要求 G 银行开立保函并向其出具了反担保函。在 G 银行向 B 开立保函之前，IP 银行接到 P 的指示要求撤销保函，但 IP 银行在未得到 G 银行同意之前不能撤销反担保函，G 银行尚未开立自己保函的事实与此无关。然而，IP 银行应毫不延误地与 G 银行联系，要求撤销其以前开立保函的指示（假定该指示仍未被执行）。如果 G 银行事实上尚未开出保函，它应当停止开立保函并解除 IP 银行在反担保函项下的责任。

【案例分析 11】：

G 银行 3 月 1 日开立一份以 B 为受益人的保函，规定于 4 月 1 日生效。3 月 14 日委托人 P 指示银行撤销保函。G 银行必须拒绝执行该项指示。保函自 3 月 1 日开出后即不可撤销，而保函的生效日，即 4 月 1 日是代表的可凭保函提出要求的最早日期，但该日期与保函变为不可撤销的时间无关。

【案例分析 12】：

P 和 B 签订了一份金额为 8 亿马克的建筑合同，合同规定预付款为 8 000 万马克，工程进度款项凭建筑师的表明相关阶段完工的进度证明支付。预付款凭预付款保函支付，该保函规定：保函金额随建筑师进度证明的提交及款项的支付依次递减，此规定符合 URDG 第 8 条要求。

【案例分析 13】:

本例基本情况同上例，只是保函规定保函金额随着委托人第一特定履约阶段的完工按规定金额递减。除非完工可被理解为仅是要求提交证明完工的合理单据（例如建筑师证明），那么，规定的条件就是非单据条件，不符合 URDG 第 8 条要求，并同 URDG 的单据化特征相违背，因为担保人被要求自己去证实相关的工程阶段已实际完工。

【案例分析 14】:

保函规定凭首次书面要求及承办工程师签发的违约声明付款。声明是伪造的，但经合理的审核未发现这一非表面问题，担保人在支付之后不承担责任，因为担保人只关心单据与保函表面一致，对单据的真伪并不负责（见 URDG 第 11 条）。

【案例分析 15】:

保函担保一销售合同项下货物的发运。保函规定凭首次书面要求书及验货人签发的说明货物不符合合同规定的证明付款。随后受益人要求索款时，提交的要求书所引用的合同号与保函规定的相同，但验货人证明却引用了不同的合同号，则单据间互不一致，除非委托人同意付款，否则担保人必须拒付。但即使委托人同意付款，担保人仍可拒付。

【案例分析 16】:

G 银行开立了以 B 为受益人的保函，随后 B 提出要求，G 银行由于不能确定该要求是否各方面都符合保函条款的要求，在付款前征询其客户 P 的意见。P 正在国外度假，两星期后 G 银行才与 P 取得联系。P 通知银行拒绝付款，因为他认为要求不符合保函条款。B 应有权得到付款。因为付款或拒付的决定应由担保人 G 银行作出，而不是其客户 P，任何拒付必须在合理时间内通知受益人，并且只能依据 G 银行自己对单据的审核。

【案例分析 17】:

B 将要求书和辅助单据提交给 G 银行，G 银行以辅助单据与保函条款不符为由拒付。P 指示 G 银行保留单据，因为单据对于 P 处理他同 B 的纠纷将有帮助，G 银行必须无视这一指示并持有单据听候 B 的处理。

【案例分析 18】:

由 G 银行开立的以 B 为受益人的保函规定，凭随附声明委托人违约的工程师证明的首次书面要求付款。该出具的证明实际表示的是委托人未违约，而未字被抹掉了。如果在合理审核的基础上发现这一涂抹是明显的，G银行必须拒付要求。如果G银行作了支付，它就不能依据URDG第11条免责。但如果在合理审核的基础上，该涂抹是不可发现的，G银行支付后可依第11条解除其本身的责任。

【案例分析19】：

由G银行根据委托人P的指示开立的以B为受益人的保函规定凭首次书面要求付款。B在完全知道P已经全部履行了合同项下契约责任的情况下仍提出要求。G银行在不了解B缺少诚信的情况下付了款，G银行对此不承担任何责任。

【案例分析20】：

P要求阿姆斯特丹的IP银行安排通过一家G银行开立以B为受益人的最大金额为1 200万荷兰盾的保函。IP银行以电讯方式要求G银行开立最高金额为1 200万荷兰盾的保函，但由于传递系统的技术故障，G银行收到的电文中的金额是120万荷兰盾，并以此金额向受益人开立了保函。如果IP银行和G银行均做到了诚信和合理谨慎，他们对该错误都不负责。

【案例分析21】：

R国的客户P要求本国IP银行安排在7天内通过U国银行开立的以U国B受益人的投标保函。IP银行以电传指示在U国的代理行G银行开立保函。由于G银行的雇员罢工，两星期后G银行才开出保函，导致P的投标被B拒绝。IP银行和G银行对P遭受的损失均不负责。

【案例分析22】：

G银行开立保函10月1日到期。9月15日，受益人提出符合保函条款的要求，但由于政府宣布的紧急状态要求所有银行9月16日停业，造成G银行无法按计划付款。10月10日，紧急状态令取消，银行重新开业。G银行对其不能及时支付不负责任。然而，尽管保函有效期此时已过，但受益人仍有权要求支付，因为要求是在保函有效期内提出的。

【案例分析23】：

IP银行受P的指示安排B国银行开立最大金额为55万英镑的以B为受益人的保函。IP银行给其在B国的代理行G银行发出了适当的指示，但由于IP银行的电讯传输系统的故障，发出的电文出现了错误，致使G银行收到的电文中金额为55.5万英镑。保函以此金额开立，由于金额与B和P的合同金额不符，B拒绝接受该保函。IP银行在向G银行发送其开立保函的指示时，已经发现其电讯传输系统的问题，但却继续使用该系统，对此错误IP银行不得依URDG第12条免除自己对P的责任。

【案例分析24】：

G银行开立的保函规定书面要求的提交不能迟于2002年11月1日，受益人于9月2日提出要求，但未按URDG第20条规定提供有关委托人违约的受益人声明，受益人无权得到付款，因为他既未能符合第20条的规定也未能满足第16条的要求，即索款要求必须与URDG相符。但没有任何理由阻止受益人在11月2日以前任何时间内提交新的符合URDG要求的索款要求。

【案例分析25】：

保函规定见索即付，金额最高不超过5万元。由于委托人的违约，受益人遭受了20万元的损失，受益人即根据实际受损金额提出要求。这是一个与保函不符的要求，因为它超过了保函规定的最高限额。担保人必须拒付。受益人必须在保函有效期内提交与保函相符的要求，或提交总额不超过5万元的多笔要求。

【案例分析26】：

P签订了向B出售设备的合同，合同要求P通过B国的银行开立保函。应P的要求，IP银行要求B国的G银行凭IP银行的反担保函开立以B为受益人的保函，反担保函规定金额不超过10万英镑，凭G银行的首次书面索赔付款。保函开出后G银行在反担保函有效期内向IP银行提交了金额为4万英镑的要求书，G银行的要求书附有关于其已收到B的书面要求，而且其要求符合保函条款及URDG第20条要求的声明。G银行提交的书面要求是有效的。

【案例分析27】：

应P的要求，G银行给B开立了保函，规定见索即付，该保函是担保P向B承建的建筑工程。随后B提交了书面索偿书，随附关于P违约的书面声明，指出P未能按合同规定如期完工，根据URDG第21条的规定，G银行将该声明转递给P，P否认声明的准确性。如没有确切的欺诈证据或适用法律允许的其他拒付理由，G银行必须付款，因为根据URDG第2条（b）款的规定，G银行只关心书面违约声明的提交，而非违约事实。

【案例分析28】：

G银行应IP的要求开立以B为受益人的投标保函，保函委托人是投标人P。合同规定中标者必须出具履约保函。随后，B同P签订了合同并在收到履约保函后将投标保函给G银行。这样就使该投标保函由于撤销而失效（尽管该投标保函根据其条款还没有到期），G银行必须毫不延误地通知IP银行，IP银行也必须毫不延误地通知P投标保函已经撤销。

【案例分析29】：

G银行凭IP银行的反担保函开立了以B为受益人的保函，委托人为P，保函规定见索即付，并明确规定于2002年11月30日失效。2002年11月27日B提交了含有违约声明的书面要求书和一份要求将保函有效期展延至2003年6月30日以代替付款的声明。G银行将该要求书通知IP银行，IP银行又通知了P，P（与或未与受益人协商）同意展期。G银行依指示将保函展期，以保函修改方式生效。要求书即告失效。

【案例分析30】：

英国的P与法国的B签订了一份建筑合同，合同规定由一家法国银行向B开出一份履约保函。应P的往来银行IP的要求，G银行凭IP银行的反担保函开立了以B为受益人的保函。IP银行的营业地点是英国，而G银行的营业地点在法国。保函与反担保函均未规定适用法律。根据URDG第27条规定，G银行开立的保函应由法国法律管辖，IP银行的反担保函属英国法律管辖。

（资料来源：2005年3月20日商务部于中国企业战略传播网发布的《〈见索即付保函统一规则〉与案例分析》）

第四节 备用信用证

由于美国法律禁止其国内银行开立保函，而世界各国银行一般均可开立保函，为与外国银行竞争，达到为客户担保之目的，美国银行于二战后开始广泛开立备用信用证。备用信用证的内在灵活性及用途的多样性使得备用信用证日益广泛地得到应用。然而，与其他种类的信用证相比，备用信用证尚缺乏详细介绍，由此造成在备用信用证的使用过程中产生诸多纠纷，甚至诉讼，严重地阻碍了备用信用证在国际贸易中进一步发挥其应有的作用。

一、备用信用证的定义

备用信用证（Standby Letter of Credit）是一种跟单信用证或安排，不论其如何命名或描述，它代表了开证行对受益人的以下责任：

(1) 偿还开证申请人的借款，或

(2) 支付由开证申请人承担的任何债务，或

(3) 支付由开证申请人违约所造成的任何损失。

备用信用证是一种特殊形式的信用证，通常用在投标、还款保证、履约、预付、赊销等业务中。在备用信用证下，只要受益人向指定银行提交信用证规定的汇票及/或开证申请人未履约的声明或证明文件，即可取得开证行的偿付。备用信用证一经开出，就与作为其依据的基础合同相独立，开证行在履行信用证项下的义务时，不能以基础合同为条件。

在备用信用证下，开证行的付款是以备用信用证所要求的单据表面状况的审核为条件，即开证行履行自身义务的依据是单据，在这一点上与跟单信用证是一致的。

从备用信用证的名称可以看出它与一般信用证的显著区别。一般的跟单信用证是在受益人履行了基础合同项下的义务后才向开证行要求付款，而备用信用证是开证行在开证申请人没有履约时向受益人付款。备用信用证约定的是由银行直接承担基础合同的违约支付责任。如果基础合同当事人不违约，比如到时开证申请人履约无误，或基础合同的付款义务人虽有违约，但其直接或主动承担了违约责任，受益人勿需向开证银行主张付款，备用信用证的开证银行则不实际履行支付义务，那么备用信用证就成为“备而不用”的结算方式，所以称为备用信用证。换言之，备用信用证的开证银行只是一个基础合同下的预备承担违约责任的银行，只在受益人直接向其主张基础合同的付款义务人违约并请求付款时承担支付义务，与保函具有一定的相同作用。

其次，一般的跟单信用证通常被作为货物或服务提供付款工具，而备用信用证既可作为贷款或预付金的支付，也可作为其他以外事件的支付。

二、备用信用证的种类

（一）违约付款型的备用信用证

违约付款型的备用信用证指申请人违反合约造成受益人损失，开证行从备用信用证中赔付受益人，简称违约付款，相当于保函的作用，具体细分为以下几种：

1. 履约备用信用证（Performance Standby L/C）

包括申请人完成基础交易违约而发生损失时开证行承担付款义务，如果已经履行合约义务，受益人不必出具违约声明，也就不必使用此备用信用证了。

2. 投标保证金备用信用证（Bid Bond/Tender Bond Standby L/C）

支持申请人（即投标人）义务，即在得标后担保其签订和执行合约义务，如不签约就要赔付备用信用证金额。投标备用信用证的金额一般为投保报价的1%－5%（具体比例按招标文件规定而定）。

3. 预付款备用信用证（Advance Payment Standby L/C）

保证申请人收到受益人预付款后履行已订立的合约义务，如不履约，开证行退还给受益人预付款和利息。预付款备用信用证常用于国际工程承包项目中业主向承包人支付的合同总价 10% - 25% 的工程预付款，以及进出口贸易中进口商向出口商的预付款。

（二）直接付款型的备用信用证

1. 融资备用信用证（Financial Standby L/C）

以前的融资备用信用证是开证行担保借款人到期还款，如果违约不还，那么开证行负责还款，那是属于违约付款型的备用信用证。而直接付款型的备用信用证是指备用信用证在到期日不涉及借款人是履约还是违约，皆由开证行直接付款给贷款行。实际上是借款人在到期日还款给开证行偿付开证行的垫款。直接付款型的备用信用证每证都必须付款。

2. 直接付款备用信用证（Direct Pay Standby L/C）

保证一项付款义务，特别是与融资备用证有关的基本付款义务到期应该付款而不涉及是否违约。

3. 商业备用信用证（Commercial Standby L/C）

以前的商业备用信用证是在买方违约不履行付款时开证行保证付款。而现在的商业备用信用证要求受益人履行交货义务，全部单据直接寄给买方和买方尚未付款，应由开证行付款。

此商业备用信用证不涉及违约，属于直接付款型的商业备用信用证，很相似于一般的商业跟单信用证，两者比较如下：

相同点：（1）都是独立的支付文件；（2）开证行承担第一性付款责任；（3）凭规定单据符合信用证条款而付款；（4）每笔信用证均须付款。

不同点：

商业备用信用证	商业跟单信用证
1. 卖方直接寄送正本单据给买方	1. 卖方提示单据给银行，经银行转交买方
2. 要求的单据比较简单	2. 要求的单据比较复杂
3. 审单简单，不审核单单之间是否一致	3. 审单复杂，单单不一致是单据的不符点
4. 受益人交单遭到拒付的可能性小	4. 受益人交单遭到银行拒付的可能性较大
5. 申请人先取货后付款处于有利地位	5. 申请人对开证行付款赎单，即期信用证有时先付款后取货
6. 银行不掌握物权单据，开证行付款责任很重，面临申请人不能及时偿付或无力偿付的风险，需要与申请人订立能够控制其偿付的协议	6. 银行掌握物权单据，可作为开证行的抵押品
7. 适用于 ISP98，也可适用于 UCP600	7. 适用于 UCP600
8. 申请人可以较早检查出受益人是否伪造单据	8. 申请人不能较早检查出受益人是否伪造单据

（三）其他备用信用证

1. 反担保备用信用证（Counter Standby L/C）

有的国家只允许受益人接受本国银行开立的备用信用证，如果受益人的合约对方申请人在外国，申请人只好申请所在国银行开立反担保信用证，受益于受益人所在国银行，便利该行凭以开立单独的备用信用证受益于本国受益人。

2. 保险备用信用证（Insurance Standby L/C）

支持申请人的保险或再保险。

三、备用信用证特有的单据条款

（一）备用信用证在单据上的一些特别要求

（1）受益人出具的所有单据的语言应是备用信用证中使用的语言。

（2）根据《国际备用证惯例》（即 ISP98）规则第四条第八分条关于“默示要求的索款单据”的规定，如果一份备用证没有明确任何要求提交的单据，仍认为需要提交一份做成单据的索款要求。

（二）备用信用证单据类型

（1）索款要求（Demand for Payment）可以是汇票或其他指示、命令或付款要求。

（2）违约或其他提款事由的声明（Statement of Default or Other Drawing Event）。

备用信用证要求受益人向银行索款时提交有关申请人未履约或违约的单据，通常需提交一份由受益人签发的申请人未履约或违约的声明。有些信用证可能要求该声明应由一授权的高级职员签署。

若备用信用证要求一份关于违约或其他提款事由的声明、证明或其他陈述，但没有指明内容，则单据中包含了以下内容就是相符的：

① 陈述：由于备用信用证中规定的提款事由已经发生，应该提款；

② 单据出具日期，及

③ 受益人的签名。

（3）法律或司法文件（Legal or Judicial Documents）。

（4）其他单据（Other Documents）。

为适合所担保交易的需要，备用信用证可能还会要求一些额外的单据。例如，在担保一笔商业交易时，备用信用证通常规定须提供一份由受益人向申请人签发的发票，而在担保涉及运输的货物交易时，除一份受益人签发的发票外，备用信用证可能还会要求提供证明受益人已向申请人履行交货义务的运输单据副本。

与一般商业信用证不同，备用信用证通常只需发票及交货凭证的副本，而不是正本。因此，备用信用证的开证行并不持有物权凭证（如正本海运提单），它并不能凭其掌握的非物权凭证（如海运提单副本）作为要求付款人对备用信用证项下单据予以付款的担保。由此可见，开证行开立备用信用证前，应从开证申请人处获取十足的开证押金或其他担保。对开证行来说，此点至关重要。

【案例研究】8－1

案情：

开证行开立一份备用信用证，通过 A 行通知给受益人。信用证要求受益人提供如下单据：

（1）申请人违约声明书，注明："按照 XXX 与 YYY 公司之间达成的第 111 号、日期为 2004 年 1 月 1 日的合同，我方已于 2004 年 2 月 2 日装运了 SSS 加仑的油。发货后，我方等待 YYY 按上面提及的合同规定付款长达 120 天之久。YYY 方没有支付应付之款，因此，YYY 方违反了合同条件。根据该备用信用证规定，我方有权支取申请人（YYY 公司）所欠 USDXXX 的款项。"

（2）一份注明装运商品的商业发票副本。

（3）一份证明装运了货物并表示了装运日期的运输单据副本。根据商业合同的要求，受益人装运了货物，按照销售合同，受益人对于应付给他的款项向 YYY 方开立了发票，付款期限是 120 天。装运后第 121 天，受益人未能从 YYY 方收到全部款项。于是，受益人按照备用信用证的要求备妥单据并提交给开证行索款。

开证行收到单据后，经审核认为单据不符拒绝接受，理由如下：

延迟交单。按照 UCP600 规定，单据必须不迟于装运日后 21 天内提交，装运日期是 2004 年 2 月 2 日，而单据直至 2004 年 6 月 3 日才提交，受益人的交单构成延迟交单。

请根据 UCP600 的规定，分析开证行的拒付是否有理？

分析：

开证行对备用信用证的上述拒付是不合理的。UCP600 适用于商业跟单信用证而不是备用信用证。后者是为了保证申请人履约。只有在证明申请人确实违反了其与受益人之间的商业合同条款后，备用信用证才生效。

其次，为了与商业合同一致，违约声明书要求受益人必须在装运之后 120 天内等待申请人付款。只有申请人违反了合同的付款规定，受益人方可使用备用信用证索款。因此，受益人在制成违约声明书之前，不可能既允许受益人给申请人装运日后 120 天的融资，又同时要求受益人在装运日后 21 天内提交信用证要求的单据。因此，开证行的拒付是无理的。

另外，备用信用证被认为是付款的从属方式，只能凭违约声明书使用备用信用证，且不宜在备用信用证中规定提交运输单据的副本，以免授予开证行“延期交单”的把柄。为慎重起见，在要求副本运输单据的备用信用证中应注明 UCP600 不适用。

第五节　银行保函与备用信用证的比较

一、银行保函与备用信用证的相同点

（一）定义上和法律当事人基本相同

保函和备用信用证虽然在定义的具体表述上有所不同，但总的说来，它们都是由银行或其他实力雄厚的非银行金融机构应某项交易合同项下的当事人（申请人）的请求或指示，向交易的另一方（受益人）出立的书面文件，承诺对提交的在表面上符合其条款规定的书面索赔声明或其他单据予以付款。保函与备用信用证的法律当事人基本相同，一般包括申请人、担保人或开证行（二者处于相同地位）、受益人。

（二）使用目的相同

保函和备用信用证都是国际担保的重要形式，在国际经贸往来中发挥着相同的作用，达到相同的目的。在国际经贸交往中，交易当事人往往要求提供各种担保，以确保债务的履行，如招标交易中的投标担保，履约担保，设备贸易的预付款还款担保，质量或维修担保，国际技术贸易中的付款担保等，这些担保都可通过保函或备用信用证的形式实现。从备用信用证的产生看，它正是作为保函的替代方式而产生的，因此，它所达到的目的自然与保函有一致之处。实践的发展也正是如此。

（三）性质基本相同

国际经贸实践中的保函大多是见索即付保函，它吸收了信用证的特点，越来越向信用证靠近，使见索即付保函与备用信用证在性质上日趋相同。表现在：第一，担保银行和开证行的担保或付款责任都是第一性的，当申请人不履行债务时，受益人可以不找债务人承担责任，而凭保函或备用信用证直接从银行取得补偿；第二，它们虽然是依据申请人与受益人订立的基础合同开立的，但一旦开立，则独立于基础合同；第三，它们是纯粹的单据交易，担保人或开证行对受益人的索赔要求是基于保函和备用信用证条款规定的单据，即凭单付款。因此，有人将保函称为“担保信用证”。

二、银行保函与备用信用证的不同点

（一）保函有从属性保函和独立性保函之分，备用信用证无此区分

在保函项下，根据索偿条件的不同，担保行可能承担第二性的付款责任，即只有当

保函的申请人违约时担保人才承担保函项下的违约责任或赔偿责任。而申请人是否违约，是要根据基础合同的规定以及实际履行情况来作出判断的，经常要经过仲裁或诉讼才能解决其中的是非曲直。所以当从属性保函项下发生索赔时，担保人要根据基础合同的条款以及实际履行情况来确定是否予以支付。

担保行也可能承担第一性的付款责任，即它虽是依据基础合同开立，但一经开立，便具有独立的效力，担保人对受益人的索赔要求是否支付，只依据保函本身的条款。保函项下的赔付只取决于保函本身，而不取决于保函以外的基础交易事项，银行收到受益人的索赔要求后应立即予以赔付约定的金额。见索即付保函就是独立性保函的典型代表。

备用信用证作为信用证的一种形式，并无从属性与独立性之分，它具有信用证的“独立性、自足性、纯粹单据交易”的特点，受益人索赔时以该信用证约定的条件为准，开证行只根据信用证条款与条件来决定是否支付，而不考虑基础合同订立和履行的各种情况。

（二）适用的国际公约和国际惯例不同

对于银行保函国际商会制定了相应的规则和公约，如《见索即付保函统一规则》（URDG，现已被世界银行接受用于独立保函业务）、《合约保函统一规则》等。

备用信用证可同时根据《跟单信用证统一惯例》（即 UCP600）和《国际备用证惯例》（即 ISP98），但 ISP98 应优先于 UCP600，只有在 ISP98 未涉及或另有明确规定时，才可根据 UCP600 原则解释、处理有关条款。

（三）两者到期地点不同

保函的到期地点通常在担保行所在地，而备用信用证由于可以经第三方支付、承兑、议付，所以到期地点可以在开证行所在地，也可以在受益人所在地或其他地点。

附式 8-1 投标保函样式

Tender Guarantee or Form For Bid Security

To: ____________ (Beneficiary)

Issuing Date ________
Bid Security for Bid No. ________
For supply of ________

This Guarantee is hereby issued to serve as a Bid Security of ________ (name of Bidder) (hereinafter called the "Bidder") for invitation for Bid (Bid No. ________) for supply of ________ (description of Goods) to ________

________ (Name of buyer).

________ (Name of issuing bank) hereby unconditionally and irrevocably guarantees and binds itself, its successors and assignees to pay you immediately without recourse, the sum of ________ upon receipt of your written notification stating any of the following:

(a) The Bidder has withdrawn his bid after the time and date of the bid opening and before the expiration of its validity period; or

(b) The Bidder has failed to enter into Contract with you within thirty (30) calendar days after the notification of Contract award; or

(c) The Bidder has failed to establish acceptable Performance Security within thirty (30) calendar days after receipt of the Notification of Award.

It is fully understood that this guarantee takes effect from the date of the bid opening and shall remain valid for a period of ________ calendar days thereafter, and during the period of any extension thereof that may be agreed upon between you and the Bidder with notice to us, unless sooner terminated and or released by you.

Issue Bank

Signed by ________

(Printed name and designation of official authorized

to sign on behalf of issuing bank)

Official seal ________

附式 8-2　履约保函样式

Performance Guarantee or Form or Performance Bond for Supply of ________

To: ________ (Beneficiary)

Dear Sirs,

This Bond is hereby issued as the performance bond of ________ (Applicant) (hereinafter called the supplier) for supply of ________ (the name of goods) under the contract No. ________ to ________ (the name of beneficiary)

The ________ (the name of guarantor) hereby irrevocably guarantees itself, its successors and assignees to pay you up to amount of ________ (the amount of the guaranteed value) representing ________ percent of the contract price and accordingly covenants and agrees as follows:

a. On the supplier's failure of faithful performance of the contract (hereinafter called the failure of performance), we shall immediately, on your demand in a written notification stating the effect of the failure of performance by the supplier, pay you such amount or amounts as required by you not exceeding ________ (the guaranteed amount) in the manner specified in the said statement.

b. The covenants herein contained constitute irrevocable and direct obligations of the guarantor, no alternation in the terms of the contract to be performed there under and no allowance of time by you or any other act or omission by you, which but for this provision might exonerate or discharge the bank shall in any way release the guarantor from any liability hereunder.

c. This performance bond shall become effective from issuing date and shall remain valid until ________ (thc date of expiry). Upon expiry, please return this bond to us for cancellation.

For

附式 8 -3　预付金保函样式

Form of Advance Payment Guarantee or Supply of ________

To: ________ (Beneficiary)

Dear Sirs,

This Guarantee is hereby issued as the advance payment guarantee of ________ (Applicant) (hereinafter called the supplier) for ________ (the name of contract and its number) to ________ (the name of beneficiary) (hereinafter called the buyer).

Whereas the buyer has agreed to advance to the supplier an amount of ________ (Say ____ only), Whereas the buyer has required the supplier to furnish a guarantee with an amount equal to the above said advance payment for performance of his obligations under the contract, the ________ (the name of guarantor), at the request of the supplier and in consideration of the buyer's agreeing to make the above said advance to the supplier, has agreed to furnish the above required guarantee.

Now, therefore, the guarantor hereby guarantees that the supplier shall utilize the above said advance for the purpose of the contract and if he fails and commits default in fulfillment of any of his obligation for which the advance payment is made, it shall entitle the buyer to be paid not exceeding the above- mentioned amount.

Against demand in writing of any default, which the guarantor should be given by the buyer stating that the supplier has failed to fulfill its obligation to the buyer, and upon such first demand payment shall be made by the guarantor of the sum then due under this guarantee without any obligation.

The sum of this guarantee shall be automatically and proportionally reduced in step of the progress of the contract, and the guarantor's obligation under this guarantee shall not in any case exceeding the sum of ____ (Say ________ only).

This guarantee shall become effective from the date of receipt of the above said advance by the supplier and valid until ________ (the date of expiry). Upon expiry, please return this guarantee to us for cancellation.

For

附式 8 -4　付款保函样式

Payment Guarantee

To: ________ (name of seller)　　Date ________

Re: Our Irrevocable Letter of Guarantee No. ________

With reference to Contract No. ________ for a total value of ________ signed between your goodselves (hereinafter referred to as "the Seller") and China National Technical Import Corp., Beijin, China (hereinafter referred to as "the Buyer") concerning the Buyer's purchase from the Seller of the Equipment for ____, we at the request of the Buyer, open our Irrevocable Letter of Guarantee No. ________ in favour of the Seller to the extent of ________ covering 100% of the total value of the contract and undertake that payment will be effected by the buyer as follows:

1. 90% of the total Contract price, viz. ________ shall be paid by the buyer after his having received

from the seller the following documents and having found them in order.

2.5% of the total Contract price, viz. ____ Shall be paid by the buyer after his having received from the seller one Certificate of Acceptance of the Contract Plant.

2.5% of the total Contract price, viz. ____ shall be paid by the buyer after expiry of the guarantee period of Contract Plant and his having received from the Seller one Certificate of expiry of the guarantee period.

In connection with the above, we undertake that of the buyer fails to pay wholly or partially we sill within 3 days after receipt of the seller's written demand pay the seller relative amount plus simple interest at the rate of 7% per annum for delayed payment, which the buyer is liable under the Contract, provided that buyer is unable to submit any proof that the documents presented by the seller are not in conformity with the stipulation of the contract.

Our liability under this letter of guarantee shall diminish proportionally with the percentage of amount paid by the buyer. The letter of guarantee shall become effective on the date of issue and shall automatically become null and void after payment made as above stated.

For Bank of Asia
signature

问题与思考

一、判断题

1. 银行保函项下，担保行的付款责任既可能是第一性的，也可能是第二性的。(　　)

2. 银行保函的有效期包括生效日期和失效日期两方面内容。(　　)

3. 在从属性保函中，银行的付款责任是第一性的。(　　)

4. 反担保人不仅要向担保人负责，而且还要受理受益人提出的索赔要求。(　　)

二、单选题

1. 保函是担保人应申请人的请求，向受益人出具的在一定条件下，一定时期内，保证支付一定金额的书面________。

A. 商业票据　B. 即期汇票　C. 付款证明　D. 付款承诺文件

2. 银行保函是以银行信用代替或补充________。

A. 国家信用　B. 商业信用　C. 国际信用　D. 消费信用

3. 有权按保函规定的条款向担保人提出索赔的一方是保函当事人中的________。

A. 受益人　B. 申请人　C. 承兑　D. 背书人

4. 根据保函与商务合同的关系，保函可分为________两种。

A. 一般性和特殊性　　B. 从属性和独立性

C. 可转让和不可转让　　D. 即期和远期

5. 根据补偿贸易保函的要求，在进口设备一方不能履行规定的偿付责任时，担保行便按________赔付给供给设备一方。

A. 交易金额　　B. 损失金额　　C. 保函金额　　D. 设备价款

6. 银行保函方式下，银行向受益人所提供的服务是________。

A. 担保　　B. 融资　　C. 账户管理　　D. 担保和融资

三、多选题

1. 保函的基本当事人有________。

A. 申请人　　B. 付款人　　C. 承兑人

D. 受益人　　E. 担保人

2. 履约保函是担保人应________的请求，向买方或业主所作出的履约保证。

A. 供货方　　B. 劳务方　　C. 承包方

D. 招标方　　E. 投标方

3. 以下名称不同，但实质相同的信用担保金融工具是________。

A. 银行汇款　　B. 银行本票　　C. 银行保函

D. 备用信用证　　E. 商业信用证

4. 借款保函是银行和其他金融机构应借款人的要求，向________出具的担保。

A. 供货方　　B. 贷款银行　　C. 贷款人

D. 承兑人　　E. 交易双方

四、案例分析

案情：

开证行开立了一个备用信用证，通过A行通知给受益人，在I行支付且在I行到期。信用证要求以下单据：(1) 即期汇票以I行为付款人；(2) 未付款的商业发票副本；(3) 受益人授权代表人的声明证实书及所附的已过期30天的发票，要求申请人付款。

在备用信用证到期前5天，申请人通知I行他不欠受益人任何未付发票，因此I行不必支付备用信用证项下的款项。

但在备用信用证到期前的一天，A行代受益人提交了下列单据：(1) 以I行为付款人的即期汇票。(2) 未付款的商业发票副本，未注明日期，列出在交单15天内交货。(3) 备用信用证要求的违约声明。

开证行审单后，支付了信用证项下的款项，并借记了申请人账户。

虽然申请人已占有货物，但他反对开证行借记其账户，理由是：(1) 申请人已先前通知了I行，他不欠受益人任何未付发票。(2) 尽管违约声明宣称申请人有了违约情况，但发票上的交货日期表明没有过期30天。(3) 发票注明仅在提交单据前15天交货，即提交单据前只经过了15天，受益人不能声称过期了30天。

问：申请人反对开证行支付此信用证项下的款项，对吗？

五、思考题

1. 银行保函的作用有哪些？
2. 按索偿条件划分，保函通常可分为哪两种？
3. 保函按其应用范围划分可分为哪几种？
4. 见索即付保函有哪些基本特征？
5. 备用信用证与一般信用证有什么显著区别？
6. 银行保函与备用信用证有什么异同点？

本章参考资料

1.《见索即付保函统一规则》，国际商会出版物第458号。

2.《国际备用证惯例（1998年）》，国际商会出版物第590号。

3.《独立保函和备用信用证的联合公约》。

4.《开立见索即付保函示范格式》，国际商会出版物第503号。

5.《URDG的使用人手册》，国际商会出版物第631号。

6.《跟单信用证业务指南》，国际商会出版物第515号。

7. 2005年3月20日商务部于中国企业战略传播网发布的《〈见索即付保函统一规则〉与案例分析》。

8. 苏宗祥，景乃权，张林森．国际结算．3版．北京：中国金融出版社，2004.

9. 石玉川，徐进亮，李贞．国际结算惯例与案例．北京：对外经济贸易大学出版社，1998.

第九章　国际结算中的单据

学习目标

了解国际结算中的各种单据特别是商业发票和海运提单；熟悉跟单信用证下单据的审核。

本章关键词

商业发票　海运提单　信用证方式下的审单

国际结算中大部分交易都是以交单付款的结算方式进行。国际结算的主要方式有跟单托收和跟单信用证，所谓的跟单就是指凭金融单据和/或商业单据（即支付工具）付款，办理结算业务。支付工具作为支付的凭据，按其表现形态不同，通常被划分为金融单据和商业单据两部分。金融单据主要是指流通票据，通常简称为票据，主要指汇票、本票、支票，由于票据已经在第二章详细论述，在此不再涉及。商业单据通常简称为单据，主要包括商业发票、运输单据、保险单据以及其他一些单据。

第一节　商业发票

在出口商提交的各种单据中，发票作为一种价目清单，在实际业务中非常重要，特别是在对欧洲客户的业务中，商业发票常常代替汇票发挥支付工具的作用。

一、商业发票的概念及作用

（一）商业发票的概念

商业发票（Commercial invoice）是指出口商向进口商出具的一种记载所售货物数量、货物规格、货物价格及金额等内容的文件，它是一种价目清单；是买卖双方凭此发货、收货、记账、报关、纳税的依据和凭证。

商业发票是全套单据的中心，其他单据如运输单据、保险单据、包装单等都是根据商业发票的货物而开立的。

（二）商业发票的作用

1. 商业发票是出口商出具的一种售货证明，是出口商进行账务核算的依据

出口商售货后，通常要向进口商出具商业发票，以证明货物发生转移。同时，出口商根据商业发票的记载内容来登记其销售收入、往来款项及成本结转等有关账簿，以便进行财务核算。

2. 商业发票是进出口双方进行纳税的依据

按法律的有关规定，货物出口后，出口商应依据商业发票记载的销售金额按一定比例计算、缴纳税款。

在进出口贸易经常采用 FOB、CFR、CIF 价格条件成交时，进口商则依据出口商出具的商业发票来计算、缴纳进口关税等税款。

3. 商业发票是进口商核对所收货物的主要依据

由于商业发票是一种价目清单，在实际业务中常常通过其或其附属单据——装箱单记载的内容来表示出口商发运货物数量的多少，因此进口商可以据此核对所收货物，以免发生差错。

4. 商业发票是进口商付款的依据

汇票作为一种标明付款金额的支付凭据，通常成为一国印花税的征收对象。近年来，在我国对欧洲一些客户的贸易中，特别是在信用证业务中，这些客商为了避免印花税的支出，经常要求出口商不要向其提交汇票。这样出口商的发票就代替汇票发挥支付凭据的作用，成为进口商付款的依据。

发票在实际业务中的重要作用可通过下述的【案例研究】9-1 得以说明。

【案例研究】9-1

案情：

2010 年 9 月 20 日，甲贸易公司与日本 K 公司签订了销售合同书，K 公司向甲贸易公司购买新鲜香菇，价格分别为每公斤 3.75 美元和每公斤 3.72 美元，总价值为 22 105.24 美元。乙海运公司承运了该批货物，将货物装入一个冷藏集装箱内，为该批货物签发了提单，载明托运人甲贸易公司，收货人为 K 公司。货物运抵日本后，日本海事鉴定协会应 K 公司的请求对货物作了检验。根据日本海事鉴定协会的检验报告（该检验报告在案件审理中为法院所认定），由于冷藏集装箱在运输途中发生故障致箱内温度升高，而冷藏集装箱内的温度升高正是货损的原因。该货损发生在承运人的责任期间。之后，K 公司拒付货款，甲贸易公司起诉乙海运公司，索赔货损 22 105.24 美元。

审理结果：

关于涉案货物的价值，在庭审中，甲贸易公司提供了销售合同书和货物发票，显示货物价格为每公斤3.75美元和每公斤3.72美元，涉案货物价值为22 105.24美元；乙海运公司也提供了甲贸易公司出具的另一套发票，显示货物价格为每公斤1.88美元和每公斤1.78美元，涉案货物价值为10 803.12美元。两组发票对货物的数量、规格等记载一致，仅因单价不同而致总价亦不同。双方当事人均无法否定对方证据及其所示内容的真实性。对乙海运公司出示的证据，甲贸易公司对证据的真实性无异议，但说明该发票是应收货人K公司要求，为其逃避关税而作，不能反映真实货价。

法院审理后认为：(1) 涉案货损发生在承运人乙海运公司的责任期间，所以被告乙海运公司负有赔偿责任。(2) 因为双方当事人的证据相互矛盾，且都还不足以否定对方证据的真实性，使有关货物价值的事实处于不确定状态。但各方对货物至少价值10 803.12美元并无争议，故货物的实际价值损失应以此为基础。据此，判决乙海运公司赔偿甲贸易公司10 803.12美元。

分析：

关于货损价值问题，原、被告双方分别提供的证据一时都未被对方所推翻，或被证明为不真实，而且双方各自提供的货价发票均为甲贸易公司所出具。其中，原告提供的发票原件载明货物单价为每公斤3.75美元和每公斤3.72美元，与其提供的销售合同原件及日本海事鉴定协会检验报告之中关于货价的记载或描述相互印证，被告亦未能否定原告证据的真实性；而原告在提供己方证据的同时，对被告方显示货价每公斤1.88美元和每公斤1.78美元的发票的真实性也作了确认，虽然原告解释该发票为应收货人要求，为收货人逃避关税而提供，但未提供能佐证的其他证据，所以被告方证据的真实性也未被否定。至此，在通常情况下，法院应当依职权进一步查明与货价有关的事实，在确实不能查明且原告方不能继续举证时，依据《关于民事诉讼证据的若干规定》第2条第2款关于“没有证据或者证据不足以证明当事人的事实主张的由负有举证责任的当事人承担不利后果”的规定，判决负有进一步举证责任的原告方承担不利后果。

但该“不利后果”如何确定？是否原告未证明货物价值，其诉请全部不能得到支持？法院没有简单地以举证不能为由即驳回原告的全部诉请。因为，在本案中，虽然原告对货物价值未能充分举证，但也只是部分不能举证，并不是全部不能举证。就此而言，驳回原告的全部诉请是不适当的。因双方当事人对货物“至少”价值10 803.12美元（按被告方承认的货物价格1.88美元及1.78美元计算）并无争议，所以，原告对该无争议部分的货物价值无须进一步举证。原告方仅在货物实际价值可能高于10 803.12美元的范围内承担进一步的举证责任，以及在不能举证时承担此部分（11 302.12美元）败诉的后果。

在实际业务中，一些出口公司确有应收货人要求，为收货人逃避关税而开具低于货物实际价格的发票用以报关的情况。在本案中，甲贸易公司的辩词应是属实，他在为进口商做假货价的发票，即使他能拿出其与进口商签订的此“君子协议”（何况进口商不会签）的证据，法院也不可能采信。从另一个角度看此判决，甲贸易公司应承担不诚信的代价。在各个环节都正常的情况下，出口商与进口商配合，开2张价值不一致的发票，没有吃亏，而且能保持与客户的关系。但是一旦出现货损索赔时，或被海关发现查扣时，出口商只能哑巴吃黄连，自认倒霉了。就像本案，甲贸易公司损失11 302.12美元。因此，出口商为了规避此类风险，应尽可能地说服进口商不采取此种违法的做法，如果不能拒绝，也要采取其他措施保护自己，如差价部分先电汇后发货，等等。

二、商业发票的主要内容

商业发票作为一种价目清单，它的内容主要包括3个部分：即发票的首文、发票的本文及发票的结文（详见附式9－1发票）。

（1）发票的首文主要是指发票应列示的一些基本情况，如发票的号码，发票的出票日期，进口商名称及详细地址，运输方式、装运地点和目的地等内容。

（2）发票的本文主要是指发票应列示的有关所售货物的数量、价格等内容的情况，如货物的唛头及号码，货物的数量及描述，货物的单价及总金额等。

（3）发票的结文主要是指卖方（出口商）的名称及买方要求的卖方有权签字人的签字，有时还包括出口商出具的证明或声明等内容。

商业发票的三项内容概括起来主要有以下细节：

（1）卖方的名称和地址；

（2）发票日期和号码；

（3）买方的名称和地址；

（4）订单或合同号码，货物描述及数量，单价（以及不包括在单价内的其他任何约定费用细节）和发票总金额；

（5）装运唛头及号码；

（6）交货及付款条件（此处指贸易术语，如FOB，CIF等）；

（7）装运细节及信用证要求的其他材料。

三、《跟单信用证统一惯例》关于商业发票的有关规定

商业发票是各种单据的中心。由于信用证方式下银行的付款条件是单证相符、单单相符，因此商业发票就应与信用证要求的条款相核对；其他单据应与商业发票的内容相核对。

（一）商业发票的首文部分应与信用证要求的相关内容一致

（1）发票上进口商的名称及地址应与信用证的要求一致。

（2）发票的开立日期，可以早于信用证的开证日期，但不应迟于信用证规定的最迟交单日期和信用证的有效日期。

（3）发票上显示的装运方式、装运地点、目的地、装运日期等应与信用证要求的一致。

（二）商业发票的本文部分应与信用证条款要求的内容一致，并符合信用证统一惯例的规定

（1）发票的唛头应与信用证的规定一致。如信用证未规定唛头，则银行可以接受受益人在发票中所标示的任何形式的唛头。

唛头作为出口商对所售货物标明的一种标识，其主要内容为：① 标识，② 目的地，③ 件数。如：

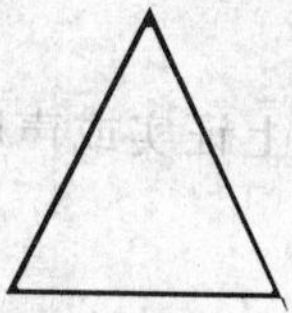

上述唛头表明出口商发运货物的目的地是纽约，发运的货物数量一共是 50 箱。在实际业务中，货物的唛头可以由进出口双方商定并在合同中标明，也可以由进口商指定并在合同中标明，还可以由出口商作出。当合同中未标明，而且进口商未指定时，货物唛头通常由出口商作出并标识于货物外包装及相关单据上。

（2）发票中货物的描述必须详细，且与信用证的规定一致。为避免成为开证行或进口商拒付的理由，出口商对其发运的货物必须详细描述，不得使用统称，而且须与信用证条款规定的内容一致。

如果发票中的货物描述符合信用证的规定且多于信用证条款规定的内容时，则银行对此发票是可以接受的。

（3）信用证的数量、金额、单价前面有“About，Approximately，Circa”或类似词语时，发票数量、金额、单价可以有不超过 10% 的增减。但须注意的是，“约”字放在哪一项的前面则只适用哪一项内容，不得依此类推。如：信用证中货物的单价与数量中有“约”字，但金额中没有，则金额就不允许有 10% 的增减。另外在出口商发运时，货物有好几种规格，那么如果信用证的数量前有“约”字，则信用证应指明是总数量有 10% 的增减还是哪个规格货物有 10% 的增减，以免引起纠纷。

（4）信用证所规定的货物是以度量衡来计量时，则发票上记载的实际装运数量可在信用证规定数量的基础上有5%的增减，但不得超过信用证的金额。

（5）信用证规定的货物如以包装单位或包装件数来计量时，则实际装运没有5%的增减。如信用证不允许分批装运，则必须一次装运信用证规定的准确数量。

（6）发票中的贸易条件应与信用证规定的一致，且表述完整。一个完整的价格条件应包括单价、贸易条件及地名3个部分。如：USD500.00 per metric CIF London.

（三）发票的结文部分应与信用证的规定相符

（1）发票应由信用证中的受益人出具。

（2）信用证要求时，受益人应签字。

（3）商业发票在信用证未规定时，一般无须签字。

（4）信用证需要正本发票时，出口商以手写或打字形式出具的发票无须加注"Original"即可，但如以影印制作、自动或电脑处理制作及复写形成的发票，须加注"Original"方可成为正本。

（5）如信用证要求出口商在发票上证实或声明时，出口商出具发票时应加盖公章或签字来满足此项要求。

四、其他类型发票

出口商出具的发票一般以商业发票形式出现，但有时也有其他类型的发票出现。其他类型的发票主要有形式发票、样品发票、海关发票和领事发票等。由于海关发票和领事发票带有浓烈的贸易保护色彩，与当今各国倡导的自由贸易极不相称，因此在实际业务中它们很少出现。在此，仅介绍形式发票和样品发票。

（一）形式发票（Performa invoice）

商业发票一般是在出口商发货后出具，而形式发票通常是由出口商在发货前出具，然后寄给进口商以利于其购汇付款或申领进口许可证等需要的一种发票。

形式发票与商业发票在内容上基本一样，只不过二者所起的作用不同。形式发票所起的作用是一种预先通知，而商业发票则是为了事后记账和纳税。

（二）样品发票（Sample invoice）

样品发票是出口商在向进口商发送样品后出具的一种发票。它利于进口商进口样品时向进口海关等机构申请减税或免税。

样品发票根据进口商是否必须付款，又分为有价样品发票和无价样品发票两种。

有价样品发票与商业发票在内容上基本一样，而无价样品发票则在发票金额一栏写上"NO Commercial Value"字样。

第二节　海运/海洋运输单据

国际货物运输是国际贸易的重要组成部分，在国际货物运输中，运输方式的种类很多，包括海洋运输、铁路、公路运输、航空运输、邮包运输以及各种运输方式组合的联合运输等等。在一笔具体的进出口贸易业务中，签订合同后，卖方按合同规定的时间、地点和运输方式等将货物运交给买方，并提交包括运输单据在内的相应单据，所以买卖双方的结算大都是通过信用证或托收项下的运输单据来实现的。因此了解运输单据，对买卖双方和银行都是十分必要的。而且要注意区别该单据是否是物权凭证。

UCP600 分别就以下 8 种运输单据作出专门规定，即“海洋运输提单”、“非转让的海运单”、“租船合约提单”、“多式联运提单”、“空运单据”、“公路、铁路或内河运输单据”、“专递及邮政收据”及“运输行出具的运输单据”。

按 UCP600 的上述规定，对于信用证所要求的运输单据，受益人必须做到：

(1) 提交所开立的全套正本运输单据；

(2) 除非信用证另有规定，运输单据不能是“租船合约”运输单据；

(3) 除非信用证另有规定，运输单据不能由运输行出具；

(4) 收货人应与信用证规定相符；

(5) 运输单据须注明发货人或其代理人的名称；

(6) 运输单据如有被通知人，其名称及地址应与信用证规定相符；

(7) 如需要，运输单据应适当背书；

(8) 运输单据中的货物名称可使用货物统称，但不得与信用证规定的货物描述相抵触；运输单据中的唛头、号码及其他规格（如有）应与其他单据中的描述相一致；

(9) 应按信用证规定在运输单据中注明“运费已付”或“运费待收”；

(10) 运输单据应是清洁的，即运输单据中未载有宣称货物及/或包装状况有缺陷的条款或批注；

(11) 运输单据须与 UCP600 的相关规定一致。

由于海运提单是使用最多的运输单据，虽然空运、大陆桥运输等方式有了很大发展，但海洋运输仍然是最普遍与最经济的国际货物运输方式。所以把海洋运输单独列为这一节，其他的运输方式在下一节讲述。

一、海运/海洋运输提单的概念

在当今的国际贸易业务中，货物运输大多是通过海运/海洋运输方式来进行的。海运/海洋运输中的单据即海运提单，在银行办理的债权债务清算业务中经常出现。

海运提单（B/L，Bill of Lading）是指承运人或其代理人或船长向托运人签发的用以证明收到货物，按一定条款将货物从一地运往另一地，并把货物交付给目的地收货人的一种运输单据。所以理论上提单应由船公司填制，但实际操作中绝大多数内容都是由托运人即出口商或其代理人（货代）缮制并连同"收货单"送交船公司或其代理签发。

海运提单具有以下主要作用：

1. 海运提单是一种运输契约

当托运人将货物交给承运人并委托其把货物运往目的地时，承运人向托运人签发的提单就表明双方委托关系的存在。海运提单构成托运人与承运人间的契约关系。

2. 海运提单是一种收货证明

海运提单的签发本身就证明承运人已经收到托运人委托运输的货物，因此，它是一种收货证明。

3. 海运提单是一种物权凭证

在海洋运输过程中由于买卖双方处于不同的国家，卖方不是将货物直接交给买方，而是经常委托船运公司将货物运往国外的买方。卖方向买方交付的则是船运公司签发的构成货物象征的提单。买方凭收到的提单向船运公司提货。因此，海运提单在业务中常常代表一种对货物的权利。

二、海运提单的主要内容

世界各国船运公司签发的提单在形式上不大相同，但主要内容基本一致。提单的主要内容包括：

（一）承运人（Carrier）

承运人是与托运人签订运输合约的关系人。在提单上承运人的名称是必需的。提单一般都有承运人的笺头或印戳，即将承运人事先印就在提单上。

（二）托运人（Shipper）

托运人是与承运人签订运输合约的关系人。通常是指受益人，所以此栏主要填写出口商的名称及地址。

（三）收货人（Consignee）

收货人一栏主要根据出口商或信用证的要求填写不同的内容。

提单的收货人又称为提单的抬头，一般有三种写法：

（1）记名抬头"Consigned to ×××（指定的收货人）"；

（2）来人抬头"to bearer"；

（3）指示性抬头，又细分为：

① 不记名指示（或称为空白抬头）"to order"；

② 托运人指示"to the order of shipper"；

③ 银行指示"to the order of Banker"；

④ 收货人指示"to the order of buyer"。

（四）被通知人（notify party）

被通知人一栏则主要根据收货人一栏的内容填列。如收货人一栏填写有具体的收货人名称，则被通知人一栏可以什么也不写，也可以填上"The Same As Above"等内容；如收货人一栏写明"To Order 或 To the Order of A Specified Person or Bank"，则通知人一栏应写有详细的被通知人名称及地址，以便于运输公司在货物到港后通知此人代为通关及保管货物。如果信用证中未规定"被通知人"，为保证单证一致，正本提单的"被通知人"栏留空不填，可将信用证中的开证申请人名称和地址填入副本提单的此栏中。

在托收方式下，此栏填写托收付款人（买方）的名称。

ISBP 对提单的收货人、指示方、托运人、被通知人及如何背书作出了进一步规定：

（1）若信用证要求提单抬头以某具名人为收货人，如"Consignee to Bank ××"（收货人为银行，即记名抬头），而不是"to order"或"to order of Bank ××"（即指示性抬头），则不能在收货人（Consignee）一栏中的该具名人名称前出现"to order"或"to order of"的字样，不论该字样是打印还是预先印就的。同样，若信用证要求提单抬头为"to order"或"to order of"字样，则提单就不能做成该具名人为收货人的记名抬头（ISBP101）。

（2）若提单做成指示或凭托运人指示抬头，则该提单必须经托运人背书；表明由托运人的代理人所做成的背书是可以接受的。若信用证未规定到货被通知人，则提单中"Notify Party"栏可以空白，或以任何方式填写（ISBP102）。

（五）装货港口（Port of loading）、卸货港口（Port of discharge）及船名（Vessel）

这主要根据合同或信用证条款的规定填写。在集装箱运输时，提单上往往还记载收货地和最后的目的地或交货地。

按信用证或合同规定，要实际填写装运港和卸货港名称。若信用证或合同未规定具体港口，只是笼统规定装运港为"中国港口"（Chinese Port）或规定卸货港为欧洲港口（European Port），制单时要填入实际的装运港和实际的目的港，如"卸货港为鹿特丹"。

需要注意信用证或合同中"Chinese Port"和"Chinese Ports"的区别。前者为单数，提单中的装运港只能填写一个装运港，否则构成单证不符。另外，在提单装运港后需加注"China"字样，如"Shanghai China"。

如果监管地与起运地不一致，则应在提单上注明“on Board 日期，船名”。

在填写船名时，此栏的具体填写方式：

(1) 若是直达运输方式，“Ocean Vessel”栏内填写实际装运的船名；若为班轮运输，除填写船名外，还要加注航次号（Voy. No.）。

(2) 若是转运方式，在“Pr-carriage by”栏内填写第一程船的名称（直达，则此栏不写）或其他运输工具名称；在“Place of Receipt”栏内填写收货港（地）名称；在“Ocean Vessel”栏内填写第二程船名称。

（六）交货地

交货地也称最终目的地。海运提单通常在此栏填写与卸货港相同的港口，或是空白。

（七）提单的唛头及号码（mark and number of B/L）

它应与发票的唛头及号码一致。

（八）货物描述（goods description）

提单内的包装件数应与发票内的件数一致。如采用集装箱运输时，包装件数除标明集装箱数量外，还应标明集装箱内具体的包装件数或箱数。海运提单内的货物描述可以使用统称。提单内的货物重量应按要求列明毛重和净重。

（九）正本提单份数（number of original B/L）

承运人签发不止一张正本提单，提单上必须说明整套提单有几份正本，因为每一张正本提单都有相同的提货效力，一张提货后，其余失效。因此只有控制全套正本才能真正控制货权。依 UCP600 规定，当信用证要求一份以上正本提单时，受益人必须提示全套正本提单。

（十）提单签发日期及地点（place and date of issue）

提单签发日期视备运提单和装船提单而不同。前者是指承运人接管货物的时间；后者是指货物装船完毕的时间。签发地点可以是承运人营业所所在地，不一定是起运港。国际惯例对此的规定是：提单签发日为货物装船完毕的日期；银行接受签发日期早于信用证开证日期的提单。

（十一）承运人或其代理人或船长的签字。

按照 UCP600 规定，提单必须表明承运人名称，并由承运人或其代理人、船长或其代理人签字；承运人、船长或其代理人的任何签字必须注明其承运人、船长或代理人的身份；代理人的任何签字必须表明该代理人是代表承运人还是代表船长签字。

（十二）运费和费用（Freight and charge）

一般提单上只注明“运费已付”、“运费到付”或“运费预付”。除运费外，还有运费附加费，如装货、卸货或类似作业有关的各项费用或支出，必要时也应注明。除非信用证另有规定，运费支付情况应参照发票中的贸易术语填写。如 CIF、CIR 条件下，应填写“运费已付”（Freight Paid）或“运费预付”（Freight Repaid）；FOB 条件下，填写“运费到付”（Freight Collect; Freight Payable at Destination）。全程租船运输时，本栏应填写“As Arranged”（按约定）或“Freight Payable as per C/P”（按租约）。

（十三）提单背面载有的关于承运人权利与义务契约文句

三、海运提单的主要种类

（一）按货物是否已被装船，海运提单分为已装船提单和收妥备运提单

（1）已装船提单（Shipped on Board Bill of Lading）是指承运人（或船长或他们代理人）签发的注明货物已装船或已装具名船只的提单。

① 已装船或已装具名船只，可由提单上印就的“货物已装上具名船只”（Shipped On Board the Vessel）来表示，此时提单的出具日期即为装船日期。

② 在提单上印就“Received the Goods...”时，已装船或已装上具名船只可以以提单上注明货物装船日期的批注来证实，此时装船批注的日期即为装船日期。装船批注应包括三部分：Shipped on Board 字样、日期及承运人签字。

③ 有“预期船”字样或类似词语时，装船批注除了注明已装船的日期外，还应包括实际装货的船名，即使实际装货船只的名称就是“预期船”时，也是如此。

（2）收妥备运提单（Received the Goods Bill of Lading）是指承运人签发的证明货物已经收妥，正在待运的提单。

随着当今国际运输的不断发展，承运人的责任在不断扩大，由过去的港至港（Port to Port）扩大到目前的门到门（Door to Door），因此海运提单大多是以收妥备运提单形式出现。如提单中常常印就好下述字样“Received the Goods in Apparent Good Order and Conditions...”，在这种提单中，除了装运港和卸货港外，还应包括收货地和目的地。如果提单注明的收货地或接受监管地与装货港不同，当信用证要求已装船时，则在收妥备运提单上加注装船批注时仍须注明信用证规定的装货港和实际装货船名。

（二）清洁提单和不清洁提单

按承运人出具时对货物外表或包装是否加注缺陷批注，海运提单分为清洁提单（Clean Bill of Lading）和不清洁提单（Unclean Bill of Lading）。

（1）清洁提单是指承运人签发的、未对货物的外表或包装加注缺陷批注的提单。

（2）不清洁提单是指承运人签发的、对货物的外表或包装加注缺陷批注的提单。如包装箱破损、包装袋撕裂等：Two Cartons Broken or One Bag Tom.

除非信用证明确规定可以接受含有上述缺陷批注的提单，银行将不接受载有此类批注的提单。即银行通常只接受清洁提单。

（三）直达提单与转船提单

1. 直达提单（Direct Bill of Lading）

直达提单是指由承运人签发的、同一船舶将货物从起运港直接运至目的港卸货所签发的提单。

2. 转船提单（Transhipment Bill of Lading）

转船提单是指在起运港装载的货物不能直接运往目的港，需要在中途换装其他船舶转运至目的港时承运人签发的提单。

如信用证禁止转船，则出口商须提交直达提单。因为转船往往增加费用、风险，而且货物在中转港停留的时间不容易掌握，对收货人极为不利。因此一般信用证规定不得转船，银行也不接受转船提单。

（四）倒签提单、预借提单和过期提单

1. 倒签提单（Anti-Dated Bill of Lading）

倒签提单是指承运人签发的将提单的出单日期提前，从而造成提单的实际签发日期与提单上记载的日期不一致的提单。

由于信用证强调银行付款是有条件的，即单证相符，因此如出口商不能及时按信用证的要求发货，则银行就不能付款。当货物的发运日期晚于信用证规定的装船日期时，出口商便与承运人协商出具倒签提单，以满足信用证的条件。

承运人出具倒签提单时，通常要求出口商出具担保，以保证发生纠纷时由出口商自己承担责任。但从法律上来说，无论出于什么原因，虚假的装船时间一方面是对运输合同的违反；另一方面，由于国际市场风云变幻，交货时间往往对买方至关重要，直接影响到货物的再出售，等等，因此伪造装船时间是对收货人利益的侵犯。所以倒签提单是一种既违约又违法的行为。

【案例研究】9－2

案情：

2008年3月20日，某外国公司（卖方）与我国某进出口公司（买方）签订一项货物购销合同，合同规定交货期为6月10日，付款方式原为信用证，之后卖方擅自变更为托收形式付款。买方于6月8日收到装船电报通知，注明货物已于6月7日载往中国大连港，并注明合约号和信用证号。6月14日买方接到提货通知和随船提单一份，提单上的装船日期为6月7日。为此，买方以外方违约为由拒绝提货并拒绝付款，同时提

出合同作废。外方（卖方）不服，双方协调无效，外方依据仲裁条款提起仲裁。那么，中方以卖方违约为由提出的要求受法律保护吗？如果中方以上述理由提出的要求不受法律保护，那么应以什么事实为由才能使其合法权益获得保障？

分析：

根据《联合国国际货物销售合同公约》规定，买方只有在卖方“不履行其在合同后本公约中的应尽义务，等于根本违反合同”时，才有权宣告合同无效或解除合同。

本案中卖方交货时间仅仅迟延一天，并不构成“根本违反合同”，所以，买方如果以迟延交货一天为由，则无权要求解除合同、拒收货物，只能要求卖方赔偿损失。既然中方以卖方违约为由提出的拒付与拒收要求不受法律保护，那么应提出何种理由才能保障其合法权益？

众所周知，倒签提单是卖方串通船方来欺骗买方的一种违法行为。根据国际惯例，买方一旦有证据证明提单上说明的装船日期是伪造的，就有权拒绝接受货物、支付货款，即使货款已经支付，买方也可以要求卖方退还。据本案提供的材料表明，该货轮通常航行于香港——大连航线，该船曾于 6 月 5 日进大连港，10 日出大连港，不可能于 6 月 7 日在香港码头装船并签发提单，随船提单上的装船日期是不真实的。

由此证据可以表明，外方串通船方以倒签提单装船日期的欺骗行为对买方进行欺诈，依据国际惯例，中方有充分理由拒收货物、拒付货款并要求卖方赔偿损失。

2. 预借提单（Advanced Bill of Lading）

预借提单是指托运人在实际货物装船前或实际装货时要求承运人签发的已装船提单。

预借提单经常发生在信用证规定的装船日期已过，托运人未能及时备妥货物装船或未赶上船期的情况。出口商为便于及时向银行提交单据结汇，常要求承运人签发这种提单，并预先借走。承运人一般是在出口商提供担保，承担由此可能引发的责任的前提下签发预借提单的。出于同样的原因，预借提单也是一种既违约又违法的行为。

尽管预借提单与倒签提单都是在单据未能满足信用证要求的前提下发生的，且都是在出口商提供担保的情况下由承运人出具的，但二者有着明显的不同。倒签提单表明货物已经装船，只不过实际装船日期晚于信用证规定的日期，提单的出单日期被提前；而预借提单则是在货物还未装船或未装完船的情况下出具的。对进口商而言，好在倒签提单下的货物已经装船，只不过可能造成货物比预计的日期晚收到，而在预借提单下的货物根本还未被装船或还未被装好，这样进口商是否能收到货以及何时收到货物都将是个问题，因而风险相对较大。

3. 过期提单（Stale Bill of Lading）

过期提单是指信用证规定的交单日期晚于货物到达日期的提单。

在信用证条款中，通常规定一个出口商向银行提交单据的日期即交单期，它一般为装运日期后 15 天内。如信用证未规定此日期，根据 UCP600 的规定，则此交单期为装运日期后 21 天内。实际业务中，有时由于货物运输路线较短，但信用证规定的交单期较长，这样提单就可能晚于货物到达，此时的提单即为过期提单。过期提单下往往会造成较高的货物滞留港口费用。

（五）舱面提单

舱面提单（On Deck Bill of Lading）是指承运人签发的、表明货物已装具名船只舱面的提单。

一般情况下，由于货装舱面时的风险较大，除易受日晒雨淋外，还可能因海上风浪过大而被冲入海中，因其他原因导致货物损坏的可能性也更大，所以实际情况是，除集装箱等航运界习惯装于甲板上的货物外，船方很少将货物装于舱面上。

如果运输单据内有货物可能装于舱面的规定，但未特别注明货物已装或将装舱面，除非信用证另有规定，银行将对此种单据予以接受。

四、海运提单的背书转让

一般而言，由于海运提单是一种物权证书，因此它通常代表着对货物的所有权。在实际业务中托运人如何将物权证书交出去，以换取进口商的支付款项，这就涉及提单的流通转让。海运提单的转让属于交付转让，提单持有人的权利不优于前手。

提单的背书分为空白背书和记名背书。

空白背书是指提单的背书人在提单背面签字盖章，而不注明被背书人的名称。经过空白背书的提单，合法持有人可有权直接向承运人要求提货，也可在市场上再度转让或作为银行的抵押品。例如：

（FOR）XYZ Co.，Ltd.（背书人名称）

××× （背书人签字）

记名背书是指背书人除在背面签字盖章外，还需注明被背书人的名称。记名背书又分为受让人指示背书（Please delivery to the order of ×××）和限制性背书（Please delivery to ×××），前者是指受让人可以再继续背书转让；后者是指只能由受让人自己在目的港向承运人提货，一般不能再背书转让。例如：

DELIVER TO ×××（被背书人名称）

FOR XYZ Co.，Ltd.（背书人名称）

×××（背书人签字）

海运提单的能否转让主要取决于提单的抬头即收货人名称的写法。

（一）收货人一栏写为：进口商（to buyer）

这种海运提单则意味着只能由进口商自己提货，其他人则不可以。这种提单仅仅表现为运输契约以及收货证明，它不能体现其他人对此货物的权利，它不是物权证书，因此根本谈不上它的转让。如果出口商拿到的是这种提单，则他不能对货物进行有效控制，从而面临非常大的风险。开证行如遇到买方拒绝付款，想自行提货另作处理，需先请收货人背书，这对银行是风险，所以开证行一般不愿意制定成这样的提单条款。

（二）收货人一栏写为：指定人或某人的指定人（The Order or the Order of A Specific Person）

对于指示性提单，不管是不是记名指示，还是托运人指示、银行指示和收货人指示，托运人都要在提单上背书，以便证明提单转交给银行是合法的。

如果收货人一栏标明为：指定人（To Order），则此种提单常常被称为空白抬头的提单。这种提单表现为物权证书，它需要由托运人在提单背面做成空白背书，进而完成权利转让。也可根据信用证规定做成记名背书。

如果收货人一栏标明为：托运人的指定人（To the Order of shipper），托运人可在提单背面做成空白背书，进而完成权利转让。也可根据信用证规定做成记名背书。托运人还可不作背书，由托运人自己去提货，即卖方保留货物所有权。

如果收货人一栏标明为：开证行的指定人（To the Order of issuing Bank），则此种提单需由开证行在进口商付款后背书转让给进口商。

如果收货人一栏标明为：收货人的指定人（To the Order of ××），如信用证规定提单作成"公司的指定人"，则提单收货人一栏应填入"To the Order of ×× Co."。收货人可以背书转让，也可自行提货。这种以收货人为抬头的指示性提单，开证银行如遇到买方拒绝付款，想自行提货另作处理，需先请收货人背书，因银行不能掌握物权，所以不愿接受这种提单。

所以出口商或开证行可通过控制单据（主要是海运提单），来控制他们所面临的风险。

提单抬头与背书直接关系到货物处置权归属和能否转让等问题，因此，提单转让一定要严格按照信用证要求办理。

信用证中，指示提单的抬头要求及背书方法举例如下：

（1）若信用证规定"Full set of B/L made out to（draw to 或 issue to）order..."或"B/L Made onto order..."，则"Consignee"一栏内填写"To order"或"Onto order"，

并由托运人做成空白背书或记名背书。

（2）若信用证规定“Full set of B/L made out to（draw to 或 issue to） order of shipper...”或“B/L Made out to?（draw to 或 issue to）shipper's order...”则“Consignee”一栏内填写“To the order of ×× Co.（发货人）”或“To ×× Co.'s order”，并由托运人做成空白背书或记名背书。

（3）若信用证规定“B/L made out to（draw to 或 issue to） our order ...”则“Consignee”一栏内填写“To ×× bank's（开证行）order”，并由开证行做成空白背书或记名背书。

（4）若信用证规定“B/L made out to（draw to 或 issue to） order, deliver to order of ×× bank”则“Consignee”一栏内填写“To order”，并由托运人在提单背面做成记名背书：“Deliver to the order of ×× bank”（背书给××银行）。

（5）若信用证规定“B/L made out to（draw to 或 issue to） the order of ×× bank or to order”，只能选择其中一种，则“Consignee”一栏内填写“To the order of ×× bank?”或“To order”，并由有关银行或托运人背书。

常见的提单背书有以下几种形式：

（1）出口商以托运人或发货人（shipper）的身份空白背书转让提单：

ABC Co., Ltd（托运人公司名称）

××（签字）

（被背书人可以是进口商、议付行或开证行，视合同或信用证规定。）

（2）若是议付信用证，在寄单前，议付行进行记名背书，被背书人为开证行：

Deliver to the order of bank（开证行）

××Negotiation bank（议付行）

××（签字）

（3）进口商付款赎单时，开证行再背书转让提单给进口商：

（XYZ Import Co., Ltd.: Upon payment freight and all charges）

Deliver to the order of XYZ Import Co., Ltd.

××Issuing Bank（开证行）

××（签字）

提单没有背书或背书不正确是导致拒付的原因之一。如提单已寄出，国外通知拒付，可采取的补救措施有：将提单退回补加背书再次寄出；或者由议付行出面授权，由对方银行代为背书。但后者比前者大大缩减了时间，可避免产生迟期交单和信用证过期的风险，还可以早收汇，因此，去电授权代为背书优于退回提单补加背书。

第三节 其他运输单据

一、不可流通转让的海运单"Consigned to ×××（指定的收货人）"

不可流通转让的海运单是运输高速化的产物，是为解决船先于提单到达、港口拥挤的问题而设立。由于现代船舶行驶速度提高，货物很快就可运到目的港，而进口商必须等到提单到达后才能提货，这样对于进口商和船公司均感不便，于是仿照空运单，产生了不可流通转让的海运单。

这种海运单只是作为海上运输合同的证明和货物收据，不是物权凭证，所以不能凭以提货，不可流通转让。船公司向收货人交货时不必要求提交单据。货到港就可通知收货人提货。它的功能和作用与空运单据相似，其格式则相似于一般的海运提单，所不同的是格式上注明为不可流通转让的海运单。

不可流通转让的海运单不是物权单据，因此不能做成指示性抬头"To the Order"或"to the Order of A Specific Person"，而应作成记名抬头"Consigned to ×××（指定的收货人）"。其他方面的掌握完全与海运提单一样。

二、租船合约提单

租船合约提单（Chartered Bill of Lading）是指承运人以租赁船只的方式为托运人运送货物时所签发的提单。

它是相对于班轮运输而言的，在商品交易的数量比较多、价值比较大时，托运人为了节约费用开支，有时采用租船方式运送货物，此时托运人需要与船主签订租船合约来约定双方的权利与义务。

（一）国际上使用广泛的租船方式

（1）定程租船（Voyage on Trip Charter）又称航次租船或程租船，它是以航程为基础的一种租船方式。船方必须按照租船合同规定的航程完成货运任务，并负责船舶的经营管理以及船舶航行中的一切费用（包括船员工资、港口的使用费、代理费、船用燃料等费用）。租船人按约定支付租金。程租船是租船的基本形式，被普遍采用。

（2）定期租船（Time Charter）又称期租船，是由船舶出租人将船舶租给租船人使用一定期限，在此期间内，租船人自行调度和经营管理，租金按（全日历月）每月每载重吨若干金额计算。

（3）光船租船（Bare Boat Charter）是期租船的一种，所不同的是：船东不提供船员，光一条船租给租方使用，由租方自行配备船员负责船舶的经营管理和航行的各项事宜。对船东来说一般不放心把船交给租船人支配，所以这种方式很少采用。

（二）租船提单的性质和作用

租船提单是船方根据租船合约签发的，不同于一般班轮运输的海运提单，因为受其租船合同的约束，有其本身的特殊性。在一定条件下，它不具有海运提单所共有的性质和作用，也不能作为解决有关当事人之间的争议、索赔和划分有关当事人之间权利义务的依据。但在一定条件下租船提单所具有的性质和作用，又和海运提单完全一样。

（1）当租船人也是货物托运人时，由承运人（船舶所有人）所签发的提单仅仅是物权凭证和货物收据。在提单中往往注有“根据×××租船合同出立”等字句。显然它要受到租船合同的约束。这种提单不能成为一个完整的独立文件。承运人和托运人双方权利和义务的划分均以租船合同而不是以提单为准；一旦发生货损，均按租船合同的有关规定作处理，而不是按提单条款办理；解决争议和索赔的有关依据是租船合同而不是提单。

（2）当租船人将提单背书转让给第三者时，租船合同的权利和义务仍然只对承运人和租船人而不对第三者有约束力。因此一旦发生货损，解决船方和提单受让人之间关系准则的独立法律文件，以及解决争议与索赔的依据是提单，而不是租船合同。提单受让人可凭提单向船方交涉。而船东在提单内的责任大于租船合同内的责任，因扩大部分所引起的船东给提单受让人的赔偿，船东有权凭租船合同向租船人请求偿还。

（3）当租船人租船后，以承运人身份为他人运货或部分为他人运货，根据租船合同，由船东签发提单时，船东、租船人以及提单持有人之间的责任划分等同与上述（2）。

（4）当租船人以承运人身份接受托运人货物，并签发自己的提单，不列明“按租船合同办理”的文句，则此提单不能视为租船提单，即在这种情况下，提单成为解决租船人（承运人）和托运人之间争议与索赔的法律依据。如发生货损，托运人应找租船人交涉，双方的权利和义务以租船人签发的提单为准。租船合同在租船人和托运人之间不产生效力。

租船提单通常是略式提单。它只列货名、数量、船名、装运港、目的港等必要项目，背面无详细条款，但提单上批注“一切条件、条款和免则事项按租船合同”或“根据×××租船合同签发”等类似的文句。

银行对租船提单不予接受，除非信用证有规定，如果信用证要求或允许提交租船合约提单，银行将接受此单据。但如果信用证要求提交与租船合约提单有关的租船合约时，银行对该合约不予以审核，在不承担责任的情况下予以照转。

三、多式联合运输单据

多式联合运输单据（Combined Transport Document）是由多式联合运输经营人签发的、由两种或两种以上运输方式运送货物时的单据。它是伴随着成组化运输，特别是集装箱运输方式的发展而出现的。

在集装箱运输业务中，联合运输经营人的责任扩大到整个运输过程，即门到门（Door to Door），货物的第一段运输不一定都必须是海洋运输，出口商不一定非要将货物交付到港口，见图 9－1。因此联合运输单据通常大多是以收妥备运形式签发的。

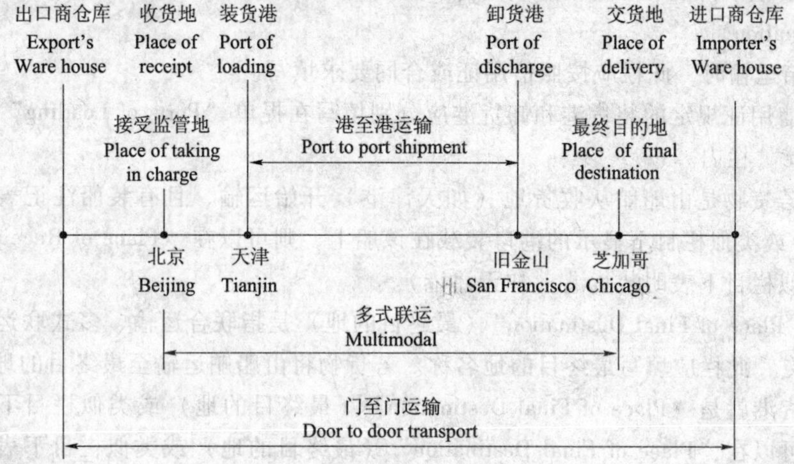

图 9－1　门至门多式运输

伴随着集装箱的大量使用，一些有关集装箱的专门术语出现在联合运输单据内，如 LCL/LCL（拼箱/拼箱）、FCL/FCL（整箱/整箱）、CY/CFS（整箱/拼箱）等。LCL（Less than Container Load）表示拼箱。FCL（Full Container Load）表示整箱。CY（Container Yard）表示货场。CFS（Container Freight Station）表示货站。货场是指整箱货进出的地方。货站是指拼箱货进出的地方。

货物以集装箱为单位的运输，习惯称之为集装箱运输，承运人所签发的提单称之为集装箱提单。它分两种形式：一是联合运输提单（Combined Transport Bill of Lading）；二是传统的海运提单，同时加注“by container shipment”。

集装箱提单与传统海运提单具有相同特点，但集装箱提单的部分栏目的制作有所不同。分述如下：

1. 前段运输（Pre-carriage by）

提单上的前段运输栏，是为多式联运专用，集装箱运输时，填写在装运港装船前的运输及首程运输工具，如货物由北京经卡车运至天津，再装船运输时，此栏可填写“by truck”。

2. 收货地（Place of Receipt）

集装箱运输时，此栏填写“前段运输”的收货地点，如上述的“BEIJING”。

应注意，“Port”与“Place”区别。多数提单上印有“Place of Receipt/Taking in Charge”和“Place of Delivery/Final Destination”栏目，这些栏目仅供多式联运和联合运输（包括集装箱运输）时使用，单一海运（港至港）时不用。

3. 装货港、卸货港及最终目的地（Ports of Loading，Ports of Discharge and Place of Final Destination）

集装箱运输时，此栏应按照信用证或合同要求填写。

（1）信用证规定的装货港和卸货港应分别填写在提单“Ports of Loading”和“Ports of Discharge”栏内。

（2）若货物是由船舶从收货地（如天津港）开始运输，且有装船注记表明货物在“收货地”或类似栏目下显示的港口装载在该船上，则可以在“Place of Receipt”（收货地）或类似栏目下表明装货港（如天津港）。

（3）“Place of Final Destination”（最终目的地）是指联合运输、多式联运或集装箱运输的终点，此栏应填写最终目的地名称。若货物将由船舶运输至最终目的地，且有批注表明卸货港就是“Place of Final Destination”（最终目的地）或类似栏目下显示的港口，则也可以在“Place of Final Destination”（最终目的地）或类似栏目下表明卸货港（如纽约港）。

4. 集装箱号及唛头（Container No. & Shipping Marks）

整箱货运输时，仅在提单“Shipping Marks”栏内填写集装箱号即可；拼箱货运输时，则须在“Shipping Marks”栏内填写唛头，以便货物到港后承运人核对，及时交货。

5. 集装箱封号（Seal No.）

集装箱封号是海关查验货物后作为封箱的铅制关封号码，出口商应按照实际封号在“Seal No.”栏内填写。

6. 集装箱数目或货物件数（No. of Container or Packages）

此栏内填写集装箱数目及货物件数，如 1×20′CONTAINER（STC235 CTNS）或再加上大写：SAY ONE CONTAINER（STC 235 CARTONS ONLY）。

7. 集装箱运输的装船注记（ON BOARD NOTATION）

在集装箱运输中，通常承运人是依据托运人的要求先签发提单，待船舶到港后再将集装箱装船。因此，集装箱提单属于备运提单。集装箱装船后，提单上应加注“装船注记”或“装船批注”，说明装船的有关事项。

(1) 若提单上事先印就了装船注记栏目，如“Laden on Board the Vessel”或“Shipped on Board”（已装船）、“Date”（装船日期）及“Signature”（签字）等内容，则集装箱装船后承运人加注日期、承运人签字，此时该提单变为“已装船提单”。若提单事先印就了“Laden on Board the Vessel”或“Shipped on Board”（已装船），则提单出具日期即视为装运日期，除非提单载有加注日期的单独装船注记，此时该装船注记的日期就是装运日期，而不论该日期比提单签发日早或晚。

(2) 若提单上没有事先印就的装船注记栏目，则集装箱装船后承运人在提单的空白处加注装船注记，其内容包括加注“Shipped on Board”（或“On Board”，“Shipped in Apparent Good Order”，“Laden on Board”，“Clean on Board”等）、实际装船日期和承运人签字。该加注的日期就是实际装船日期。此时该提单变为“已装船提单”。

(3) 若提单载明的“船名”、“装货港”、“卸货港”前注明了“Indented”（预期的）字样或类似的词语，则集装箱装船后，承运人应在装船注记中加注实际装载集装箱的船名、装货港及卸货港，即使两者完全相同。

(4) 若集装箱的收货地（北京）与装运港（天津）不同，则须在提单上分别注明，且要加载装船注记。若收货地与装运港相同（天津），则无须在装船注记中加注装运港和船名。

8. 特殊记载

在集装箱运输中，有时承运人可能在提单上记载下列一些特殊的内容，这些记载不影响提单的有效性。

(1) 在提单上记载“By Container 或 Containerized”。这表明货物是以集装箱形式运输。

(2) 在提单上记载“Shipper's Load and Count; Said by Shipper to Contain...”或类似的词语。这表明整箱货是托运人整箱、加锁和铅封的，承运人没有核对箱内货物。

(3) 在提单上记载“Charges Addition to Freight Are Account to the Buyers”。这表明买方承担运费以外的其他费用。

四、空运单据

（一）航空运输概述

航空运输是一种现代化的运输方式。它与海洋运输、铁路运输相比，其最大特点是快。一般而言，航空公司只负责货物的空中运输，即从一个机场到另一个机场的运输。而在这之前的提货接货以及为这段运输所必须经过的定舱、报关、报验、制单、发运以及通知目的地机场接货、送货、报关等一系列业务则是由航空货运公司办理。航空货运公司可以是货主、也可以是航空公司的代理，还可以是两者兼而有之。

航空运输主要有班机运输、包机运输和集中运输三种。

1. 班机运输方式

它是定期的航班运送货物，班机航行固定，定期开航，发货人、收货人可以确切掌握发运和到达时间。贵重货物、鲜活易腐货物以及时令商品大都利用这种班机运输方式。

2. 包机运输方式

它是租赁整架飞机或由几个发货人联合包租一架飞机来运送货物。大宗货物大都利用包机运输方式，根据运量大小，包租整架飞机或部分舱位。因此包机可分为整包机和部分包机两种形式。部分包机适用于多个发货人但到达则是同一地点的货物运输。包机运费一般是随行就市，较班机运费便宜。

3. 集中托运

这是航空货运代理接受委托，将若干批单独发运的货物拼装后组成一个整批，集中到航空公司托运。货物到达目的地后，由航空货运代理公司委托当地的代理人负责收货、报关并分拨给实际收货人。在集中托运方式下，办理拼装货物航空货运代理，在收到货物后，签发给发货人的是分运单（House Airway Bill），而承运人收到航空货运代理的拼装货物后，签发的是总运单（Master Airway Bill）。由于集中托运方式的运价比班机便宜，因此发货人比较愿意将货物交给航空货运代理来安排，而不是直接交给航空公司发运。

（二）航空运单的性质和作用

航空运单（Air Way Bill）是指航空公司或其代理人作为承运人向托运人签发的一种收货证明。它表明货主与承运人间的运输契约关系。

航空运单是承运人与托运人之间缔结运输合同的证明；也是承运人向托运人出具的货物收据，但它与海运提单不同，它只表明承运人收到货物，而不是已装上飞机。此外，航空运单还有作为运费账单、报关单据等作用。

航空运单不是物权凭证，不可流通转让，通常签发为以进口商为收货人的记名抬头单据。收货人不是凭航空运单提货，而是凭航空公司的提货通知，这样只要进口商提交证明，就可以从承运人处提取货物，出口商一般很难控制货物。

由于航空运单不是货物所有权凭证，有的开证行为保证其对货物的抵押权利，往往要求以银行作为航空运单的收货人。在托收方式下，出口商为防止货、款两空，也事先通过托收行联系，征得代收行同意，以代收行作为航空运单的收货人。

航空运单一般为一式十二份，每份具有各自不同的用途。其中1－3联为正本，分别注明：第一联交给承运人；第二联交给收货人；一般随货同行，货到达目的地后，由航空公司或其代理人交给收货人；第三联交给托运人。第4－9联为副本，分别交给有关运输部门。第10－12为附加副本，特殊需要时使用。因此，信用证要求提交航空运单，受益人交到银行的只能是第三联正本运单。

除非信用证另有规定，银行将接受收妥待运的航空运单。如信用证要求实际发运日期，则须在此运单上作专项批注，此批注日期即为装运日期。

在其他情况下，航空运单的签发日期即视为装运日期。

银行将不审核航空运单所标注的全部承运条件或标注的来自某处的某些承运条件。

五、公路、铁路、内河运输单据

铁路运输是指利用铁路进行运输的一种方式。它在国际贸易中是仅次于海洋运输的运输方式。铁路运输的优点是运输量大，速度快，货物所受风险小，而且不易受外界环境影响。

公路运输的特点是简捷方便、灵活机动。可深入到有路可通的各个角落，对短途货物集散和边境贸易，比其他运输方式有更大的优越性。同时又是其他运输方式依赖的配套运输方式。

铁路运单（Railway Bill）是火车站向托运货主签发的一种运输单据。它适用于买卖双方通过铁路运送货物的交易。铁路运单不是物权证书，它不能流通转让，它仅仅表现为运输契约和货物收据，因此与空运单据一样，只能作成记名收货人。伴随着欧亚大陆桥的开通与使用，铁路运单会在业务中发挥很大的用途。

六、邮政专递和邮寄收据

邮政运输是一种简便的运输方式。卖方只要按照合同规定将出口货物向邮局办理投寄手续、取得邮政收据即完成交货任务。

邮局收据（Post Receipt）是邮政局向寄件人签发的用于邮寄小件包裹等物品的一种收据。邮寄、快邮收据一般由寄件人填写寄、收件人名称、地址、寄件货物名称等，由邮局、快邮服务公司核实重量并收费后签发。收据签发后一份随寄物品一同发往目的地，然后由目的地邮局向收件人发出取件通知或由快递服务公司递送。另一份交寄件人，向银行办理业务。

它不是物权证书，仅为一种收据，不能流通转让。

第四节 保险单据

由于货物运输可以采用海路、水路、陆路、航空以及联合运输等多种方式进行，货物运输保险就有多种类型出现。但由于国际贸易中的货物运输大多是由海洋运输方式来完成的，因而在此主要说明海洋货物运输中的保险单据问题。

一、国际货物运输保险概述

国际贸易中，货物运输保险与货物运输一样，是国际贸易不可缺少的组成部分。在货物运输中，是由买方还是卖方对货物进行投保，取决于进出口双方合同所签订的贸易条件。贸易条件主要有十三种，以使用最多的 FOB、CFR、CIF 三种为例，在 FOB 条件下，卖方在货物于指定装运港越过船舷后，即完成交货义务，这意味着买方将负担运输中一切费用和货物灭失及损坏的风险。在 CFR 成本加运费条件下，卖方必须提供合同规定的货物，支付货物至目的港所需运费，但货物交至船上之后的灭失及损坏的风险和因故发生的任何额外费用，则自货物越过船舷后即由卖方转移给了买方。因此，在 FOB 和 CFR 条件下，买方将自己对货物进行投保。而在 CIF 条件下，卖方必须就运输中买方负担的货物灭失及损坏的风险进行投保，这是卖方对买方的义务。因此在具体的进出口业务中都有一个保险问题，区别只是由卖方还是买方办理。

(一) 海运货物保险的承保范围

海运货物保险的承保范围包括：海上风险及由其引起的海上损失与费用；外来原因引起的风险损失。国际保险市场对上述各种风险与损失都有特定的解释。

1. 海上风险与海上损失

（1）海上风险

海上风险包括自然灾害和意外事故两种。按照国际保险市场的一般解释，自然灾害是仅仅指恶劣气候、雷电、洪水、流冰、地震、海啸和其他人力不可抗拒的灾害，而非指一般自然力所造成的灾害。意外事故不同于一般的意外事故，它所指的主要是船舶搁浅、触礁、碰撞、爆炸、火灾、沉没、船舶失踪或其他类似的事故。

（2）海上损失

海上损失简称海损，它是由于海上风险所引起的损坏或灭失。就货物损失的程度而言，海损分为全部损失和部分损失；就海损的性质而言，海损分为共同海损和单独海损。

① 全部损失和部分损失

全部损失又分为实际全损和推断全损。前者是指货物全部灭失或完全变质或不可能归还被保险人而言；后者是指货物发生事故后，认为实际全损已不可避免，或者为避免实际全损所需支付的费用与继续将货物运抵目的地的费用之和超过了保险的价值。凡是不属于实际全损和推断全损的损失为部分损失。

② 共同海损和单独海损

在海洋运输中，船舶、货物或其他财产遭遇了共同危险，为了解除共同的危险，有意地采取合理的救难措施，所直接造成的特殊牺牲和支付的特殊费用，称为共同海损。在船舶发生了共同海损后，凡属于共同海损范围内的牺牲和费用，均可通过共同海损理算，由有关获救受益方（即船方、货方和运费收入方）根据获救价值按比例分摊。共同海损必须具有以下特点：危险必须是共同的，救难措施是合理的；危险必须是真实存在而不是臆测的；其牺牲必须是主动的和有意采取的行动，其费用必须是额外的；其损失必须是非常情况下的损失。

单独海损是指仅涉及船舶或货物所有人单方面的利益的损失，而且是所承保风险所直接导致的船、货损失。

2. 外来风险和损失

外来风险和损失是指海上风险以外的由于其他各种外来的原因所造成的风险和损失，外来风险和损失主要包括以下两种类型：

一种是一般外来原因所造成的风险和损失，通常是指偷窃、短量、破碎、雨淋、受潮、受热、发霉、串味、沾污、渗漏、钩损和锈损等。

另一种是特殊的外来原因造成的风险和损失，主要是指由于军事、政治、国家政策法令和行政措施等原因所造成的风险损失，如战争、罢工等。

除上述风险外，保险货物在运输途中还可能发生其他损失，如运输途中的自然损耗以及由于货物本身特点和内在缺陷所造成的货损等。这些损失不属于保险公司承保的范围。

（二）海运货物保险的险别

保险的险别是指保险人对风险和损失的承保责任范围，按中国保险条款规定，我国海运货物保险的险别包括以下几种类型：

1. 基本险

按照中国人民保险公司规定的基本险包括平安险、水渍险和一切险。

(1) 平安险

平安险（Free From Particular Average，简称为 F. P. A)，是指单独海损不保的险别，但对于因意外事故所造成的单独海损则要负赔偿责任。

(2) 水渍险（With Particular Average，简称为 W. P. A 或 W. A)，

原意是指“单独海损赔偿险”，其承保范围包括了作为平安险不赔的单独海损部分、平安险承保的全部责任以及由于恶劣气候、雷电、海啸、地震洪水等自然灾害所造成的部分损失。

(3) 一切险（All Risks)，是指保险人的责任不仅包括平安险、水渍险的范围，而且还包括一般附加险的范围在内的险别。但不包括特别附加险。

从上述三种险别的责任范围来看，平安险的责任范围最小，它对自然灾害造成的全

部损失和意外事故造成的全部和部分损失负赔偿责任。水渍险的责任范围比平安险的责任范围大，凡因自然灾害和意外事故所造成的全部和部分损失，保险公司均负责赔偿。一切险的责任范围是三种险别中最大的一种，它除平安险和水渍险的责任范围外，还包括被保险货物在运输过程中，由于一般外来原因所造成的全部和部分损失，如偷窃、短量、破碎、雨淋、受潮、受热、发霉、串味、沾污、渗漏、钩损、淡水雨淋、提货不着等。可见一切险是平安险、水渍险和一般附加险的总和。需要注意，一切险并非是保险公司对一切风险损失均负赔偿责任，它只对水渍险和一般外来原因引起的可能发生的风险损失负责，而对货物的内在缺陷、自然损耗以及由于特殊外来原因（如战争、罢工等）所引起的风险损失概不负责任。

2. 附加险

附加险是指保险人对货物运输途中因外来因素所造成的风险损失予以赔偿的一种险别。它分为一般附加险和特殊附加险两类。

(1) 一般附加险

一般附加险是由一般外来因素所造成的风险损失。它包括：

① 偷窃提货不着险（Theft，Pilferage and Non—Delivery，简称为 T. P. N. D)。这是指对货物在运输途中因被盗而致使承运人在目的地无法交付货物或少交货物的风险而由保险人予以赔偿的险别。

② 淡水雨淋险。这是指保险人对货物运输途中因下雨、船舱内的淡水仓或水管漏水等原因造成的损失负责的险别。

承保平安险及水渍险时，保险人只对由于海水而造成的货物损失负责赔偿。

③ 短量险（Risk of Shortage）。这是指保险人对货物运输途中因数量短少、重量短缺而造成的损失负责的险别。

对于运输途中货物的正常合理损耗，不包括在短量险的范围之内。

④ 沾污险（Risk of Contamination）。这是指保险人承保的运输途中货物被其他物质沾污造成损失的一种险别。

⑤ 渗漏险（Risk of Leakage）。这是指保险人承保的运输途中，因容器破损而造成货物损失的一种保险。

⑥ 碰损破碎险（Risk of Clashing & Breakage）。其承保运输途中的货物碰损、破碎造成的损失。

⑦ 串味险（Risk of Odour）。其承保因串味而造成的货物损失。

⑧ 受潮受热险（Sweating and/or Heating Risk）。其承保货物在运输过程中因受热受潮而造成的货物损失。

⑨ 钩损险（Hook Damage）。其承保货物装卸过程中因吊钩原因造成的货物损失。

⑩ 包装破碎险（Package Broken Risk）。其承保包装破损造成的货物损失。

（2）特殊附加险。特殊附加险是指保险人承保由于外来的特殊原因而造成货物损失的险别。它包括：

① 战争险（War Risk）。保险人承保由于战争、武装冲突等原因造成货物损失的风险。在承保战争险时，保险人仅对货物的水上风险负责。货物到达目的港时，由于各种原因致使卸货期限超过货物到达目的港当天12时起算的15天时，保险人不再对货物的损失负责。

② 罢工、暴动、民变险（Risk of Strike，Riots and Civil Commotions，简称为S. R. C. C）。

③ 交货不到险（Risk of Failure to deliver）。承保货物装运日起6个月而未到达目的地的损失。

④ 进口关税险（Risk of Import Duty）。

⑤ 舱面险（On Deck Risk）。承保货物装载船只舱面而造成的损失。

⑥ 拒收险（Rejection Risk）。

⑦ 黄曲霉菌险（Aflatoxin Risk）。承保运输中的货物被发现黄曲霉素而拒绝进口的损失。

⑧ 检验险（Inspection Risk）。

（三）承保条款

在实际业务中，保险人与被保险人之间是按照一定的保险条款来签署保险合同的。保险人提供的保险条款主要分为两类，即中国人民保险公司于1981年1月1日颁发的《中国保险条款》（China Insurance Clauses，简称为CIC条款）以及英国伦敦保险协会于1982年1月1日颁发的《伦敦协会货物条款》（Institute Cargo Clauses，简称为ICC条款）。

按照《中国保险条款》，被保险人可以在分别投保平安险、水渍险以及一切险等基本险种的基础上，还可以投保特殊附加险种。特殊附加险不可以单独投保。

按照《伦敦协会货物条款》，其承保险别分为海险以及战争险和罢工险。海险分为A条款、B条款以及C条款。A条款基本类似于以前的一切险条款；B条款类似于水渍险条款；C条款类似于平安险条款。此外，战争险、罢工险属于特殊附加险别。按照其条款的规定，这些特殊附加险别可以独立于上述的A条款、B条款以及C条款而单独投保。

二、保险单据的概念、作用和种类

（一）保险单据的概念

保险单据是指保险公司出具的、表明保险人与被保险人之间权利义务关系的一种证明，又是双方之间权利和义务的契约，在被保险货物遭损失时，它是被保险人索赔的主要依据，也是保险公司理赔的主要依据，所以在货物出险后，只有在掌握了提单又掌握了保险单据的情况下，才是真正地掌握了货权。它一般是指保险单（Insurance Policy）或保险凭证（Insurance Certificate）。

（二）保险单据的作用

（1）保险单据是一种承保契约。它表明保险人与被保险人之间达成的契约关系。

（2）保险单据是一种承保证明。它的出具说明保险人已经为被保险人投保了相应的保险，因此它是一种承保证明。

（3）保险单据是保险人与被保险人或其权利的受让人日后解决纠纷的依据；如 CIF 条件下的保险，当货物在运输途中发生损失时，通常由进口商依据其所持有的保单，向进口地的保险人的代理人提出索偿。

（三）保险单据的种类

（1）保险单（Insurance Policy），应用于承保指定航程内某一批货物发生的损失。凡是指明航程、指明货物者，均可出具这种保险单。保险单除载明各项填写的基本内容外，并附有关于保险公司责任范围以及保险公司和被保险人的权利和义务等方面的详细保险契约，它是完整的承保形式，因此又称为正式保单，俗称大保单。信用证要求保险凭证时可以提交保险单代替。

（2）保险凭证（Insurance Certificate），是简化了的保险单，俗称小保单。

保险凭证与保险单相比，在正面记载方面没什么区别，都反映了保险合同的特定细节，列明了保险单正面的主要内容，但在背面没有像保险单那样印就保险合同条款，而只是简单说明应参照同一保险人出具的保险单背面的全部条款，而且参照条款如与保险凭证载明的特定条款相抵触，则应以特定条款为准。

虽然保险凭证对保险合同的证明不如保险单充分，但在国际贸易界仍被视为与保险单有同等的法律效力，若无明确限制，两者可通用。如果信用证规定要提示保险单，则不能以保险凭证代替，但如果信用证规定提示保险凭证，则可以用保险单代替。

（3）预保单（Open Cover），是保险人与被保险人双方对长期连续装出的货物全部投保而预先签订的一揽子保险。这种保险合同的有效期一般为一至三年，也有按某一批货物或针对整个运输过程而签订。合同规定了保险货物的范围、保险责任、险别、保险费率、每次出运货物的最高保险金额等内容。凡属于预保单规定范围内的货物，一经装船，保险公司即自动按照既定的条件予以承保，但被保险人应在得知货物装船后，立即以“保险证明（保险声明书）”的形式将该批货物的名称、数量、保险金额、船舶的起运港、目的港、开航日期等通知保险公司。

三、保险单据的主要内容

1. 被保险人（抬头）（Insured）

被保险人主要是指出口商。

2. 保险单号码及发票号码

商业发票是出口商向保险公司投保的主要依据之一，因此保险单据中常需列示其所依据的发票的号码，以便于查对。

3. 唛头与标记（Marks and Nos.）

由于保险单据须根据商业发票出具，因此其中的唛头与标记常常填写为："as per the invoice No. ____" 或 "See Attachment"。无唛头时应填写 "N/M"。当被保险人在向保险公司索赔时，除提供保单外，还须提供发票。

4. 包装件数及货物描述（Quantity and Description of Goods）

保单的包装件数应与发票、提单上的一致。保单上的货物描述可以使用统称，但不得与其他单据相违背。

5. 承保金额（Amount Insured）

保险货币应与信用证规定一致；托收方式下，应与合同一致。保额的加成比例应严格按照信用证或合同的规定；若信用证或合同没有具体规定，应按 CIF 和 CIP 发票价格的 110% 投保（最低投保金额）。

6. 运输船名及起止地

保单上的船名、港口应与信用证或提单上的一致。开航日期通常写为 "as per B/L" 或 "on or before a specific date"，按规定，此日期可以理解为包括该日期的前后 5 天，但不得与提单上的日期相违背。

在填写起止地时应做到以下几点：

（1）起运港（地）和目的港（地）必须和提单或其他运输单据一致。

（2）若货物经转船到达目的港时，填写的方法是，From：装运港；to：目的港；W/T 或 via：中转港。

（3）若信用证要求海运至目的港，而保险至内陆，此栏应填写目的港后再填内陆地名。例如，提单目的港为马赛，信用证要求投保至巴黎，则此栏应填写为 "From × × × to Marseills and thence to Paris"。

（4）若买方选择目的港，如 Option London/Liverpool/Manchester，则保单照填。

（5）若信用证未具体规定装运港，只能分别填写一个具体港口。

7. 承保险别

保单上的承保险别、出险条款应与信用证的要求一致。

8. 保险赔付地、赔付货币及赔付代理人

保险单据的赔付地、赔付货币应与信用证的要求一致。

9. 保单出单日期及地点

保险单据的出单日期不得迟于提单的日期；最迟可与上述单据出单日期同为一天。保险单据必须表明至少承保信用证规定的接管地或装运地至卸货地或最终目的地之间的风险。

10. 保险公司签章

保险单据必须是由保险公司或承保人或他们的代理或其代表出具并签字。但代理人或代表人的签字必须表明其系代表保险公司或承保人的签字。

11. 保险单据背面有关保险人的责任规定

四、保险单据的流通转让

在国际贸易实际业务中，出口商作为被保险人与保险公司签订保险合同时，通常是代表进口商的利益而为之。出口商获得保单后，他暂时成为保单利益的所有人。由于出口商是代替进口商来投保，因此出口商须将保单交付给进口商。这就涉及保单的转让。所以出口商只要在保险单背面签字后，即履行了转让手续。保险单的背书需要在保险单的正本上进行。背书方式分为记名背书和空白背书。其方法与提单背书相类似。除非信用证另有规定，保险单多为空白背书。通常可以由出口商在保险单据背面做成空白背书，然后委托银行交给进口商来完成。这样，运输过程中如发生风险，可以由进口商持保单向保险公司在进口地的代理人要求索赔。

第五节　其他主要单据

在国际结算业务中，除了上述几种基本单据之外，通常还会出现下列几种单据：

一、包装单

根据不同的商品有不同的包装单名称，如装箱单（Packing List）、重量单（Weight List/Weight Memo）、尺码单（Measurement List）等。

包装单是发票的附属单据，它对商品的规格、等级型号、重量分别详细列表说明，以便海关检查和进口方验收货物、了解各包装件内的具体内容。

包装单的主要内容有合同号、发票号、包装单号、出单日期、运输标志、商品名称、包装规格、每件包装的毛、净重或商品数量，总计包装件数和重量、进口商和收货人名称、地址、载货船名、目的地等。包装单的名称很多，不同的名称表明了进口商要求突出的不同侧面，如装箱单侧重于货物的包装情况，它是指出口商签发的表明所发运货物的规格、数量等全部详细情况的一种单据。装箱单的内容首先应与发票的内容一致。通常情况下，它的内容比发票的内容更全面、更详细。装箱单的格式与发票的格式基本一样，只不过在装箱单上没有金额一栏。装箱单一般不须签字。

重量单侧重于货物的毛重、净重、皮重方面的情况。重量单/体积单是出口商签发的用以标明货物重量或体积的单据。它们也是发票的附属单据。

在实际业务中，根据客户的不同需求，出口商有时提供重量单，有时提供体积单，以满足进口商进口报关及查验的需要。

二、产地证

产地证（Certificate of Origin）是指出口方的政府机构或公证机构出具的证明货物生产地或制造地的一种证书。

进口商要求出口商出口货物后向其提供产地证，无非有两个主要目的：一是满足进口国对来自不同国别或地区的商品实行差别关税的需要。许多国家对来自不同国家的同一种商品实行不同的关税税率，如当进口国与出口国政府间签订的贸易协定规定了协定税率时，进口国海关即对协定订明的商品实施减免进口税率；反之，则征收高额关税。因此进口商要求出口商提供原产地证明书，以便进口国海关当局按照规定的优惠税率征税。

另一个是为了满足进口国实施进口限制的需要。针对来自不同国家的商品，进口国海关根据产地证来检查是否需要实施进口限制。有些国家对一些进口商品实行配额管理，按年度给有关出口国一定的进口配额或关税配额。因此要求出口国提供产地证，作为海关按所给配额准予进口通关或在关税配额内给予优惠关税的待遇。

在实际业务中，产地证主要分为两种：一种为出口国进出口商品检验检疫部门或贸易促进委员会或进出口商会签发的一般产地证。它主要包括出口商的名称及地址、唛头及标记、货物描述及件数、签发机构对货物产地的声明、出具机构签字及日期等内容。另一种是出口商品检验检疫机构签发的普惠制产地证（Generalized System of Preferences Certificate of Origin，简称为 GSP Form A）。它是一种发达国家给予发展中国家的普遍的、非歧视性的、非互惠的关税优惠制度。普惠制产地证主要包括进出口双方当事人的名称及地址、货物运输方式及路线、唛头及标记、货物描述及件数、产地类型、重量或体积、出口商声明及出具日期、商检机构声明及签发日期等内容。到目前为止，已有 28 个发达国家，主要是欧盟各国向我国提供这种优惠。由于我国加入了 WTO 并成为世贸组织一员，以及该组织内各成员国相互实行最惠国待遇和国民同等待遇，因此，今后将会有更多国家提供这种优惠措施。

三、商品检验证书

检验证书（Inspection Certificate）是指商检机构对进出口商品进行检验鉴定后出具

的证明文件，用以证明货物品质、数量、卫生条件等内容的一种证书，是国际贸易中不可缺少的重要凭证。

在实际业务中，由于进出口双方不直接面对面买卖货物，而是出口商委托承运人运输货物，因此进口商比较担心货物的品质、数量等内容。他通常要求出口商出口货物时提交由第三方出具的产品检验证书，以确保自己的利益。

检验证书一般包括买卖双方当事人名称及地址、唛头及号码、货物描述及件数、检验机构对商品出具的意见、单据的签发日期及签字等内容。

常见的检验证书主要有以下几种：

（1）品质检验证书（Inspection Certificate of Quality），用以证明商品的品质、规格、等级等。

（2）数量检验证书（Inspection Certificate of Weight），用以证明商品的数量情况。

（3）重量检验证书（Inspection Certificate of Quality），用以证明商品的重量情况。

（4）兽医检验证书（Veterinary Inspection Certificate），用以证明动物或动物产品经兽医检验符合检疫要求（适用于冻畜肉、冻禽、禽畜肉罐头、皮张、毛、绒类等商品）。

（5）卫生检验证书（Sanitary Inspection Certificate），用以证明供食用的动物产品及其他食品卫生检验合格。

（6）消毒检验证书（Disinfection Inspection Certificate），用以证明出口动物经过消毒处理（适用于猪鬃、马尾、山羊毛、羽毛、羽绒制品等）。

（7）熏蒸检验证书（Inspection Certificate of Fumigation），用以证明粮食、植物等产品经过熏蒸灭虫处理（适用于粮谷、油籽、豆类、皮张商品、木材等）。

（8）生丝品级及公量检验证书（Inspection Certificate for Row Silk Classification Condition Weight），用以证明出口生丝、蚕丝等丝类产品已经过等级评定、条份检验、外观处理、公量检验、清洁检验等。

（9）分析检验证书（Inspection Certificate of Analysis），用以证明对商品成分的分析结果。

（10）植物检验证书（Plant Guarantying Inspection Certificate），用以证明对植物进行检验的结果。

第六节　跟单信用证下单据的审核

信用证方式的有关方是以单据作为交易的对象，处理的是单据而非货物。受益人获得信用证项下的货款是要以提交符合信用证条款的单据为前提条件的。银行对于单据所代表的货物、交易的真实性、单据是否伪造、签字是否有效等概不负责，其责任仅是合理小心地审核单据，以确定其表面上符合信用证条款。单据表面符合信用证包含单证表面相符和单单表面相符两方面内容。

当开证行或被指定银行收到受益人或其他提示人提示的信用证项下的相关单据后，必须在5个营业日内对其审核，以决定是否承付或议付。

一、审单的表面相符原则

通常银行在审单时，遵循以下几个基本原则：

（一）单证相符

在信用证下处理单据的基本原则是：对信用证中没有特别规定的条款，可以依据UCP600中有关条款进行核对，以确定单据的合格性。例如信用证规定CIF价，保险单表示保险比例低于发票金额的110%就是不符点。

对于信用证中有明确规定的条款，应依据信用证条款进行核对，例如信用证规定最迟装运期为5月20日，提单上的已装船批注却是5月25日，这样迟于信用证规定的装运期就是不符点，即要做到单据与信用证条款相符。

（二）单单相符

各单据之间所表示的货物、数量、金额、信用证号码等需要相同或一致，但并不是所有单据之间必须显示相同的内容，但要求显示与同一笔交易有关，即每一单据从表面上看与其他单据有一种联系，且各单据之间不得有矛盾。如所有单据列有的货名必须相符，发票、汇票列有的金额必须相同，发票、保险单、提单列有的唛头必须一致。

（三）单据必须与国际惯例相符

银行审单时判定单据是否在表面上与信用证条款相符的另一依据是，单据还必须与UCP600的规定相符。例如，信用证没有规定最迟交单期，但如果提交的单据晚于装船期后21天才提示单据，就是不符点，即要做到单据要与国际惯例相符。

（四）单据必须与既成事实相符

对于信用证和统一惯例中都没有规定的条款，应按既成事实去处理。受益人所制作的各种单据必须与完成的事实相符，而不能完全照搬信用证的文句。否则就是表面上不符合信用证规定。例如信用证规定“shipment from Shanghai or Qingdao”，提单的装货港照样表示成“shipment from Shanghai or Qingdao”就是不符，即要做到与情理相符。提单应按照实际装运港口，填写“Shanghai”，或者填写“Qingdao”。又如信用证规定“goods must be packed in the cartons which effect to be indicated in the invoice”，而发票仍然填写“goods must be packed in cartons”，则属于表面上与信用证不符。发票正确的写法应该是“goods have been packed in the cartons”。

二、不理会非单据条件

所谓“非单据条件”是指，虽然信用证规定了某一条件，但并没有规定受益人需要提示何种单据来支持这种条件。如信用证规定货物的产地是中国，但并没有要求受益人同时提示产地证书，因此“产地是中国”则是非单据条件。若信用证规定货物的产地是中国，同时要求受益人提示货物的产地证书，则“产地是中国”就不是非单据条件。常见的非单据条件还有：载货船舶的船龄不得超过×年；载货船舶不得悬挂某某国旗；装船后受益人应立即通知申请人；货物不得为某某国家所生产；等等。

依据 UCP600 的规定，银行在审单时对非单据条件不予理会，并将此条件视为没有声明。因此，申请人和开证行在开立信用证时，必须将非单据条件转化为单据条件。如上述“船龄不得超过×年”，应要求提示船舶规范证明复印件；“载货船舶不得悬挂某某国旗”，应要求提示船籍证明复印件等。

同时，不审核未规定的单据。

三、在规定时间内审单

UCP600 规定，按指定行事的被指定银行、保兑行（若有）、开证行均享有自收到单据的次日起最多 5 个银行营业日以内的时间审核单据，以决定提示是否相符。若超过 5 个营业日，相关银行仍未作出是否接受单据的决定，则开证行、保兑行和被指定银行将失去拒受单据的权利，即便单据存在不符点。但在 5 个营业日内，银行也不能被迫承付或议付。

另外，5 个营业日不是所有银行累计的时间限制，而是每个银行的各自时间限制。

若被指定银行分别两次寄送两套单据给开证行或保兑行，则这些银行需要审核两套单据，那么 5 个营业日自收到后到的一套单据次日起算。若先收到的一套单据存在不符点，银行也需要等后收到的第二套审核完毕（即便后到的单据没有不符点），银行在 5 个营业日内发出拒受单据的通知。

关于银行审单时间还应注意：① 若某银行收到受益人的单据，只负责转递或寄单给开证行或保兑行，则该银行不享有 5 个营业日的时间，必须立即将单据寄出，以使单据在信用证有效期内到达开证行或保兑行。② 寄单指示中，关于寄单次数和方式的规定，不是非单据条件。若寄单银行未按寄单指示的做法寄单，则被视为不符点，开证行或保兑行可以拒受单据。③ 开证行或保兑行拒受单据，发出拒受通知时，若信用证尚未到期，则允许受益人修改有关单据。当开证行或保兑行收到修改后的单据，仍然允许有 5 个营业日的审单时间；在修改后的单据中发现新的不符点，银行仍然有权再次拒受。

四、审单的具体方法

现将审单的具体方法概括起来说明，见图9－2。

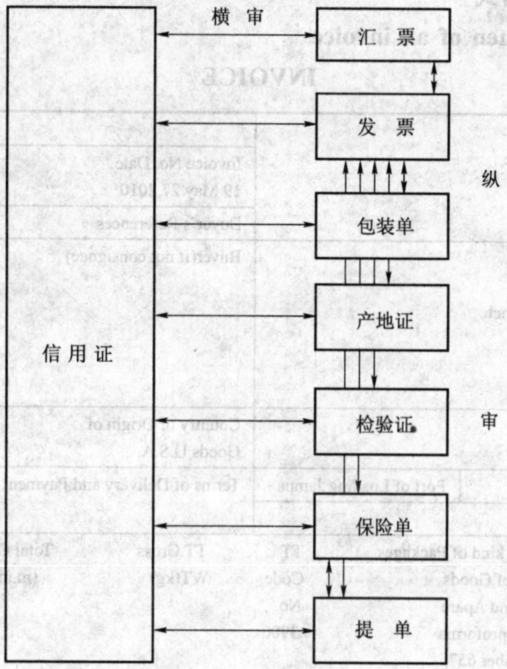

图9－2 审单流程

（一）横审

（1）将信用证从头到尾进行阅读，读第一句时涉及哪一种单据立即与那一种单据核对，读第二句时涉及哪一种单据立即与那一种单据核对，一直阅读完毕整个信用证，以达到单证一致。

（2）阅读信用证文句并与单据核对，发现一个不符点，立即作出记录并进行修改，直到修改完全部的不符点。

横审的目的是达到单证一致。

（二）纵审

（1）以发票为中心与其他单据逐个核对，先将被核对的单据本身阅读一遍，然后与发票的相同内容核对，看看是否一致。

（2）将提单与保险单核对。

纵审的目的是达到单单一致。

经过横审和纵审没有发现不符点，或发现的不符点已经改妥，即可确定单据已全部相符。

附式 9－1　发票格式

Specimen of an invoice

INVOICE

Seller The American Exporter Co. Inc. 17 Main Street. Tampa, Florida	Invoice No. Date 19 May 27,2010	Sheet No. Seller's References 657
	Buyer's References	Other References
Consignee The French Importer Co. 89 rue du Commerce Paris French.	Buyer(if not consignee)	
	Country of Origin of Goods U.S.A.	Country of Destination France
Vessel,Aircraft.etc. Faun / Port of Loading Jampa	Terms of Delivery and Payment CIP Incoterma 1990	
Port of Discharge Le Haure		

Marks and Numbers And Container No.	Number and kind of Packages Description of Goods	TT Code No.	TT Gross WT(kg)	Total Cube (m.m.m)
1/24 U.S.A.	Machinery and Apare Parts as per proforma invoice number 657 dated December 17,1994 CIPIncoterms 1990	3900		

Item Pkges	Gross/Net/Cube Description	Quantity	Unit Price	Selling Price
	Machinery and Apare parts as per proforma invoice Number 657 dated December 17,1994 CIPIncoterms 1990			USD100.000
				Invoice Total USD100.000

The American Exporter Co. Inc.	Name of Dignatory
17 Main Street.	Place and Date of Issue
Tampa,Florida	Signature

问题与思考

一、填空题

1. The issuer of the invoice is the (1) ________ and the addressee of the invoice is in the name of the (2) ________.

2. An L/C was to be expired on 15 - 08 - 2010. The beneficiary presented the documents on 14 - 08 - 2010 to a nominated bank. The latest date of completion of examination by the nominated bank was ________.

二、判断题

1. 汇票的出票日期不得超过信用证的有效日期，但可以超过信用证规定的最迟交单日期。( )

2. 发票的开立日期，既不能早于信用证的开证日期，也不能迟于信用证的最迟交单日期或有效期。( )

3. 不可流通转让海运单只能是单据上写明的收货人才能凭此单提货，他人则不能。( )

4. 在国际贸易中，谁持有提单，谁就有权要求承运人交付货物，并且享有占有和处理货物的权利，提单代表了其所载明的货物。( )

5. 交付转让的受让人获得权利不受转让人权利缺陷的影响。( )

6. 当发现单据出现不符点后，开证行不能免除其付款责任。( )

7. 由于每一张正本提单都有相同的提货效力，因此，只有控制全套正本才能真正控制提货权。( )

8. 商业发票是全套单据的中心。( )

三、单选题

1. 以下关于海运提单的说法不正确的是________。

A. 是货物收据　　B. 是运输合约证据

C. 是无条件支付命令　　D. 是物权凭证

2. 一货船在海运途中突遇大风浪，为确保安全，船方果断抛弃部分货物，这属于________。

A. 共同海损　　B. 单独海损

3. 银行审单的合理时间是________天。

A. 5　　B. 7　　C. 21

4. 信用证业务中，不负责审单的银行是________。

A. 开证行　　B. 议付行　　C. 偿付行　　D. 付款行

5. 下列属于基本险的海运保险是________。

A. 罢工险　　B. 水渍险　　C. 串味险

6. 由托运人自己装拆箱内货物且拼箱货进出的地方是货站，其英文简写是________。

A. CY　　B. CFS　　C. FCL

7. 开证行在审单时发现不符点，以下哪一项不是开证行所必须做的________。

A. 说明全部不符点　　B. 拒付时必须以单据为依据

C. 应用书信方式通知寄单行　　D. 必须在5个工作日内拒付

8. 某提单上注明"三箱坏损"这种提单是________提单，一般情况下，银行拒绝接受这种提单。

A. 清洁　　B. 不清洁

9. 信用证金额、单价、数量前面有大约的字样时，表示其伸缩幅度为________。

A. 5%　　B. 10%　　C. 15%

10. 以下关于信用证下银行审单标准错误的是________。

A. 不仅要做到表面合格，也要确保单据的完整性、准确性和真实性

B. 审单的合理时间是5天

C. 对信用证未规定的单据可以不予理会

D. 实行"严格符合的原则"，做到"单单一致"、"单证一致"

11. 在信用证业务中，开证银行主要负责的是检查________。

A. 单据的真伪

B. 货物的实际情况

C. 受益人所提交单据表面上与信用证条款是否相适合

D. 货物能否如期到达目的港

12. A Shipped B/L indicates a place of receipt different from the port of loading, as it has been pre-printed "shipped on board a named vessel",

A. it need not bear a dated on board notation stating the name of ocean vessel and the port of loading

B. it must bear a dated on board notation stating the name of ocean vessel and the port of loading

13. A B/L which is preprinted "shipped on board" and cargo is shipped in container shows as follow:

Pre-carriage by　　Place of Receipt

Vessel A	Karachi
Ocean Vessel	Port of loading
Vessel B	Karachi

The port of loading and port of discharge as stipulated in the credit appears in the respective boxes on the B/L

(1) The credit stipulates transshipment prohibited

A. The B/L is acceptance

B. The B/L may be rejected due to transshipment prohibit

(2) During the course of ocean carriage, transshipment means

A. unloading and reloading from the pre-carriage (or feeder) Vessel (Vessel A) to the ocean vessel (Vessel B) from the initial origin port to the port of loading

B. unloading and reloading from ocean vessel to another ocean vessel from the port of loading to port of discharge stipulated in the credit

(3) Loaded on board or shipped on a named vessel refer to:

A. a pre-carriage (or feeder) vessel

B. an ocean vessel

(4) Whether an on board notation should be borne in the B/L?

A. The B/L need not bear an on board notation as it has been pre-printed the said wording

B. As two different vessels appear in the B/L, it would need an on board notation which clearly shows the goods were loaded on board the named of ocean vessel (Vessel B) and port of loading (Karachi), then transshipment of would not be occurred

14. A Multimodal Transport Document covers two or more modes of transport where last mode is by sea.

(1) It is a negotiable document.

A. Yes　　　　B. No

(2) It is a document of title.

A. Yes　　　　B. No

15. A Multimodal Transport Document covers two or more modes of transport where last mode is not by sea.

(1) It is a negotiable document.

A. Yes　　　　B. No

(2) It is a document of title.

A. Yes　　B. No

16. An L/C calls for 15 Toyota cars. The commercial invoice shows 3 types of Toyota car, 5 from each type, total 15 cars. Is the commercial invoice acceptable?

A. The invoice is acceptable

B. The invoice is not acceptable

四、多选题

1. 以下不具备物权单据的运输单据有________。

A. 铁路运单　　B. 海运提单　　C. 公路运单　　D. 航空运单

2. 审单工作中，银行将审查________。

A. 单据的完整性　　B. 单据的真伪性

C. 单据的法律效力　　D. 单据表面是否与信用证条款相符

E. 货物发运人的诚信

3. 以下哪些提单是具有欺诈性的违法行为________。

A. 倒签提单　　B. 预借提单　　C. 过期提单　　D. 不清洁提单

五、思考题

1. 商业发票有哪些作用？

2.《跟单信用证统一惯例》关于商业发票的有关要求是什么？

3. 什么是形式发票？什么是样品发票？

4. 海运提单有何作用？

5. 什么是清洁提单？与不清洁提单有何区别？

6. 保险单据有何作用？

7. 铁路运单、航空运单的作用是什么？

8. 国外某银行开来一信用证。信用证金额为100 000美元，要求发运的货物数量大约为500吨，货物单价为USD200.00/perton CIF London。问：我方出口商商业发票中的货物数量最多为多少吨时，才能符合信用证的要求？

9. 我某公司出口英国某客商一批货物，数量为2 000公吨。英方银行来证规定："不得分批装运，且信用证受UCP500的约束"。现假定我方货物分别处于天津和上海两地各1 000公吨，且我方公司已订妥一艘驶往英国的货轮。该货轮于天津装船后，驶往上海装船，且船公司于天津、上海两地分别签发了海运提单。问：

（1）我方货物的出运是否符合信用证的规定？

（2）我方公司提交两份不同装运港口的提单时，银行是否会议付该套单据？

本章参考资料

1.《联合国贸发会/国际商会多式运输单据规则》，国际商会出版物第 481 号。

2.《清洁运输单据》，国际商会出版物第 473 号。

3.《联合国贸发会/国际商会多式运输单据规则》，国际商会出版物第 481 号补充资料。

4. 最新应用 UCP500 案例和续集问题解答。

5.《UCP500 询问和答复 1996 年》，国际商会出版物第 565 号。

6.《UCP500 询问和答复 1997 年》，国际商会出版物第 596 号。

7.《UCP500 询问和答复 1999 年》，国际商会出版物第 613 号。

8.《信用证项下审核单据标准银行实务》，国际商会出版物第 645 号。

9. 张燕玲，王仲和．国际结算业务指南．北京：中华工商联合出版社，1996.

第十章　非贸易结算

学习目标

了解各种非贸易结算的内容。

本章关键词

非贸易结算　外币兑换　侨汇　旅行支票　信用卡　旅行信用证

国际间的交往除经济贸易关系外，还有政治、文化、服务、技术以及人员往来交流等活动，由此产生的各种债权债务关系或资金往来即为国际外汇收支，其中劳务或服务项目的收支构成了非贸易结算的主体。随着国际交往的不断扩大，对外文化交流和其他的国际交往也随之扩大，因此非贸易结算在整个国际收支中日益占有重要地位，相应地，非贸易结算在国际结算业务中，其范围与规模也正不断扩大。

第一节　非贸易结算的内容

非贸易外汇收支是指贸易外汇收支以外的各项外汇收支。其特点主要是国际交往的各方相互提供服务，不涉及商品的进出口。

根据我国传统的分类方法，非贸易结算的范围包括以下各个项目：

一、海外私人汇款

海外私人汇款包括汇入汇款和汇出汇款。

汇入汇款系指港澳台同胞、华侨、中国血统外籍人、外国人汇入、携带或邮寄入境的外币与外币票据。包括以电汇、信汇、票汇形式汇给中国居民和外国侨民的赡家汇款。

汇出汇款系指国家外汇管理局批给我国公民及外国侨民的旅杂费、退休金、赡家费、移居出境汇款；外商或侨商企业纯利及资产汇出；各国驻华的领事馆在我国收入的签证费、认证费的汇出及其他一切私人外汇的支出。

二、运输及邮电行业的收支

（一）铁路收支

铁路收支系指我国铁路运输（货运与客运）的国际营业收入以及我国列车在境外的开支。

（二）海运收支

海运收支系指我国自有船只，包括远洋轮船公司经营对外运输业务所收入的客货运费及出售物料等的外汇收入；我国自有租赁的船只（不包括外运公司租轮）所支付的租金、修理费用，在外国港口的使用费，在港澳地区所支出的外汇费用，以及在国外向外轮供应公司和船舶燃料供应公司购买食品、物料、燃料所支出的外汇，还有与船舶有关的奖罚金、保证金、押金等。

（三）航空运输收支

航空运输收支系指我国民航的国际客货营业收入，包括运费、国外飞机在我国机场的使用费，我国民航在国外机场的费用支出。

（四）邮电结算收支

邮电结算收支系指我国邮电部门和外国邮电部门之间结算彼此邮电费用，应收的外汇收入与应付的外汇支出。

三、金融行业的外汇收支

（一）保险收支

保险收支系指我国保险公司进行国际经营的外汇收支，包括保费、分保费、佣金、驻外（含港澳地区）保险分支机构上缴的利润和经费等外汇收入；我国向国外支付分保费、应付保险佣金和保险赔款等外汇支出。

（二）银行收支

银行收支系指我国银行经营外汇业务的收支，包括手续费、邮电费、利息、驻港澳地区及国外的分支机构上缴的利润和经费等的外汇收入；我国银行委托国外业务支付的手续费、邮电费和国外借款应支付的利息等外汇支出。

（三）外汇收兑

外汇收兑系指我国边境和内地银行收兑入境旅客，包括外宾、华侨、港澳台同胞、外籍华人、在华外国人等的外币、现钞、旅行支票、旅游信用证及汇票等汇兑收入。

兑换国内居民外汇，系指兑换国内居民，包括归侨、侨眷、港澳同胞家属委托银行在海外收取遗产、出售房产、股票、收取股息、红利、调回国外存款、利息等外汇收入。

四、旅游行业的外汇收支

旅游行业收支系指我国各类旅行社和其他旅游经营部门服务业务的外汇收支。

五、其他外汇收支

（一）文化交流活动的外汇收支

该收支是指我国图书进出口公司、影片公司、集邮公司进出口图书、影片、邮票的外汇收支。

（二）外轮代理与服务收入

该收支是指外国轮船在我国港口所支付的一切外汇费用收入，我国外轮供应公司对远洋货轮、外国轮船及其海员供应物资和提供服务的外汇收入以及国外海员在港口银行兑换的外币现钞收入。

（三）其他外汇收入与支出

如驻外企业汇回款项收入、外资企业汇入经费收入、外国领事馆团体费用收入等。外汇支出指机关、企业、团体经费外汇支出等。

总之，非贸易结算项目范围很广，其中国际服务贸易的外汇收支是非贸易结算的主体。

第二节 外币兑换与侨汇

非贸易外汇收支主要是通过外币兑换及汇款等方式进行。

一、外币兑换

（一）外币兑换的含义及相关规定

外币兑换系指外币兑换成人民币，或外币兑换成另一种外币，或人民币兑换成外币。

我国外汇管理条例规定，在中国境内的一切中外机构或个人所持有的外国货币不得在我国境内自由流通使用，所有汇入或携入的外币或外币票据，除另有规定外，均须结售或存入经营外汇业务的银行。银行对凡属于外汇收兑牌价表内的各种外国货币均给予收兑。国家因公或因私对个人或单位批准供给的外汇，都应按外汇牌价持等值的人民币，交指定的外汇银行兑换成外汇。外国人及华侨入境后凭护照或身份证将其外币兑换成人民币以便在境内使用，离境时，未用完的人民币，同样凭护照或身份证及原外币兑换水单，交指定的外汇银行兑成外币携出境。非法换取外汇，攫取国家应收的外汇，都属非法的套汇行为。

（二）兑换外钞的基本过程

外币兑换业务是经营外汇业务银行的一项经常性业务。随着我国国际交往的不断扩大，外币兑换业务量也随之不断增长，可兑换的外币种类也日趋多样化。到目前为止，外汇银行挂牌收兑的外币现钞有 20 种（其中港元、澳门元均作为外币对待），所以收兑外币时，必须鉴别真伪。

1. 外币真伪的鉴别

每一种货币都有纸币与铸币，每一种货币又都有多种面额和版式。有些货币伪钞较多，收兑时必须鉴别真伪。对多种面额和版式的外币，在兑换时，不仅要对各种货币进行全面深入的了解，而且还应熟悉各种外币的流通情况，把握外币现钞的退出流通时间等。此外，还要掌握鉴别真假钞的常识，以防止把假钞或停止流通的废币收兑进来。

首先，鉴别各国钞票的主要内容。通常钞票上包括：发行机构名称、面值、币别、金额、印刷年份、连续编号、发行机构的标记和负责人签字、法律有效词句、票面上各种人文景物的装饰图案和花纹等。

其次，从各国的钞票的纸张特征、印刷方法和油墨质量等方面鉴别真伪。由于世界各国或地区印刷钞票的要求很高，都力求使用最新、最好和最可靠的印刷技术，如纸钞上水印、纤维丝、安全线、荧光等以防止伪钞。因此，在查钞时，要特别注意这三方面的标准，以眼看和手摸来鉴别真伪。

最后，可利用现代化设备和仪器鉴别伪钞。

2. 外币兑换的具体操作

（1）兑入外币。凡属国家外汇管理局“外币收兑牌价表”内所列的各种外国货币，经营外汇业务的外汇银行均可凭持兑人的身份证办理收兑业务。收兑时，必须坚持“先收后付”的原则。接到客户交来的外钞时，先鉴别真伪并清点数目，确定为合格外币后，再与顾客核对，再按当天现钞买入价兑付，填制“外汇兑换水单”和内部传票，经复核无误后交出纳，点收外币和支付人民币。若发现伪钞、涂改钞、变造钞和已停止流通的外钞，银行应予以没收，以避免在国内其他行处及代兑点再误兑入，并开出一式两联的没收假钞证明。

外币兑换水单（Exchange Memo）一式四联。第一联为兑入外币水单，由兑入行加盖业务公章交给持兑人收执；第二联为外汇买卖科目外币贷方传票；第三联为外汇买卖科目人民币借方传票；第四联为外汇买卖统计卡，留存备查之用。

（2）兑出外币。一般是对已签证出境的外国人和批准出国的中国人办理。兑出外币时，必须根据外汇管理部门在“非贸易外汇申请书”上批准的余额办理，并填制“外币兑换申请书”一式两份。

办理兑出手续时，经办人员应填制“兑出外币水单”，再根据申请人交付的人民币金额按当日挂牌的现钞卖出价折算外币金额，填写在有关栏内，再交出纳员复核、配款，凭以兑付相应的外币现钞。同时，在外币兑换申请书上加盖业务公章后退回申请人。

兑出外币水单一式四联。第一联为兑出外币水单，由兑出行加盖业务公章后交申请人收执；第二联为外汇买卖科目人民币贷方传票；第三联为外汇买卖科目外币借方传票；第四联为外汇买卖统计卡，留存备查之用。

对境外人员离境前，要求将入境时兑换的剩余人民币兑换原币携出境，可凭本人护照和其本人自外币兑入日起6个月有效期内的原外币兑换水单，在指定外汇银行的兑换机构办理，其兑换余额不能超过原兑换水单金额的50%。经办行兑出外币后应收回原兑换水单，加盖“已退回”戳记，作为外汇买卖传票的附件。

二、侨汇

侨汇是华侨汇款的简称，属于第一节中的海外私人汇款。

（一）汇入汇款业务

汇入汇款（Inward Remittance）主要指海外私人汇款，是居住在国外的华侨、外籍华人、港澳台同胞从事劳动和各种职业所得，通过境外银行汇入，以境内银行为收款行或解付行，用以赡养国内家属的汇款业务。该项汇款是我国非贸易外汇的主要来源之一。

1. 汇入汇款的审查

根据汇入形式的不同，汇入汇款可分为电汇、信汇和票汇三种。

电汇是指境外汇款行以电传或SWIFT等电讯方式发送汇款指令，并将款项汇入境内银行的汇款方式。境内银行应首先核符电文指令的密押，再审核电文指令的基本内容，如金额、币别、起息日、受益人或收款人名称、汇款人名称等。

信汇是国外或港澳银行制妥一整套包括信汇总清单、信汇委托书、正副收条、汇款证明书及信汇通知书等套写格式，邮寄给境内解付行的汇款，解付行要逐一核对总清单的内容，逐笔抽出信汇委托书，办理解付或转汇手续。

票汇是指海外华侨和港澳同胞在国外或港澳地区的银行购买汇票，自带或邮寄给他们的国内亲属，由其持汇票到指定的解付行兑付的汇款。境内银行在收到客户提示的汇票后，首先要鉴别票据的真伪，如汇票是否已挂失，有权签字人的签字与签字样本是否相符，有无涂改痕迹，金额是否一致，汇票是否过期等。其次要检查收款人名称及其提供的证件。如果提示人不是汇票上的收款人，应注意背书的连续和有效。

对于有问题的票据，银行可拒绝受理或电洽出票行后再解决。对已挂失汇票和伪造汇票可予以没收。

2. 汇入汇款头寸的落实

解付汇入款时，一般应等到国外汇款银行将头寸划付到境内银行账户之后，才可以向收款人解付款项。

对于国外银行直接发来的电、信付款指令，先检查其偿付方式，看其是否已将头寸拨入境内银行在国外银行或国内同业的账户。如果电信文中指明偿付银行，境内银行应等到头寸收妥后再贷记有关账户。如果没有划来头寸而解付汇款，等于是汇入行买入汇款自行垫款，这在实际业务中要严格控制。解付时不仅要有本部门主管人员的签字认可，还应有收款人的担保。

票汇的头寸要根据出票行和汇票号码核查是否已收到出票行拨付头寸的贷记报单。

3. 解付汇入款的原则

（1）汇款解付时应坚持“收妥解付”的原则，一切汇款均应在落实头寸后，即收到国外账户贷记通知书或立即借记汇出行账户的通知书后才可办理解付手续。未落实头寸的或印押不符的汇入款，汇入行应速向汇出行查询。

（2）汇款解付必须坚持随到随解，不得积压，尽快解付。

（3）必须坚持“谁款谁收”的原则，对收款人名称地址、账户不符的汇入款应及时查询，防止错解付。

（4）侨汇是非贸易外汇的主要来源之一。对侨汇的解付不得以任何方式强迫侨眷、归侨存款，以保证侨胞利益。

（5）收款人如果要提取，可按当天外汇牌价兑换成人民币，也可按其要求直接转存其外汇账户。

总之，汇入汇款的解付要做到安全、便利、迅速，防止错、乱、压、慢。

4. 汇款的查询、退汇与挂失

汇款业务中如遇问题，汇入行与汇出行应及时通电通函进行查询。

（1）收款人姓名有误、地址不详等原因导致解付行无法解付汇款时，应及时向汇出行查询；非直接通汇行应通过转汇行向国外汇出行查询。

（2）密押不符或签章有误应及时查询。

（3）汇入行委托其他银行或金融机构代解汇款，如在一定期限内未得回条，应向解付行发出查询催解通知。在其后的一段时间内仍无回条，则应继续催解，直到解讫为止。

(4) 信汇业务中的汇款总清单与附件（信汇委托书等）笔数、金额不符，但总清单及附件上的签章无误，应立即以函或电报方式向国外查询。总清单及附件均应寄送其他通汇行而误寄本行的，应迅速转寄有关行。对以本行为解付行的汇款总清单，若发生误有委托其他解付行的汇款，误附的各笔汇款应按转汇方式处理。

汇款一经汇入，一般不予退回，即使办理退汇，也必须慎重处理。

(1) 汇入汇款指令的撤销。对已汇入的汇款，如果汇出行应汇款人的要求来电、来函或以“退汇通知书”要求止付某笔汇款时，汇入行应积极给予协助。如未解付，应予撤销并办理退汇，汇入行应填制特种转账传票一式两联，一联连同加盖“退汇”戳记的正本收条、汇款证明书、通知书及汇出行的退汇申请书，与联行划收报单一起寄清算行；另一联代传票或与汇出行寄来的“退汇查复书”一起作传票附件。对于已解付的汇款要具体了解款项是否能退回，并将处理结果用 MT—111 答复有关行。

(2) 退回未解付款项。收款人名称地址不详，经多方调查也无法解付者；或报单中的受益人与实际收款人名称不符，查询后也得不到解决；或收款人名称与账户不符，甚至查不到收款人；或通知收款人，但长期未来取款；或收款人拒收汇款要求退汇，汇入行清查拒收原因，与汇出行联系，征得汇款人同意退汇后，方可由解付行办理退汇。

(3) 退回重复付款。如果由于汇出行的错误，造成同笔业务的多次付款，汇入行发现后，应主动将头寸退给汇出行，若无法确认是否是重复的汇款，应及时向汇出行查询以便证实。

(4) 票汇的退汇。国内持票人申请退汇，须经外汇管理部门审核批准，发给“邮寄外汇票据出国证明”后，才能办理票据邮寄国外的手续，以便由汇款人持汇票向汇出行办理退汇。

汇票挂失。汇入行收到汇出行的汇票挂失止付通知后，应立即查明是否解付，如未解付，应进行登记；如已解付，应立即回复汇出行“票款已付”。

(二) 汇出汇款业务

汇出汇款（Outward Remittance）是指境内银行汇往国外及港澳地区的汇出款项。

1. 汇出汇款的审查与申请

汇款人申请汇出国外的汇款必须提交支付协议或合同和按审批权限经外汇管理部门批示等的证明文件，经办行审查后，方可办理。

汇出行要认真审查客户汇款申请书。客户汇款申请书是汇款人给银行的书面委托书，是银行办理汇出汇款的基本依据，也是汇款人与汇出行之间的合同性文件。客户在办理时，须填写一式三联的汇款申请书。

汇款申请书书写力求详细、明确，最好用英文填写，注明：汇款日期、汇款方式、货币金额及货币符号，收款人名称及地址或收款人开户银行名称、地址及账号，汇款人名称、地址、汇款附言、汇款人签章等。此外还应注明有关国外费用由谁负担。

2. 汇出汇款的处理

汇款方式同样有三种：电汇、信汇和票汇。汇出方式的选择应根据汇款人的要求办理。汇出行可以帮助汇款人选择最佳汇款方式，做到方便、安全、快捷。

银行收到汇款人交来的申请书后，经审查无误且资金落实，即做编号、登记、付款的准备。

电汇（T/T）可用电讯网络 SWIFT、CABLE、TELEX 发出，CABLE 已基本淘汰，目前大都以 TELEX 和 SWIFT 发出。以 SWIFT 方式电汇是银行目前最常用的汇款方式。客户汇款采用 MT—100（Customer Transfer）格式发出指示，电信设备自动加押，不需再发电报证实书。信汇和票汇的处理与前述相同，详见第四章。

汇款人汇出汇款时，可以从在银行开立的现汇账户中支取原币，也可从外汇现钞账户中支取款项，或向银行交付足额的外币现钞，但必须按现钞买入价折成人民币再按外汇卖出价折成现汇办理汇款。

汇款人须向汇出行支付汇款手续费，如是电汇，加收电报费，信汇加收邮费。

3. 退汇与挂失

电汇、信汇的退汇。在汇款人主动提出退汇，汇出行据其要求，核对汇款回执无误后，在汇款回执及留底卡片账上注明退汇原因及日期，将回执退交申请人，并向解付行致电或函联系退汇。

票汇的退汇。退汇时，汇款人应将原汇票交回汇出行，并在汇票上加以背书，加盖“注销”戳记，凭以退还汇款。对开票时头寸已贷记解付行或付款行账户的，须待汇款头寸退回后才能办理退汇手续。

汇票挂失。汇款人遗失汇票，向银行申请挂失止付时，应填写申请书，汇出行核对后，以电或函的方式通知解付行，说明丢失情况，要求挂失止付，待汇入行同意后，才能办理退汇或重汇手续。

第三节 旅行支票

旅行支票（Traveler's Cheque）是银行或旅行社为使旅游者减少或避免现金携带的麻烦而发行的一种固定金额的支票。它是以本票的操作理论设计的票据，即其发行机构与付款机构为同一当事人，即出票人与付款人是同一人。随着旅游事业的发展，旅行支票逐渐被银行及旅行社推广采用，并成为国际旅游者常用的支付凭证之一。

一、旅行支票的特点

1. 面额固定、形似现钞

有各种面额，能方便旅行者零星支取使用。

2. 兑取方便

发行机构为了扩大其流通范围，发挥旅行支票的支付手段职能，在世界各大城市和旅游地设立许多特约代兑机构，大大方便了旅游者的兑取。持票人携旅行支票出游，不仅可在发行机构的代兑行兑取票款，而且还可以在旅行社、旅店、机场、车站等地随时兑付。

3. 携带安全

旅行者购买旅行支票时，须在签发银行柜台当面初签，作为预留签字；取款时，须在兑付行的柜台前当面复签，核对后才能兑付。因此，若旅行支票遗失或被盗，也不易被冒领，比携带现金安全。

4. 挂失补偿

发行机构规定，旅行支票不慎遗失或被盗，可提出“挂失退款申请”，只要符合发行机构的有关规定，挂失人就可得到退款或补发新的旅行支票。

5. 流通期限长

旅行支票多数不规定流通期限，可以长期使用，并具有“见票即付”的特点，即持票人可以在发行机构的国外代兑机构凭票立即取款。因此，从支付手段上看，它属于支票性质的票据。但与其他支票不同，它不是存户对银行签发的支付命令，而是旅行者直接向发行机构购买的，它实际上是一种银行即期汇票，类似于票汇业务中的银行即期汇票，只是汇款人同时也是收款人，收款的先决条件是旅行支票上初签与复签的一致。因而票据法对于支票的规定多不能适用于旅行支票，只有划线、出票与背书可以比照有关支票的规定办理。

6. 发行机构的获利性

通常旅游者从购票到国外旅游兑付票款需要较长时间，因此，发行机构不仅可以在发行时收取手续费，而且还可以无息占用这笔资金，获得较优厚的利润。故银行、旅行社都乐于发行旅行支票，以吸揽资金。

二、旅行支票的出售业务

1. 申请代售

在总行与发行机构有业务协议的条件下，各分、支行如需开办旅行支票代售业务，须向总行申请，审批后由总行与发行机构联系，要求发行机构直接通知批准的各代办行，将订购旅行支票的申请表、宣传品等送往各代办行，以后，就由代办行直接向发行机构订购旅行支票，并代理出售。

2. 订购与签收

发行机构收到订购旅行支票的申请后，把所订购的旅行支票连同一份旅行支票信托凭证或收据寄送各代办行。各代办行收到后，要认真审核凭证或收据上所记录的货币、面额、张数、号码是否与实物相符，无误后由有权签字的人在凭证上签字确认，或加盖银行图章，再将信托凭证或收据原件寄回发行机构，副本由代办行留底。

3. 保管

旅行支票和有关凭证应视同现金入库保管，并设置“未发行各种面额证券”登记簿登记实物明细账，记录每次收入、付出的旅行支票的币种、面值、号码、金额，并结出余额。

4. 购买对象

在我国购买旅行支票的人有：外国驻华机构、境外居民、在本行存有外币现汇的境内居民、境内居民经外管局同意者可用外币或现汇购买；类似外资企业的单位购买，须向外管局申请，并提供用汇证明和相应的人民币，方可办理购买手续。

5. 出售

代办行的经办人员在出售旅行支票时应指导购买人按各个发行机构规定的格式填写购买合约。通常需填写的主要内容有：购票人姓名、地址、护照号码、支票号码、面值、张数、总金额、手续费、签字。购买合约一式四联：第一联，合约正本；第二、三联代售行留存；第四联，交购票人保管作挂失之用。结算时，单位或个人若用外币现钞购买旅行支票，按现钞买入价/现汇卖出价套算购买旅行支票所需现钞数。如用存放在本行的外汇存款购买，对同种货币按 1:1 计算；对不同种货币按套汇方式办理；如用人民币购买，按卖出价折算。出售旅行支票的手续费按面值的 1% 向购买人收取外币。这项费用是代售行的手续费收入。结算完，要求购票人在旅行支票的初签栏内当面逐张签字，并向购票人说明使用注意事项。如在兑取现钞时，须在兑付经办人面前当场复签，若转让，写上收款人姓名，并复签；注意保管，倘若遗失可以凭购买合约申请挂失，以获补偿。

6. 头寸偿付

在出售旅行支票的当天，就将售出的旅行支票汇总填写“总计单”，与购买人填写的购买合约的一联和“借记报单”或“贷记报单”或汇票一并寄往发行机构。发行机构收到后，以外汇电子汇兑往来将款项划总行账。

三、旅行支票的兑付业务

兑付外币旅行支票属于“买汇”业务。兑付银行在兑付时，扣收贴息并垫款买入外币票据，同时保留追索权。兑付银行办理此项业务时，既要格外慎重又要给予正当持票人以必要的方便。

1. 识别旅行支票

兑付行的经办人员要非常熟悉各种常见的旅行支票的票样，兑付时要认真审视旅行支票的支付范围、有效期、发行机构名称、面额、币别、版面、纸质及记载的文字等。若有疑问，应查看原票样。对没有票样的旅行支票，原则上不买入。另外，要特别注意识别旅行支票中的挂失支票和伪造支票。一旦发现，应立即没收，并报告国外出票机构和有关部门。

2. 查验持票人身份

兑付时，要请持票人出示购买协议和护照，以验明持票人身份。

3. 核对初签与复签

核对旅行支票上持票人的复签与初签是否一致，是兑付旅行支票的重要手段，也是发行机构检验兑付行是否正确地履行了付款手续的惟一依据。兑付时，持票人必须在兑付工作人员面前复签，以便兑付行准确地确定持票人身份，完成安全兑付。若事先已复签，则可要求持票人在旅行支票背面当场再复签一次，相符后方可办理。如果旅行支票上没有初签，因无法核对复签的真实性、正确性，一般不予办理。

4. 兑付手续

兑付行填制兑换水单一式两联，抬头人姓名按护照上全名写清楚，留底一联要注明支票号码、护照号码，以便发生疑问时查验。另请持票人填写《购买外钞申请书》一式两份，注明旅行支票的行名、号码和面额。兑付时，兑付行自行垫付资金，使用当日人民币对该货币的买入价折算，扣收7.5‰的外币贴息对外支付。

5. 索偿

兑付后的旅行支票应在票面上加盖兑付行名的特别划线章，并在背面作成兑付行的背书，迅速寄往国外发行机构索偿票款以补回垫款。

6. 可转让的旅行支票

旅行支票分可转让和不可转让两种。不可转让旅行支票注有（Not Negotiable）不可流通转让字样，无抬头人名称。这种旅行支票不能直接用以支付费用或转让给服务企业，只能由持票人向银行兑付票款。兑付手续如上所述。可流通转让的旅行支票上面印有（pay to the order of ×××）“支付给某人的指定人”的文句，通常把这类旅行支票转让给提供服务的单位或部门，如旅馆、航空公司、饭店等作为支付的费用、机票款等。持票人复签后，在指定人的空格内填写受让人的名称，再由受让人到兑付行进行票款兑现。由于银行没有见到持票人当面复签，对复签的真实性没有确切把握，因此，兑付行要区别对待。如果受让人为国内服务机构，则在保留追索权的条件下融通兑付；如果受让人在国外，银行就不宜买入该种旅行支票，而应按托收处理。

四、旅行支票的挂失与补偿

旅行支票遗失或被盗窃，可向发行机构或其代办行申请挂失和补偿，说明丢失的时间、地点、面额、数量、初签与复签等有关情况。各行可按协议要求办理挂失和补偿手续。客户按要求提供原购买合约及身份证，并填写补偿申请书。一般内容有：姓名、地址、职业、购票地点、日期、金额、遗失数量、支票号码、有无初签和复签，并在申请书上签字。

代办行等要按照发行机构的要求逐项审核所填写的内容。客户的旅行支票无初签或已复签，均不能办理挂失和补偿。对已初签而没有复签已丢失的旅行支票，应审核申请人原购买合约上的签字与补偿申请书上的签字是否一致，无误后将客户护照号码抄录在申请书上，并由有权签字的人在申请表上签字，受理挂失和补偿。如果客户无法提供购买合同或客户有疑问的，可先电询发行机构，获得授权方可办理。

补偿时，应重新填写购买合约，并在合约上注明“补偿”（REFUND），将最后一联购买合约连同当面初签的支票交给客户，同时将新的购买合同，连同收回的客户原购买合约及补偿申请书一并寄发行机构。办理补偿是不收客户手续费，而由发行机构按协议规定付给补偿手续费。客户要求补领现金或补领的金额超过发行机构规定的限额，应电询发行机构获得授权后方可办理。

第四节 信 用 卡

一、信用卡概述

信用卡（Credit Card）是发卡机构向消费者提供短期消费信贷而发放的一种信用凭证。它是货币基本职能即流通手段的延伸与发展，是消费信用的一种形式。在经济比较发达的国家，信用卡已成为很盛行的一种消费信贷方式和支付手段。随着国际交往的日趋频繁和世界旅游业的蓬勃发展，以信用卡进行国际间的消费和清算活动日益增多，信用卡已成为世界范围跨地区、跨国境使用的一种支付凭证。

（一）信用卡的内容与关系人

国际上通用的标准的信用卡是一种特殊塑料制成的卡片，又称塑料货币。一般卡片长 85.725mm，宽 53.975mm，厚 0.762mm。信用卡的正面印有信用卡名称或标记、发卡机构、卡号、有效期、持卡人姓名，背面有持卡人的预留签字、磁条、银行简单声明等。

信用卡业务涉及四个关系人：

发卡机构，即发行信用卡的银行或机构；

持卡人，即持有信用卡的客户；

特约商户，即特约单位，与发卡机构签订协议，受理持卡人使用指定的信用卡进行购物或支付费用的有服务性质的单位；

代办行，即受发卡行委托，负责某一地区内特约商品的结算工作。

（二）信用卡的功能

信用卡的功能主要是直接购物和支付现金。

直接购物或获取服务是信用卡的主要功能。信用卡的发行机构为方便持卡人的使用，与众多的特约商户如宾馆、商店、旅游场所及其他服务机构等建立联系，持卡人即可到特约商号凭卡购物或支付服务费用，以代替现金结算。从而起到一卡在身，通行世界的作用。消费者或旅游者不需携带大量现金，既方便又安全，而且信用卡又具有先消费后付款的特点，因此深受广大消费者的喜爱和欢迎。

支取现金是信用卡的辅助功能。虽然发卡机构的特约商号遍布世界各地，但有些结算仍需现金，因而，在需要时旅行者可凭卡在国外支取现金。只是这项服务要受到严格控制。

（三）信用卡的特点

信用卡作为一种新型的金融产品具有以下特点：

1. 安全性

信用卡代替现金执行货币的主要职能，避免了携带大量现金的潜在风险及资金闲置。此外，信用卡本身被设计了多处防伪标志，持卡人取现时必须出示其身份证和相应的密码。若信用卡遗失，即可向发卡行申请挂失。

2. 便利性

持卡人可利用信用卡进行储蓄、提取现金、转账结算及直接消费等。尤其是信用卡的先消费，后付款，很受欢迎。

3. 快捷性

信用卡的使用手续简便、清算及时，且用计算机直接辨认真伪，因而比传统的结算方式更能节约时间，提高结算服务的效率。

4. 通用性

我国的商业银行发售的各类信用卡，其持卡人均可在全国各地的银行分支机构存取款。中国银行发行的外汇长城万事达卡可在国外进行兑付。在国际间可以流通使用的国际信用卡，我国可以接受兑付的主要有以下几种：

万事达卡（Master Card）和威士卡（Visa Card，或称维萨卡），由香港东亚银行、香港汇丰银行发行和委托办理兑付业务。

运通卡（American Express Card），美国运通公司发行和委托办理兑付及代发业务。

JCB卡（JCB Card），日本信用卡株式会社发行，日本JCB亚洲有限公司委托办理取现、购物结算。

大莱卡（Diner's Club Card），美国花旗银行发行的，香港有限公司委托。

发达卡（Federal Card），日本东海银行发行和委托。

百万卡（Million Card），日本东海银行发行和委托。

境内机构需办理外币信用卡业务，通常先向总行申请，获准后向委托行联系，经委托行授权并签订协议后，才可代办。国外委托行免费供应压印机、签购单、取现单、广告标牌及一切有关使用和接受信用卡的工具和凭证，因此，大大地方便了国际旅游者的跨国消费。

二、信用卡的业务操作

（一）发卡银行或机构的业务操作

1. 信用卡的发行

在国外，信用卡是银行对消费者发放的小额消费信贷。由于申领人一般不需要在银行开立存款账户或预交保证金，或提供抵押品，因此发卡行必须对申领人进行资信调查。申领人申请领卡时，首先填写申请书，详细注明本人的姓名、地址、职业、家庭、教育、经济收入、个人财产、资金往来和担保人姓名、地址、经济收入等。经银行对其财产、收入、职业等核实，客户具备银行要求的条件时，发卡银行就批准立卡，并决定卡种、有效期及消费信贷额度等，同时收取一定年费和手续费。领卡时，申领人应当着银行工作人员的面在信用卡背后预留签字，以便特约商户或代办行办理业务时核对。双方由此建立了金融关系。

2. 授权和发展特约商户与代办行

授权是发卡行对持卡人超限额交易的审批过程，是信用卡在使用过程中银行对持卡人进行信用控制并及时掌握和了解持卡人的消费状况的重要手段。由于信用卡提供的服务范围广、时间长，持卡人可凭卡取现、消费、参加保险、咨询和邮购等，为减少发卡行的风险，通常都确定一个限额。在与特约商户签约时规定在限额以下的交易由代办行和特约商户直接办理；超限额的，必须经发卡银行同意才可办理。为此，各发卡机构均设立授权中心，并提供24小时服务。在商户或代办行索要授权时，需提供卡号、有效期、持卡人姓名、证件号码、交易类型及金额等。如发卡机构同意交易，便告知授权密码。

发展特约商户是为了扩展信用卡业务。发卡机构需要在世界各地联系愿意受理其信用卡业务的单位，并进行协商，签订有关协议，规定授权限额、操作、清算办法，使之成为特约商户，以方便持卡人购物或支取现金。对特约单位来说，虽然要付给发卡机构一定的回佣，但信用卡能扩大销售额，刺激持卡人消费，因而他们也乐意受理信用卡购物和消费业务。

发展代办行是为了便利结算。发卡机构需在特约商户地区找一家银行作为其代办行，并且签订协议，明确双方的权利和义务。代办行可以从特约单位付给的回佣及持卡人取现手续费中与发卡机构分成，还可以无息运用发卡机构提供的备用金，所以，代办行也乐意承办该项业务。

(二) 代办行的业务处理

代办行信用卡的结算业务有以下几个方面：

1. 发卡机构拨入周转金

订立协议后，通常发卡机构对代办行拨付一定金额的信用卡兑付备用金，如运通卡为30 000美元，签证卡为50 000元人民币，开立不计息备用金账户。

2. 兑付现金业务

持卡人在代办行出示信用卡要求取现时，先填写取现单（Cash Advance Slip）一式三联，连同信用卡交代办行。代办行首先要进行信用卡的审查。审查内容：信用卡是否属于已委托代办受理范围；是否在信用卡的有效期内；有无区域限制；卡号有无被委托行或发卡行列入取消的“黑名单”；持卡人的有效护照或身份证是否与信用卡姓名一致，是否转借他人。其次是要核对持卡人在取现单上的当面签字与信用卡的预留签字是否相符，并查看取现金额有无透支。最后，银行审查符合要求后，即将信用卡放在压印机上，以正面凸出的内容将卡号、效期、姓名等压印在取现单上，由经办人员根据持卡人所取金额（在该卡规定取现的最高限额内），加上按协议规定的附加手续费，分别填写在取现单的有关栏目内，交由持卡人签字确认，经核对其签字与信用卡预留印鉴相符，即可兑付其所需的资金。

运通卡是国际上流通范围最广，使用规模最大的信用卡。持卡人兑付时，除出示信用卡外，还要签发私人支票或运通公司事先提供给代办行的柜台支票。如果持卡人以划线支票要求取现时，应要求持卡人在划线上加签以取消支票的限制流通和只作转账的作用，并注明“现金”字样。运通卡的兑付币种限于美元、日元、英镑等16种可自由兑换的货币，其他各种信用卡不直接兑付外币，只能支付人民币。其他信用卡的兑付手续基本相同。

信用卡最高限额掌握。持卡人一般一天只能在一个支取现金的地点取现一次，且有一定最高限额。如果持卡人支取金额超过规定限额时，代办行必须用电传向委托行的授权中心联系，取得授权后方可办理兑付。

3. 购物与消费的结算

持卡人在特约商户购物或消费时，特约商户依上述程序进行处理后缮制总计单，并根据总计单上的余额缮制银行送款或转账进账单，并附总计单和购货人的签购单送交代办行。代办行应审核各项单据的金额及有关内容的完整与正确。无误后，根据持卡购货金额，扣除4%的手续费付给。具体扣费及分成情况视代办行与委托行的协议而定，不是固定不变，各卡情况也不尽相同。

4. 信用卡的资金偿付

每日营业终了后，把当日兑付的信用卡，分门别类加计总额，并计算出代办手续费，在委托行“信用卡备用金”账户扣付。另根据取现支票及签购单加计总数填制一式两份“总计单”（Deposit Transmittal），一份随同借记报单、取现单及签购单寄委托行信用卡中心，另一份总计单及取现单，签购单复印件作传票附件。

委托行收到上述支票单证后，即将已支付款项记入上述信用卡备用金账户。如果信用卡备用金账户发生透支，代办行应用电传通知委托行在其规定的工作日内以电汇补足，否则，委托行必须负担透支利息，并由透支日开始计算。

三、信用卡的挂失止付

持卡人对其信用卡提出挂失或止付要求时，应直接与发卡机构联系。若代办行受理信用卡挂失申请书，应立即将持卡人的姓名、卡号等以电传或电报方式通知发卡机构办理挂失止付，并以最快的方式通知各代办行和特约单位停止受理挂失的信用卡，并将信用卡挂失申请书寄往发卡机构。在办理业务过程中，若发现有被注销或止付的信用卡要求兑付，应立即予以扣留收回，并寄往发卡机构。

四、信用卡的种类

（1）根据发卡机构的不同，信用卡分为金融卡和非金融卡。银行和其他金融机构发行的信用卡为金融卡，专营公司发行的为非金融卡。

（2）根据发卡对象的不同，信用卡分为个人卡和公司卡。个人卡是持卡者个人付账的信用卡，公司卡又分为主卡和附属卡，它是由某个单位的账户内付款的信用卡。

（3）根据持卡人的资信和社会地位的不同，信用卡可分为普通卡、金卡、白金卡等。

（4）根据融资性质，又分为信用卡（贷记卡）和借记卡。信用卡是发卡机构根据客户的资信情况向其提供的一种消费信贷，具有“先消费、后付款”的特点。借记卡不允许有透支，持卡人用卡时只能以存款金额为依据，具有“先存款”的特点。

（5）根据流通范围不同，信用卡分国际卡和地区卡。境外的五大集团（万事达卡组织、维萨国际组织、美国运通公司、JCB信用卡公司、大莱信用卡公司）所发行的信用卡多数属于国际卡。中国银行发行的外汇长城万事达卡也属国际卡，我国其他商业银行所发行的各类信用卡均属地区卡。

第五节 旅行信用证

旅行信用证（Traveler's Letter of Credit）是银行为了方便旅行者在国外各地支取旅费、杂费而开出的信用证，它准许持证人（受益人）在一定金额和有效期内，在该证开证行指定的分支机构或代理行支取款项。

一、旅行信用证的特点

1. 非贸易性

旅行信用证只供旅游者使用，不跟任何单据，不能用于贸易结算，只能用于旅游业等非贸易活动。

2. 申请人同时是受益人

在旅行信用证的关系人中，申请人为旅游者，当他在国外旅行并在当地银行一次或分次支取款项时，每次支取金额由旅行者自定，故而又为受益人。这种灵活支款的方式类似于汇款方式。

3. 从属于银行信用

与其他信用证一样，旅行信用证是基于银行信用。旅游者申请开证，开证行受托开证，但开证行一经开出此种信用证，就确切地承担了付款责任，该信用证就成为一种具有法律效力的支付凭证。因此旅行信用证让旅客信赖。

4. 旅行信用证不能转让，只可由受益人使用

二、旅行信用证的开立与兑付手续

1. 旅行信用证的开立

旅行信用证是一种没有物资保证的光票信用证，故银行一般须在申请人开立信用证时收足押金。旅游者将款项交付银行，并在信用证或单独的印鉴卡上当面签字，预留印

鉴。当申请人已确定好旅游目的地时，开证行据此开证后，将旅行信用证的副本及申请人的签名样本寄旅游目的地的联行或代理行，以供支款时核对之用；当申请人事先没有确定目的地，银行开证后，由持证人凭其后附的世界各主要地区兑付点的地点名称，可到其中任何一地点兑现。

2. 旅行信用证的兑付手续

旅行信用证的受益人持证到该证指定的兑付行进行兑付时，兑付行应按如下程序操作：

审核。应审查旅行信用证的各项内容，如指定的兑付行是否为本行、有无涂改、信用证上的签字与签字样本是否相符、是否在信用证的有效期内、兑付的金额是否足够。

填单。经审核确认可以兑付时，由受益人在柜台当面填写取款收据一式两联。第一联是正收条，随报单寄开证行，第二联是副收条，由兑付行作借方传票附件备查。

兑付。随后，兑付行将支款日期、金额及本次支付后的金额、行名在信用证上背书并加盖兑付行行章，收取贴息 7.5‰后，将信用证及应付外汇折成等值人民币一并交还持证人。同时将收据或汇票寄开证行索偿，由开证行偿还垫款。旅行信用证的支取金额一般不得超过信用证金额。如超过，作为透支加收罚息。

注销。如果信用证金额已全部用完，在最后一次付款后，在信用证上加盖“用完”或“注销”戳记，不再退回持证人，而是将其连同取款收据或汇票一并寄开证行注销原证。

问题与思考

一、单选题

1. 甲国向乙国提供援助款 100 万美元，由此引起的国际结算是________。

A. 国际贸易结算　B. 非贸易结算　C. 有形结算　D. 无形结算

2. 以下由________带来的结算被归入国际非贸易结算中。

A. 国际运输、成套设备输出、国际旅游

B. 国际金融服务、侨民的汇款、国际旅游

C. 侨民的汇款、国际商品贸易、国际技术贸易

D. 有形贸易、无形贸易、国际文化交流

二、多选题

1. 下列哪些事项引起的国际结算是非贸易结算________。

A. 我国某著名运动员向奥运会捐赠 10 000 美元

B. 甲国无偿援助乙国 500 000 美元

C. 非洲某国向美国购买药品
D. 中国银行上海分行和纽约花旗银行扎差上年往来业务

思 考 题

1. 非贸易结算包括哪些主要内容?
2. 我国办理外币兑换的相关规定有哪些?
3. 信用卡的特点和功能是什么?
4. 旅行信用证的特点是什么?

本章参考资料

1. 姚莉，王学龙．国际结算．北京：中国金融出版社，2002.
2. 苏宗祥．国际结算．北京：中国金融出版社，1998.

参考答案

第 一 章

问题与思考

一、1. 汇款、托收、信用证

2. 预先付款、装运时付款、装运后付款

3. 交单前付款、交单时付款、即期付款、交单后付款、远期付款

4. 《托收统一规则》（国际商会出版物第 522 号）、《跟单信用证统一惯例》（国际商会出版物第 600 号）

二、1. D 2. A

三、1. ABC 2. AB 3. ABCD

第 二 章

问题与思考

一、1. DD/MM/YY MM/DD/YY 2. （1）30 16/JUL/2010 （2）16 30 date

二、1. 对 2. 对 3. 错 4. 错 5. 对 6. 对 7. 错 8. 对 9. 错 10. 错 11. 对

三、1. B 2. E 3. B 4. D 5. C 6. B 7. A 8. A 9. D 10. B

四、1. ABCDE 2. ABD 3. ACE 4. ABCDE 5. ABC 6. AB 7. ABC 8. ABC 9. AB

第 三 章

问题与思考

一、1. BKCH—BANK OF CHINA CN—CHINA BJ—TIANJIN 200—TIANJIN BRANCH

2. 纽约银行间的清算系统 CHIPS 美国联邦储备银行间的清算系统 FEDWIRE 自动清算所 ACH

第 四 章

问题与思考

一、1. 错 2. 错 3. 错 4. 对

二、1. C 2. B 3. A 4. D

第五章

问题与思考

一、1.（1）Principal Exporter （2）Remitting Bank （3）Collecting Bank （4）Payer Importer （5）Presenting Bank （6）Agent in Necessity

2.（1）bill of exchange （2）promissory note （3）invoices （4）transport documents

3.（1）Clean （2）Documentary

4. financial documents

5.（1）financial （2）commercial （3）commercial （4）financial

二、1. 对 2. 错 3. 错

三、1. A 2. B 3. B 4. C 5. D 6. C 7. C 8. D 9. B

四、案例分析

1. B 2. B 3. C 4. A 5. AC

第六章

问题与思考

一、1.（1）honour （2）sales contract （3）documentarized

2. Applicant；Issuing bank；Beneficiary

3. Advising bank；Nominated bank；Confirming bank；Reimbursing bank

二、1. 错 2. 错 3. 错 4. 错 5. 对

三、1. A 2. C 3. C 4. C 5. A 6. D 7. A 8. D 9. A

四、1. DE 2. BCE 3. ABC 4. ABC

五、案例分析

（1）在出口业务中，一般应明确规定买方开立信用证的期限，而在本合同中却未作此项规定，欠妥。

（2）装运期为 8 月份，而出口公司直到 7 月底才开始催证，为时过晚。

（3）8 月 5 日收到简电通知后，即忙于装船，过于草率。要知道，简电开证是无效的，开证行不受其约束。

（4）以信用证付款的交易，即使合同中未规定开证期限，按惯例买方有义务不迟于装运期开始前一天将信用证送达卖方，而本案的信用证迟至装运期开始后二十多天才送达，显然违反惯例。我出口公司理应向外商提出异议，并保留以后索赔的权利，而我方对此却只字未提。

（5）收到信用证理应认真地、逐字逐句地加以审核，而我方工作疏忽大意。

（6）发生争议时理应做好货物的保全工作，而本案的货物最后竟然被港口海关拍卖处理，我方对争议的处理工作不到位，应引以为戒。

第 七 章

问题与思考

一、1. 错 2. 对 3. 对 4. 错 5. 对 6. 错 7. 错 8. 对 9. 对 10. 对 11. 错

二、1. A 2. C 3. B 4. D 5. D 6. B 7. C 8. C 9. B 10. B 11. A 12. A 13. D 14. B

三、1. ABCD 2. AB 3. BCD 4. AB 5. ABC

四、案例分析

（1）不一定。

（2）保兑行应该通知各方当事人不保兑增加额及展期。

第 八 章

问题与思考

一、1. 对 2. 对 3. 错 4. 错

二、1. D 2. B 3. A 4. B 5. C 6. A

三、1. ADE 2. ABC 3. CD 4. BC

四、案例分析

不对。申请人不能反对开证行支付此信用证下的款项。

因为备用信用证要求已过期 30 天的发票，但并未说明日期是从汇票日期、装运日期或交货日期算起。所以提交单据前只经过了 15 天，但并不能说明没有过期 30 天。

凭受益人提交的违约声明，即证实申请人未付款，要求备用信用证的开证行支付款项，开证行应给予付款，尽管申请人说受益人是欺诈行为而出具违约声明。

银行不负责验核受益人的违约声明是否与事实相符，银行只负责核对违约声明的表面与备用信用证条款相符，即可付款。

申请人如果认为受益人是歪曲事实，欺诈骗款，他可进行诉讼要求法院发出“止付令”。这种做法适用于商业信用证下面申请人认为受益人交来假提单，不要求银行从提单表面提出不符点予以拒付，而是向法院起诉，要求法院向开证行发出“止付令”。

第九章

问题与思考

一、1.（1）beneficiary （2）applicant

2. 19－08－2010

二、1. 错 2. 错 3. 对 4. 错 5. 错 6. 错 7. 对 8. 对

三、1. C 2. A 3. A 4. C 5. B 6. B 7. C 8. B 9. B 10. A 11. C 12. B 13.（1）A （2）B （3）B （4）B 14.（1）A （2）A 15.（1）B （2）B 16. A

四、1. ACD 2. AD 3. AB

第十章

问题与思考

一、1. B 2. B

二、1. ABD